竹村民郎著作集
完結記念論集

三元社編集部 編

三元社

竹村民郎先生近影

竹村民郎著作集完結記念論集　目次

学者という職業 …………………………………………… 孫　江	11
竹村民郎先生の廃娼運動研究と植民地問題 ………………… 藤永　壯	14
周辺にこだわる、反骨のモダニズム論 ……………………… 茂木　敏夫	18
不思議なご縁、これも摂理 ………………………………… 朝野　洋	22
国際社会のアキレス腱 ──『廃娼運動』とユディトたちの今後 ……… マルクス・リュッターマン	33
「一九世紀末葉日本における海洋帝国構想の諸類型」への 比較史の視座からのコメント ……………………………… 玉木　俊明	37
交易港・大連の一九二五年 ──「一九二五年中国東北部で開催された大連勧業博覧会の歴史的考察： 視聴化された満蒙」（2008）…………………………………… 稲賀　繁美	41
孫文大アジア主義演説再考 ──「東洋＝王道」「西洋＝覇道」の起源 ………………… 関　智英	45
「テエベス百門の大都」の交響 …………………………… 林　正子	52
第2巻『モダニズム日本と世界意識』 「『大正文化』の断面」から ………………………………… 原田　信男	57
博覧会都市が宿す「空虚なかげり」への積極的視座 ……… 小松　史生子	61
竹村さんの二冊をめぐって ………………………………… 西原　和海	66

竹村史学私註―『大正文化』の位置― ……………………………… 小島 亮　70

「対面電話」の来し方行く末 …………………………………………… 新井 菜穂子　76

帝国の光と闇への探求
　――『竹村民郎著作集Ⅰ〜Ⅴ』を読んで感じたこと ……………………… 劉 建輝　82

田端人ふたり ……………………………………………………………… 近藤 富枝　86

田端文士村 ………………………………………………………………… 荒井 良雄　90

韓流、グラムシ、赤い靴……。 ………………………………………… 刈部 謙一　96

竹村さんと東京下町の話 ………………………………………………… 早川 聞多　100

阪神間モダニズムの片隅に生きて
　――家族の肖像 …………………………………………………………… 細川 周平　109

100年続いた歌劇団 ……………………………………………………… 岩崎 徹　113

竹村民郎先生の「阪神間モダニズム論」 ……………………………… 宮本 又郎　117

「生活」へのまなざし …………………………………………………… 原 宏一　122

阪神間モダニズムとカナモジカイ ……………………………………… 安田 敏朗　124

阪神間モダニズムの再々考
　――来し方と行く末 ……………………………………………………… 前川 洋一郎　129

関西モダニズムと向日町 ………………………………………………… 高木 博志　135

『阪神間モダニズム再考』を読んで	瀧井 一博	*139*
半世紀に及ぶおつきあい	村上 雅盈	*142*
『独占と兵器生産』が書かれた時代	伊藤 晃	*145*
「1920年代における天皇制内務官僚の役割について ――植民地朝鮮支配に関連して」をめぐって	松田 利彦	*149*
戦後日本社会と植民地主義国家	磯前 順一	*151*
竹村民郎先生へ	鈴木 貞美	*156*
陽明学者安岡正篤論	大谷 敏夫	*160*
安岡正篤の評価をめぐって	斎藤 成也	*165*
竹村史学の思想的出発 ――天皇主義サンディカリズムの問題に触れて	影浦 順子	*168*
天皇主義サンディカリズムと国家神道	林 淳	*173*
昭和モダニズムの気骨と火花 ――『竹村民郎著作集』の公刊に寄せて	伊東 貴之	*178*
〈帝国〉時代の戦争とコミュニケーション ――竹村民郎「マルクスにおける暴力‐戦争概念」の余白に	水嶋 一憲	*183*
竹村先生との出会い	古川 誠	*187*

著作集全5巻―竹村ワールドの展開 …………………………田坂 和美　*192*

竹村民郎著作集完結を祝って ………………………………庄野 満子　*196*

「国民のための歴史学」を考える
　――竹村民郎著作集から ……………………………………井上 章一　*199*

竹村民郎先生の長生を祈る …………………………………長田 俊樹　*203*

「大知識人の神話」を読んで …………………………吉田（古川）優貴　*207*

竹村民郎氏と戦後の民科運動・地団研のこと ………………金子 務　*212*

偉大なる学問の目利き …………………………………………牛村 圭　*217*

竹村民郎先生著作集に寄せて ………………………………高谷 知佳　*221*

書く女
　――「戦後日本における文化運動と歴史意識――職場の歴史・個人の
　　歴史をつくる運動に関連して」に答える ………………多田 伊織　*224*

ジュンブライドがやって来た ………………………………竹村 民郎　*229*

　　　編集後記 ……………… 上山 純二　*242*
　　　竹村民郎著作集収録論文 ……………… *245*

学者という職業

孫 江
（南京大学教授）

　「ここ数年、私が勤務する大学から毎年のように一人また一人の同僚が職場を離れていった。親しく接して下さった彼らの後姿を目の当たりにして、一つの時代の終わりに寂しさを感じた」。これは2012年に刊行された拙著の「あとがき」の一節である。これは日本で日々起こる変化に対する私の実感であり、また、日本での長い留学、研究生活に区切りをつける心の予感だったかもしれない。その後、生活の拠点を中国に移してからも、日本の先生や友人たちのことがときどき脳裏に浮かび上がる。竹村民郎先生もその一人である。

　竹村先生に最初にお会いしたのは今から13年前のことである。当時、私は国際日本文化研究センターの劉建輝教授が主催した満州歴史研究班の一員として、定期的に勤務地の浜松から京都に通い、研究会に参加していた。竹村先生も研究班のメンバーの一人であった。研究会の報告や議論はいつも熱気にあふれていて、予定時間をオーバーするのは毎回のようなことであった。皆がお腹ぺこぺこになって懇親会に場を移しても議論を続け、懇親会が終わっても、日文研のゲストハウスに泊まる人は、なお議論を続けていた。こうしたなかで、私は次第に竹村先生と親しくなった。

　竹村先生について印象的なのは、研究会でしばしば鋭い質問をされるが、研究会が終わると、まるで別人のように変わることであった。先生はたいへん博学で、多分野にわたって豊富な知識を持っている。にもかかわらず、たいへん好奇心旺盛で、私のような若造にもあれこれ尋ねていた。竹村先生の知への飽きない欲求は、アテネの市民に「無知の知」を教えるソクラテスを連想させる。竹村先生の研究者としての真骨頂は童心がもとめてやまないところにあると信じる。

　たいへんありがたいことに、『竹村民郎著作集』の刊行中、私は毎回竹村先生

から最新巻を頂いた。イギリスの歴史家 E. H. カーは『歴史とは何か』のなかで、歴史は歴史家と事実との間の相互作用（interaction）であり、過去と現在の終わりなき対話（dialogue）であると述べている。『竹村民郎著作集』に収録された一つ一つの論文は、竹村先生と過去との対話であり、また主体と客体との相互作用の結晶である。その行間には竹村先生の学者としての知恵、洞察、および社会的責任感が滲み出ている。

　同じく歴史を専門とする者として、私が『竹村民郎著作集』からもっとも感銘を受けたのは次の二つである。一つは弱者、社会の周縁に置かれた人々への関心である。第一巻『廃娼運動』は、社会経済史研究者のあるべき立場を見事に表している。言うまでもなく、「売春」が盛んに行われたことは、日本が近代国家に突き進む「近代」の歴史の暗い部分である。それ自体が近代日本における女性の社会的地位の低さを表している。私は以前明治末期に『読売新聞』のある記者が書いた『嗚呼、売淫国』を読んで、多くの女性が文明開化の街を放浪していたことを知ってたいへん驚いた。竹村先生は日本と日本の植民地で行われた廃娼運動に焦点を当てることで、読者に近代の光と影の交錯を示し、「近代」そのものを考え直すきっかけを与えた。

　ドイツの概念史研究の大家コゼレック（Reinhart Koselleck）の言うように、歴史研究者の仕事は過去と現在との対話だけではなく、その対話のなかには、過去の経験（experience）や未来に対する歴史研究者の期待（expectable）が織り込まれている。竹村先生は戦争を経験した世代の一人として、ご自身の戦争体験を研究のなかに取り入れただけではなく、未来への憂慮もそうであった。

　『竹村民郎著作集』からもう一つ感銘を受けたのは、先生が抽象的な理念からではなく、ご自身の戦争体験に向き合い、それを研究につなげることである。あるとき、竹村先生は雑談のなかで、若い頃に山口県岩国の軍事工場に学徒動員で働かされていた折、広島の原爆投下のきのこ雲を目にしたこと、その軍事工場での強制労働や栄養失調に陥ったこと、そして下士官による水兵への虐待を目撃したことなど、リアルな体験を私に語った。それまでに私は広島の原爆記念館の見学を通じて原爆の非人間的な暴力がもたらした数々の惨禍を知らされ、史料を通じて中国に「出征」した日本軍兵士が軍隊内のいじめや虐待に絶えきれず自殺、自傷する事例を知っていた。しかし、日本人が本土で自国の軍人から虐待を受けたと聞いたとき、たいへんな衝撃をうけた。若い世代の日本人が第四巻『帝国主義と兵器生産』に収録された論文を読んで「隔世の感」を覚える人も少なくない

だろう。しかし、竹村先生の「思想上の同世代人」として、私は勝手にそう思っているが、私は第四巻の内容にもっとも感銘を受けた。本巻に収録された「マルクスにおける暴力－戦争概念」を何度も読みかえした。私はこの論文で引用されたマルクスの著作には一通り目を通したが、「暴力」や「戦争」の視点からマルクスを読むことは、私にとってたいへん新鮮であった。戦争の歴史がメディアなどで再生産される今日、私は「職業としての学問」とは何かを改めて考えさせられた。

　竹村先生と親しく接するうちに、私も自分の本が刊行されると、竹村先生に差し上げた。先生は必ず読んでくださり、暖かい言葉で私を励まして下さった。私にとって大きな励みになった。私は日本を離れた後日本語で出版した近著の「あとがき」のなかで次のように書いている。「長年の日本滞在中何度も『ご出身は中国のどこですか』と聞かれた。いつも答えに困っていた。『生まれ江蘇揚州、育ち新疆イリ』と真面目に答えたら、きっと相手が困惑するだろう。ある日、私の自宅近くで野菜直販所を営む年配の女性から『向こうの人ですか』と声をかけられた。以後、『向こう』と『こっち』を使ったやりとりが当たり前のようになった」。『竹村民郎著作集完結記念文集』の刊行を機に、「こっち」（中国）でこの小稿を綴って竹村先生へのお祝いとさせて頂きたい。

竹村民郎先生の廃娼運動研究と植民地問題

藤永 壯

(大阪産業大学人間環境学部教授)

　竹村民郎先生は、現在の私の勤務先に奉職されていた職場の大先輩である。いや、実際のところ、竹村先生と私は親子ほどの年齢の開きがあるので「大先輩」とお呼びすることすらおこがましい。私の専門分野は朝鮮近現代史であるが、竹村先生からは折りに触れ、同じ歴史研究に携わる立場からのご助言や励ましをたまわった。とくに私の場合は、植民地公娼制度や日本軍「慰安婦」問題の研究にも取り組んでいたので、竹村先生のご研究とも若干の接点があった。

　竹村先生のライフワークの一つである廃娼運動研究は、いち早く植民地問題に着目された点で研究史的に重要な意義を持っている。ここでは僭越ながら、本著作集第一巻に収録された先生のいくつかのご論考について、私の感想を書きとどめておくことで、責めを果たしたい。

　竹村先生の問題意識は、著作集第一巻のために書き下ろされた新稿「廃娼運動思想の往還　満洲婦人救済会に関連して」の冒頭部分で明確に示されている。先生はそこで、日露戦後に日本の植民地(形式としては租借地)となった大連において、からゆきさんの救済運動に取り組んだ益富政助、柴田博陽、山田弥十郎、伊藤秀吉らの名を挙げ、「彼らの運動と思想は、その後の日本の廃娼運動の方向を決定的に基礎づけていた」と評価されたうえで、次のように述べておられる。

　　……わたくしが研究をはじめた一九七〇年代において、国内の廃娼運動で見逃された側面、おそらくもっとも決定的な側面として、前述した満洲婦人救済会……と、大連キリスト教慈恵病院……に着眼したのである。この研究方向が廃娼運動の基本方向となるべきであるというわたくしの確信は

今日まで一貫しており、研究のぶれはないと思っている。[1]

　確かに竹村先生は、1982年に刊行された『廃娼運動』（著作集第一巻、所収）において、すでに同様の認識を示されていた。すなわち1911年に廃娼運動の全国組織として廓清会が結成されたことで、日本の廃娼運動は新たな段階を迎えることになるのだが、その理事には、満洲婦人救済会と大連キリスト教慈恵病院を設立した益富政助や、満洲婦人救済会の後身である救世軍婦人救済所の運営にあたった山田弥十郎が就任していた。また大連で娼婦から解放された女性の保護にあたっていた伊藤秀吉も廓清会の会員となり、のちには常務理事にまでなっている。これらをもって竹村先生は「廃娼運動の自立性の確立が、根本的に大連の婦人救済運動の影響を受けたことを是認させるものである」と指摘されている[2]。
　大連において「婦人救済運動」が展開された背景には、この地が日露戦争の「戦利品」として獲得された植民地であるがゆえに、内地よりもいっそう露骨な形で繰り広げられた女性の性の蹂躙があった。竹村先生は、日露戦後の満洲におけるグロテスクなまでの買売春業の隆盛を、多彩な史料を駆使しながら描き出す一方で、国家がこれを公認し管理するためにつくった公娼制度の欺瞞性を告発されている。益富、柴田、山田、伊藤らは、言わば人道主義の立場から女性の救済にあたっていたのだが、現場でさまざまな困難と対峙していた彼らにとって、植民地は日本国家公認の買売春制度の不条理さがより直截に感じられる空間であったことだろう。こうした植民地体験を持つ人びとが、のちに廃娼運動の中核を担っていくという構図を、竹村先生は鮮やかに示されたのである。
　こうして竹村先生は、植民地問題が日本の廃娼運動に与えたインパクトの大きさを明らかにされたわけであるが、この点は先生ご自身が指摘されるように「一九七〇年代において、国内の廃娼運動で見逃された側面」であったことだろう。否、廃娼運動だけでなく、1970年代ごろまでの日本の歴史研究において、植民地問題が日本国内の政治・社会情勢に与えた影響の大きさに着目する研究者は、まださほど多くなかったと思われる。この点において竹村先生の廃娼運動研究は、今日的な植民地研究の観点から見るならば、日本の対外侵略過程やその構

1　竹村民郎著作集Ⅰ「廃娼運動思想の往還」、227-228頁。
2　竹村民郎著作集Ⅰ「公娼制度の定着と婦人救済運動」、207頁。

造の解明に重点をおく「帝国主義」研究から、日本帝国を構成する諸地域(日本内地と植民地)間の相互連関性・規定性——竹村先生の語法に従えば「往還」——の実態とその仕組みを明らかにしようとする「帝国」研究への道を切り開いた、先駆的な意義を持っていると言えるだろう。

　実は私自身も、日本が満洲に移植した公娼制度の確立過程について、解明を試みたことがあった。ただ私の場合は言わば制度史的な研究であり、公娼制度を構成する諸法令を発掘して、その紹介と分析を考察の中心に据えたものであった。一方、竹村先生はむしろ買売春の実態解明に重点をおかれ、女性のおかれた痛ましい境遇に寄り添いつつ、その状況を具体的に明らかにするところに関心を傾けておられるように感じる。竹村先生が紹介された史料の中には、私にとって未見のものも多くあり、大きな啓発をいただいたことに改めて感謝申し上げたい。

　ただ竹村先生が大連の「婦人救済運動」を「植民地における性の国家的管理に抵抗する自由な市民運動としての実績を示し、日本の良心を代表した」[3]とまで述べておられるのは、いささか過大評価のように感じられる。この点に関連し、竹村先生は倉橋克人・倉橋正直両氏による益富・柴田批判を謙虚に受け入れ、両者において「愛国主義、戦争肯定の故に結局曖昧なる現状肯定の姿勢が生まれた」限界を率直に認められた[4]。しかし先生は一方で、両倉橋氏の研究は「廃娼運動なかんずく廃娼思想の往還の意義が過少評価されている」[5]と反論され、改めて「日露戦争を契機とした廃娼運動の新段階の意義」[6]に注意を喚起されている。今後、この分野の研究がいっそう進展することで、竹村先生による問題提起の重要性が再認識されることを期待したい。

　ところで著作集第一集には、植民地朝鮮の廃娼問題に関わる「一九二〇年代朝鮮人娼妓・朝鮮人問題と廃娼運動の関係」も収録されている。1985年発表の本稿は、日本で発表された学術論文としては、植民地朝鮮における買売春問題をおそらく初めて本格的に扱った論考であり、竹村先生の先見性には改めて感服せざるを得ない。しかし発表誌が朝鮮史研究者にはあまり馴染みのないものであったせいか、迂闊にも私は本著作集を手にするまで、この論文に目を通していなかっ

3　同前、207頁。
4　前掲「廃娼運動思想の往還」、230頁。
5　同前、230頁。
6　同前、231頁。

た。私の研究分野に直接関わる内容でありながら重要な先行研究を見落としていたわけで、全く忸怩たる思いである。これまで発表してきた拙稿でこの論文をご紹介できなかったことを、竹村先生に深くお詫びする次第である。

さてこの論文は、『廓清』に掲載された1920年代の朝鮮の公娼に関する統計データや朝鮮問題に関わる論説を紹介し、分析されたものである。この論文で竹村先生は「『廓清』誌上の朝鮮論はたしかに国内のリベラルな思潮を鼓舞するものだった」と認めつつも「朝鮮認識が立ち遅れていたことは事実である」[7]と指摘したうえで、次のように厳しく評価された。

> ……植民地朝鮮の廓に囚われていた女性たち、なかんずく朝鮮人娼妓は目をおおうばかりの悲惨な状態に置かれていたのだが、廃娼連盟は彼女らにたいして必ずしも十分に目をむけてはいなかった。[8]

歴史的事実として、植民地朝鮮において廃娼運動はほとんど展開されなかった。当時の日本の廃娼運動は、前述のように植民地大連での「婦人救済運動」の経験を持つ人びとが中心的な位置にあり、同じく植民地である朝鮮の買売春の状況に関心を寄せながらも、結局、朝鮮で廃娼運動に積極的に取り組むことはなかったのである。これはなぜなのだろうか。

もちろん第一の問題は、朝鮮人自身が主体的に廃娼運動を組織しえなかったところにある。しかし考えてみると、大連での益富らによる救済の対象はあくまでも「同胞」である日本人女性であり、中国人女性はほとんど念頭におかれていなかった。しかし直轄植民地であった朝鮮で廃娼運動を展開するならば、すでに「同胞」となった朝鮮人女性も当然、救済や解放の対象としなければならないだろう。

穿った見方をすれば、朝鮮人女性の救済が日本の廃娼運動団体の負担になったということなのだろうか。つまり日本の廃娼運動は、民族矛盾の壁をついに乗り越えられなかったということなのだろうか。

竹村先生からいただいた宿題として、いつかこの難問にも取り組めればと思う。

---

7 竹村民郎著作集Ⅰ「一九二〇年代朝鮮人娼妓・朝鮮人問題と廃娼運動の関係」、289頁。
8 同前、290頁。

周辺にこだわる、反骨のモダニズム論

茂木 敏夫

(東京女子大学教授)

　竹村民郎先生と初めて言葉を交わしたのは、2013 年 11 月 9 日、国際日本文化研究センターで伊東貴之氏が主宰する共同研究会の懇親会であった。その日の研究会では、中国思想史研究の大家、大谷敏夫氏の「清代思想史研究の動向」と題する講演があり、そのコメントを仰せつかっていた。コメントでは、なるべく大谷氏の清代思想史研究を、その問題設定や背後にある思考枠組、さらには研究がなされていた時代状況を問うことにより、中国近代思想史の側から位置づけ、なるべく大きな話になるように心がけたつもりだったが、その成否については、構想とは裏腹、その場しのぎのものに終わったという記憶しかない。ところが、そのコメントの何が気に入ったのか、竹村先生には終了後の懇親会で親しく声をかけていただき、アルコールの勢いもあってか、大いに意気投合したことを憶えている。先生と言葉を交わしたのは、後にも先にも、その懇親会だけである。

　その場で、竹村先生からは、刊行中の御自身の著作集のこと、さらに著作集を読んだ方々に文章を寄稿していただき、それを一書に編んで著作集の最後に添える企画について説明を受け、寄稿を促された。こちらも意気投合して盛り上がった勢いから、二つ返事で承諾し、著作集の送付先を記したメモと名刺を渡して、その晩のうちに東京に戻った。ほどなくして、大きな包みが自宅に届いた。第Ⅰ巻から刊行されたばかりの第Ⅳ巻まで、大部の書が 4 冊、ずっしりと充実した重量感に満ちたものだった。

　実は、恥ずかしながら、そのときまで竹村先生については、交わした言葉のなかから、日本の近代について研究している、好奇心旺盛な、面白そうな老先生という程度の印象しかなく、どんな先生なのか全く理解していなかった。送られてきた著作集をパラパラとめくってみると、第Ⅰ巻『廃娼運動』の第 1 部が学生の

頃に読んだことのある中公新書だったことに気づいた。故郷の群馬県が1882年、日本で最初に県議会で廃娼決議をしたところだという中公新書の記述内容と、一方で、生まれ育ったまち、中山道の倉賀野宿（現高崎市）から分かれて日光にいたる例幣使街道の木崎宿（現太田市）が、多くの飯盛女（遊女）で賑わっていたという郷土の歴史についての理解との落差、つまり最初の廃娼決議という光彩と遊女の宿駅という陰翳とのコントラストに戸惑ったことが思い出された。その戸惑いは、その後特に追究することもなく、そのままになってしまったが、今回この機会に実家近くの図書館の郷土史コーナーで調べてみた。1882年の県議会での廃娼決議の後、存娼を画策する県令と議会が対立し、その間、木崎宿は最後まで存続運動を続けていたことがわかった[1]。本書でも「貸座敷業者の執拗きわまる公娼制度復活要求がつづけられ」などと、存続運動についても正確に触れられているが[2]、明示されていない存続運動の主体には、わが故郷の先人もいたことが理解できた。

　懐かしさもあって第Ⅰ巻を読んでみたが、中国の近代について考えている者としては、「近代日本における知識人のアジア認識」、「孫文の日中経済同盟論とその周辺」、「1925年中国東北部で開催された大連勧業博覧会の歴史的考察」などを収録した第Ⅱ巻『モダニズム日本と世界意識』を読み、それにもとづいて雑文をしたためるのが順当と思われたため、次に第Ⅱ巻を読み進めた。20世紀初、特に1920年代のモダニズムについて、従来は重視されていなかった大衆文化に注目する論説がならび、特に阪神地域に注目するため、神戸港の経済活動の広がりから自然に中国大陸との関係が視野に入ってくるという構成である。また、研究の方法としては、マルクス主義など、アカデミズムの主流の理論を機械的に適用することは慎み、むしろ具体的な諸現象、諸資料を大切にして考察が進められる。そのため、分析は博覧会や余暇、レジャー、鉄道、郊外住宅、さらには宝塚や漫画などにいたる、多様な着眼点から切り込んでいく。なるほど既成の主流理論に安易に依拠しないため、その分析には手探りで精緻さに欠ける感も否めない。しかし、大衆文化という未開拓の沃野にせっせと鍬を入れていく、力強い作業には勢いがあり、読んでいると思わず引き込まれていく。こうした着眼の多様性に

1　『新田町誌』第3巻「日光例幣使道・木崎宿」、1983年。
2　竹村民郎著作集第Ⅰ巻、20-21頁。

こそ竹村先生のモダニズム論の特徴があるのだとしたら、先生がリクエストされたように、1、2編の論文に絞り込んで感想やコメントをまとめるよりは、もっといろいろと読んでみた方がよいだろうと思われた。そこでさらに第Ⅲ巻『阪神間モダニズム再考』を読み、別に三元社から出ていた『増補　大正文化　帝国のユートピア』も取り寄せて読んでみた。

　さすがにそろそろ時間切れになってきたので、第Ⅳ巻『帝国主義と兵器生産』、第Ⅴ巻『リベラリズムの経済構造』については、目次から興味深そうなものをいくつか選んで済ませようということにした。だが、第Ⅴ巻第二部の「国民のための歴史学」運動など、歴史学をめぐる運動に関する諸論考に強く興味をそそられ、結局第Ⅴ巻も最後まで読んでしまうことになった。この第Ⅴ巻第二部に一貫している、理論偏重のエリート主義に対する実践の場からの批判を読んだことによって、第Ⅰ巻から第Ⅲ巻のモダニズムについての考察において、既に権威と化した主流の理論から離れて具体的な実態に即しつつ考察していくという、先生のモダニズム研究の方法から感じられる迫力について、最近の若い研究者による器用な分析とは違う、竹村先生の論考から感じられる不器用ではあるが力強い勢いについて、その迫力の秘密が一定程度わかった気がした。

　もとより私には1920年代の日本について、特にその時期のモダニズムの研究については何ら鑑識眼はない。あくまでも畑違いの中国近代思想史について考えているものの感想であるが、竹村先生の論考をざっと通読するなかで印象的なのは、中心（あるいは主流）に対する反骨と、周辺に対する暖かい眼差しである。「国民のための歴史学」運動には、「……研究者やジャーナリストたちは自己の理論や技術などを過大評価し、いわゆる『講師』先生として君臨していた。……彼らは運動に参加しても、ともすれば隔絶した傍観者的態度におちいりやすく、自己の理論化や理論の実証のために、運動から起こるさまざまな問題はたんなる資料に化してしまう危険がつねにともなっていた」[3]とあるように、エリート主義や理論偏重への批判が脈打っている。阪神間モダニズムの過小評価に対する異議申し立てには、いわゆる「東京中心史観」に対する反発がある。中国の革命派人士が東京の官僚主義的対応を批判し、それとは異なる関西のリベラルな対応を賞

3　同著作集第Ⅴ巻、414頁。

賛していたという史料に注目するのも[4]、同様な姿勢があるからに違いない。大衆文化の探究に向かった竹村先生の姿勢には、こうした官僚主義的なエリート文化に対する反発があるのだろう。それは、エリートの主導した大正デモクラシーに対する先生の評価にも通じるに違いない。大正デモクラシーの帰結として、結局「知識人にリベラリズムの伝統が育たなかった」と述べ、さらに「日本の東アジアへの侵略は1914年のいわゆる21カ条要求以後強まり、国内においても人権と自由の抑圧は深まった。とりわけ国内の『植民地』として無権利状態におかれていた女性の政治的解放はまったく問題にならなかった」[5]と続けているが、そこには権力関係の周辺について、これに寄り添って考えようとする先生の姿勢は、女性についても向けられていることが顕著である。そして、これは『廃娼運動』以来一貫しているといってよい。

　最後に、再び日光例幣使街道木崎宿の話題をとりあげて、雑文の締めくくりとしたい。宿場に大勢いたという飯盛女は、その多くが越後蒲原地方から来たといわれている。彼女たちが越後からもたらした唄が幕末から明治初年頃に盆踊り化して木崎節となり、例幣使街道沿いに伝播していったといわれている[6]。それは戦後、木崎音頭と呼ばれるようになり、私が少年時代を過ごした1960－70年代を最盛期にして盛大に踊られていた。いまでも地域の伝統芸能として保存されている。スローテンポで哀調を帯びたこの木崎節は、明治末年、この地域を往来した下野八木宿（現足利市）近くの堀込源太によって明るくリズミカルにアレンジされ、八木節としてさらにポピュラーなものになった。八木節が全国に広まるようになったきっかけは、大正時代にレコード化されたからだという。大正時代の大衆文化のひとつの典型が八木節だったわけである。1920年代の大衆文化、大正文化にこだわる竹村先生とは、妙なところで縁があったのかもしれない。

4　同著作集第Ⅱ巻、205頁。
5　同著作集第Ⅲ巻、372頁。
6　『新田町誌』第5巻「新田町の民俗」、1990年。

不思議なご縁、これも摂理

朝野 洋（聴き取り：村上 雅盈）

（救世軍二十一代司令官　中将）

　朝野洋さんは1986〜92年まで救世軍二十一代司令官として救世軍の指揮にあたられました。司令官引退後は山室軍平記念救世軍資料館（東京都杉並区和田2-21-39。救世軍ブース記念病院の西隣）の館長をお勤めになり、88歳になられる2015年を機に、3月末をもって館長の任務を退かれました。

　1982年、近現代史における廃娼運動の意義を初めて本格的に研究・考察した竹村民郎著『廃娼運動』が中公新書として出版されると、朝野さんは、救世軍も関わった廃娼運動の意義が高く評価されていることを知り、どんな研究者が研究・考察してくれたのかなと奥付を見ました。すると驚いたことに自分と同じ頃同じ大学で学んでいたことを知り、その旨を竹村さんに葉書で知らせ、互いに同窓であることを知りました。

　朝野さんは救世軍の若手の人たちに、『廃娼運動』を大変によく書けているわかりやすい本だから読むようにと勧めました。

　朝野さんは最近視力を落とされ、寄稿原稿を書くのが難しいということなので、2015年4月20日、竹村さんが山室軍平記念救世軍資料館を訪れて旧交を温めると同時に、朝野さんの救世軍人生の軌跡についてお聞きしました。

　以下は、その時のお話の要点を、同席させていただいた村上雅盈が時系列を追って文章化したものです。（　　）の部分は村上による補足です。

＊　　　　＊　　　　＊

　私の救世軍人生の原点というか、総元締めは祖母の小牧てつです。祖母は明治16（1883）年か17年に茨城県の行方(なめがた)で貧農の家に生まれました。祖母は年頃に

なると農家に嫁ぎました。当時の農家では最初に男の子が生まれればよいのですが、授かったのは女の子でした。しばらくして予備役だった夫が日露戦争で召集され、奉天の戦いで戦死してしまいます。祖母は戦争未亡人なんです。男の子を産んでいれば家に残れるんですが、戦死した夫の弟と逆縁でもいいかといわれて、ヨチヨチ歩きの女の子を連れて実家に帰りました。ところが実家では弟が奉天の戦いに生き残ってまもなく帰還するという。そして実家のほうではもう嫁さんを決めちゃっていて、その人が台所を取り仕切っていた。だから祖母はここにも居場所がなくて、ヨチヨチ歩きの女の子、もちろん私の母親ですけれど、その子を連れて東京に出ました。その先はよく分からないんですけど、小さな女の子を連れて住む所も職もなく途方に暮れている祖母をみて、たぶん山室軍平さんとの何かの関係、誰かの紹介があって、祖母は救世軍に行き、麻布小隊（教会）の世話になったのです。

　麻布には外国の士官が多かったけど通訳がいないので、本来の活動が出来なかった。麻布小隊には日曜日になるとその外国士官や他の救世軍の人たちが集まってきました。そのなかに幸いなことに心のやさしい女性、おことさんといい、後に山室さんの後継者になる植村益蔵中将（第十二代司令官 1938－56）の奥さんになる人ですが、小さかった母を可愛がり、祖母にもよくしてくれました。その方の口利きで救世軍の女子寮に奉公することになります。

　当時、救世軍が遊郭から解放した女性や、救世軍の娼妓自由解放の働きかけで足抜けして逃げてきた女性を世話する家がありました。初めは築地だったんですが、あそこは外人が多すぎてやっかいだったので、麻布の有栖川公園の近くに適当な家を見つけてそこを女子寮にしました。そこに女性らを収容して、ご飯の炊き方や味噌汁の作り方、洗濯の仕方や裁縫を教えていました。遊郭の女性は貧しい家から少女のときに売られてくるから、家事一般が出来なかった。祖母は出来ますから、ここに奉公して彼女たちにそれを教えていました。

　ヨチヨチ歩きの女の子を連れてそんなところで働くのは大変だったと思いますが、祖母は、明治の女性はそれに耐えたんですよ。おことさんはとくにヨチヨチ歩きだった母を可愛がってくれたので、私の母は後々までおことさんのことをおばさん、おばさんっていうから誰のことかと聞くと、植村のおばさんだと言ってました。

　そのうち、祖母は救世軍の士官学校に入ることになりました。誰がそんなアレンジをしたのかわかりませんが、学校は寄宿舎制ですから子どもを連れていけな

い。そしたらおことさんが、「あんたが士官学校で勉強している間は、子どもは私が預かる」と言ってくれた。商家の娘さんだから余裕があったんですね。でも、まわりの人たちはいつのまにこんな子どもを産んだんだろうと驚いたそうです。

　祖母は明治39（1906）年に士官学校を卒業して救世軍の少尉になった。少尉になって各地の小隊を受け持った。若い頃は副官、それから小隊長として、小石川から始まって宇都宮までこなしました。七つほどこなしたあと（中国東北部の）大連に行きます。そこで女性たちの救済に関わったかどうかはっきりしませんが、有栖川の寮で女性たちに家事一般を教える仕事をしていたわけだし、大連ですることは解放された女性たちに家事一般を教えて女中という就職先を見つけてあげることですから、祖母はそれに関わっていたと思います。日露戦争後、大連には日本人が進出しますが、言葉が通じるいい女中がいないことが話題になっていました。
　祖母は大連で勤めたあと、東京の京橋小隊にまわってきます。当時は小隊（教会）は一年間で異動する一年制だったんですが、祖母はたたき上げの実績もあって、大正8（1919）年まで京橋の小隊長をやりました。
　この頃、子どもを売るようなことが社会問題となっていて、救世軍でも子どものために何か働きをしようと、大正8年11月に少年保護事業の施設である女子希望館が、大阪市東野田に設けられました。この女子希望館にはやや司法がかった、なんと言えばいいかちょっと人に迷惑をかけたような少女たちもそこに保護され、その更生を助けるという目的もありました。山室軍平が祖母に「今までの小隊活動や大連とは様子が違うが、女子希望館に行かないか」と持ちかけました。そこで祖母はこの女子希望館を受け持つことになりました。
　祖母が大阪に転勤になったとき、私の母、小牧イシコは麹町の女子学院（高等女学校）に行くようになりましたが、誰が五年間の学費や寮費を払ってくれたのかわかりません。我が家はいつも誰かに支えられてきました。
　女子希望館の少女たちを救済する仕事は、祖母にとってまったく未知の世界なのでがむしゃらに働きました。それで肺を悪くしてしまった。肺を悪くすると子どもと接触する仕事は感染のことがあるので出来ません。悪く言うとクビ、退職しなければならないが、誰がかばってくれたのか、約一年間闘病生活したら直ってしまいました。
　そうしたら林歌子先生の大阪のキリスト教婦人矯風会から、祖母の実績を見込

んで、矯風会で働いてくれないかと依頼され、そこで働くようになりました。

　母は麴町の女子学院を卒業すると大阪にきて、当時二つか三つしかなかったキリスト教系の幼稚園のうちの天王寺幼稚園で働くようになりました。当時、ウイルミナ女学校（現大阪女学院）の森田校長の奥さんが幼稚園の園長で、祖母が矯風会の仕事をしていたので、娘が幼稚園の先生になれたんです。当時は高等女学校を出ていれば代用教員になれました。祖母が矯風会で、母は天王寺幼稚園で働けるので、苦労の連続だったこの母子には春が来たようでした。

　母は救世軍兵士（＝信者）で、同じ救世軍兵士の朝野という男性と、確か大正14（1925）年に結婚しました。父は住友銀行に勤めていました。私は昭和2（1927）年生まれです。父も母もクリスチャンで祖母も一緒に住んでいましたから、祖母はでっかい顔をしていましたね。

　時は昭和8（1933）年頃ですかね、その頃の大阪駅には矯風会の婦人旅客の友というボックス、ポリスボックスのようなものですが、吹けば飛ぶような小さな小屋がありました。ある日、祖母が私を大阪駅に連れていってくれたんですよ。生まれて初めて親子丼を食ったときですよ。あれは美味かったね。

　その頃、大阪駅には午後三時に秋田発大阪止まりの二・三等急行が入ってくるんですが、それに秋田あたりで売られた女の子が乗っているんです。その少女たちを祖母は遊郭からのブローカーの男どもよりも先に見つけて、五・六人まとめてボックスに連れてくるんです。大阪駅で待っていた男どもが先に親切そうに声をかけてしまうと、信玄袋のような籠ひとつ持ってやってきた少女たちは、よろしくお願いしますとついていってしまうからね。祖母はそれを防ぐんですよ。祖母は大阪駅では矯風会として顔を知られているから切符も持たずに改札を通れるんですよ。秋田から来る列車のホームに祖母は行って、売られてきた少女たちに——祖母は専門家ですからね、売られてきた少女だと直ぐ分かるから——声をかけるんです。少女たちも男より女性の方を信用しますから、五・六人固めてしまうんですよ。

　昭和7・8年の東北農村不況のちょっと後の頃のことです。祖母が五・六人引き連れて帰ってくると、男どもがワイワイ言いながらついてくるんですよ。私は親子丼を食べたあと一人でボックスに座っていたんだけど、祖母は少女たちをボックスに入れると外から鍵をかけてしまうんです。そうするとボックスの所に

男どもがいっぱい集まってね。警察はガラスを割るとかすれば出てきますが、男どもが騒いで祖母とやり合っているのには口を出しませんでした。

　祖母が偉いと思ったのはその喧嘩、本当に女なのかと思った。クソ婆とは何だとか、言い合っていましたよ。祖母は断固として少女たちをボックスから出さないから。それでやりあうんですが、最後には祖母が勝っていました。私はどうやって家に帰ればいいのだろうとそればっかり考えていました。

　祖母は忙しいのが好きなんですかね。堂島にあった禁酒会の役員もしていました。

　私たちの家は、大阪市旭区に京阪電車の森小路駅がありますが、その森小路にありました。その家では、土曜日に救世軍の日曜学校をやっていました。来る子どもは自由学園の羽仁もと子先生の息のかかった友の会があるんですが、友の会の家の子どもが多いのと、禁酒会の会員の家の子どもが多いんです。私の学校のクラスからは二人しかきてなかったですね。

　救世軍としてやっていたから、特高に目をつけられていたようです。家で日曜学校をすると「どこの日曜学校だ」。救世軍ですと答えると、「どこに本部があるのだ」。ロンドンです。「なにじゃあ敵国ではないか」と糾弾されました。

　祖母はそんなことがあっても全然音を上げたことがない。そういう祖母のクリスチャン・スピリットが私に受け継がれ、私の使命感というものはそういうところからきていると思います。

　昭和 15（1940）年の 3 月 13 日に、私たちが心のなかで父のように思っていて、キリスト様の次ぐらいに思っていた山室軍平が亡くなるんですが、そうすると憲兵隊の救世軍つるし上げが始まる。山室は国際的な人物だったから、山室が生きているうちはやりにくかったんですよ。救世軍の結核病院は民間で最初のものですし、天皇陛下から金一封を賜っていましたからね。

　この年の 4 月に私は四条畷(しじょうなわて)中学の一年に入ったんです。憲兵隊の調査が 5 月から始まったんですよ。この憲兵隊の動きは国際的な問題ですよ。救世軍には「世界を神に」という標語がありますが、「この神には現人神も入っているのか」とかいう単純なアホみたいな質問ですよね。「違う」なんて答えたら大変な迷惑がかかります。

　そんな時期ですから、学校で宗教調べなんかがあって、私には嫌な思い出が一、

二回あります。五十人定員のクラスで、前から順々に自分の家の宗教を言っていくんですよ。即興で何か言えば先生もそれでいいんです。私はキリスト教というと、「なに、あの」と先生が言うから、救世軍と言ったんですが、まずかったですね。そこで二度目のときは、もうその手には乗らんよと、特に15年は紀元二千六百年で厳しかったので、だから前の奴が真宗と言ったんで、私も真宗って言ったら違う先生だったので、それで通ったんですよ。でも、昼休みに先生たちがたくさんいる教員室に呼ばれました。

　「一年二組朝野洋、先生に呼ばれたので入ります」。そしたら先生が私に大きな声で怒鳴りつけたんですよ。「キリスト教徒であることがなぜ恥ずかしいのか」と。そんな大きな声で言われたら、いっぺんに私がキリスト教徒だということがバレちゃうじゃないかと、私はケションとして辛い思いをしてその日一日おったんですが、帰るときになって気がついたんですよ。まてよ、あの先生、敵じゃなくて味方だと。沢山の教師の前で、「キリスト教徒がなぜ恥ずかしい」と言ったんですから。あの先生は教頭の次の次に偉い先生でしたからね。四条畷はクラスが多かったので、先生も多かった。

　そういうことがあって私の中学時代はスタートしたんですよ。この年の9月に救世軍はロンドンの万国本営から離脱させられ、「救世団」と名前を変えさせられました。当時も救世軍の士官は制服を着ていましたが、その制服も救世軍の帽子も禁止されました。

　特高警察が救世軍の教会に来て、先生がする話をメモするんですよ。嫌ですね、ああいうの。警察の服は着ていないけど、あきらかに警察だとわかるんです。

　そんな時期に中学を、私は暗雲のうちにスタートしたんです。けれどなんの幸いかその秋に、学校から寝屋川まで行って帰って来る、校内千名ちかくの者がいっぺんに走るマラソンがあって、私はなんと十九等になったんですよ。そしたら見直されたんですよ。

　当時、四条畷中学は茨木中学と富田林中学と三校で姉妹校で、この三校で駅伝大会をやってたんです。茨木からスタートして待機していた船で淀川を渡って橋本にでるんです。私は一年のとき記録を出したので、この駅伝大会の選手（補欠）に選ばれました。

　旧制中学は男の世界なんですね。朝野は足が速くて駅伝の選手に選ばれた。すごいということで、キリスト教徒だからスパイだなんていう声は、私のまわりから消えていきましたね。当時は新聞もキリスト教徒はスパイだなんて書いていた

んです。

　三校が姉妹校なのは、楠公、楠木正成（まさしげ）に関係があるんですよ。茨木は湊川の戦いに向かう正成がまだ少年だった息子の正行（まさつら）と別れた「桜井の駅」のあった近くです。四条畷の神社は正行が戦死したところにある神社です。富田林中学は金剛山の北麓で、金剛山といえば正成が赤坂城や千早城で幕府軍と戦ったところです。

　四条畷神社の拝殿の前は、軍隊の一大隊が整列出来る広さがあります。四条畷中学の軍事教練かなにかで参拝に来たときは、そこで頼山陽の『日本外史』を読むんです。「……一族一四七人ことごとく四条畷において死せり。」というところまで読んだら、後ろのポケットにしまって、そこで大隊長の号令がかかって、捧（ささ）げ銃（つつ）をするんですが、鉄砲を持っているのは四・五年生だけで、「着剣」、ラッパが鳴って、正面に神主さんが来て、御幣を振ってお祓いをしてくれる。そうすると拝礼の意味か、もう一度捧げ銃をするんです。

　軍事教練で思い出すことがあります。新幹線から見えるサントリーのワイナリーがある場所が、軍事教練での実弾射撃訓練場だったので、橋本まで電車で行って淀川を渡ります。帰りに橋本駅にもどるとき引率の教官が道を間違えて、橋本の遊郭地区に迷い込んだことがあります。これはちょっと恥ずかしいところだと思いました。

　竹村さんのご指摘があった安岡正篤（まさひろ）といえば、四条畷中学での公民科の授業で、帝国憲法と公民という授業があって、そこで齢をめした先生が「四条畷の先輩に安岡ありと覚えておけ」と言ったのを記憶しています。

　（朝野さんが学んだ四条畷中学での先輩にあたる安岡正篤については、竹村さんが著作集のⅣで、北一輝―上杉慎吉―安岡正篤という天皇主義サンディカリズムの系譜に連なる人物として初めて本格的に研究したという因縁があります。）

　さて、救世軍は救世団となってしまってから森小路の分隊を続けることが出来なくなったんです。非常に不幸な時代です。救世軍の働きは日本基督教団に組み込まれて終戦を迎えます。だからみんな肩身の狭い思いをして戦争の終わりを迎えたわけです。

　（1941年6月、新教各派合同の日本基督教団が発足し、救世団はその第十一部となる。9月末、東京神田の救世団本部建物が徴用され大日本産業報国会が使用する。）

さて、私は昭和19年に四条畷中学を四年で卒業させられて、立命館専門学部理学科に入学しました。この理学科は満州事変の後、満州に送る土木建築・採鉱冶金などの技術者を養成するために立命館に創設された日満高校を発展させたものです。日満高校は工学ですが、昭和17年に本格的な理学にしようと、京都大学理学部長の松井博士を据え、教授も京都大学から持ってきて、理工専門学校を作ったんです。学校は広小路にありました。

（1938年に開校した立命館高等工科学校が翌年立命館日満高等工科学校に改組され、1942年に立命館専門学部工学科に昇格した際に理学科が増設された。）

　私は今でも水素から始まって百十八番までの元素記号がだいたい言えるぐらい化学が好きだったので、化学に入りました。その次に好きなのが歴史で、中学では日本史・東洋史・西洋史だったけれど、救世軍に入ってイスラエル史などを勉強して嬉しかったですよ。

　入学はしたものの、十日とか十五日くらい島根の方に救済に行け、つまり勤労奉仕があったりして授業がありません。また国家の命令で軍需工場への勤労動員などがあって、系統だって勉強できたのは戦後になってからのことです。

　物理科と化学科の半分の学生は、八幡製鉄などに動員されました。私たちは名古屋の三菱重工業に動員され、キ-六七つまり陸軍四式重爆撃機の飛龍をうまく改造して、前に大きな戦車砲のようなものを装備する作業にあたりました。相手はB-29で、敵機の後ろから当たれば一発で落とせます。爆弾を積まないから重い戦車砲を搭載してもスピードは落ちないんです。爆撃機だと爆弾を目標に投下するためにいろいろな担当の搭乗員が載っていますが、この改造飛龍は操縦士・副操縦士・射撃手の三人でいいんです。

　その改造で私たちが担当したのは、エンジン部分の気密性を保持するカバーのナセルという部分です。双発だから翼のところにコブのようにエンジンがついていますが、気密性が保持できないとエンジンがぽろりと落ちたりするんですよ。飛龍を改造していたというよりも毎日毎日ナセルだけを作っていたんです。胴体は岡崎から来ます。それを私がいた工場でつけて飛ばすんですよ。飛行場がありますからね、大高の。名古屋から東海道線で五つ目ぐらいの大高で泊まり込みでやってたんです。

　終戦の年の3月と5月に名古屋は空襲、あれは三菱というよりも都市を全部焼いてしまおうという無差別爆撃でしたね。だから大変でした。物理科の学生が二人死んだんですよ。

終戦が8月15日でしょう。7月頃ですかね、三菱の第一本工場などが爆撃で失われて、私のいた工場にエンジンがこないんですよ。それから私たちのような動員された素人が鋲を打って飛行機を作っているわけで、監督官の将校が来て白墨でこれダメこれダメとつけていって、もういっぺんその鋲を抜いてやり直しです。その将校はそんなふうにして出来た飛行機の試運転で落ちたんです。この頃に私はもう戦争はあかん、負けたと思いました。
　過酷な勤労動員で辛いと思ったけれど、戦争前からずーっと厳しい訓練で若いときからきてますから、逃げようということは考えられないし。私はすでに自分の行くべき道を見いだしていましたから、ちっぽけな聖書をお守りのように胸のポケットに入れていました。だからこの勤労動員のときでも、飛行場の隅に着陸に失敗して飛べなくなった飛行機があるんですが、その中に入って聖書を読んでいました。

　終戦のとき、十八歳です。戦争中の厳しい体験が、私を堕落の方に行かせないで、かえって自分を引き締めて戦争後に私を正しい道に歩ませたくれたと、今になってみれば思います。キリストの道はそんな道だなーと思いますね。
　動員先に常駐している教授がいて、ひとまずみんな家に帰って待機していろというので、リックサックに荷物を詰めて帰りました。

　私の信仰生活の総元締めである祖母は終戦の8月、私が勤労動員から解放されて、父の勤めていた会社の疎開先である静岡市にある家に帰ると直ぐに亡くなった。まるで私が帰ってくるのを待ってたみたいにね。餓死というのは恥ずかしいが、極端な栄養失調ですね。圧倒的にカロリーがないんですよ。ああいう時代に生きていくとき、一般人の犠牲は老人と子どもで、子どもは何となく可愛がられてなんとかなるけど、老人は犠牲となった。
　祖母が死んだとき、父は葬式をどうしようかと考えたそうです。祖母のスタート地点は救世軍でしたから。それで勤務先の庶務課長にどこかに焼け残っている救世軍の教会はないかと聞いたんです。教会か、燃えたな。そうだ、浅間神社の横に救世軍の教会が残っていると言ったんです。しめたというので父は自転車で走っていったら、原田次郎小隊長がおったんですよ。小隊長とはいわない牧師ですが、その牧師が士官だったことのある小牧てつのこと知っていたんです。その小隊長が来てくださって、お葬式をすべてやってくれました。空襲にあった静岡

に救世軍の教会が燃え残っていた。これも摂理ですよ。この経験も私の献身へのステップとなったんですよ。

空襲にあった静岡では葬儀屋も燃えちゃっていて棺桶がないんですが、父の勤務先が終戦までプロペラを作っていて、製造課の課長がペラ箱を棺桶に使おうというんですよ。ペラ箱というのは軍にプロペラを納めるときに入れる箱です。でもこれは燃えにくいんですよ。こんなものに入れて受けつけてくれるかどうかですが、受けつけてくれましたよね。

学校が再開するという連絡が9月にきて、私は9月に学校に帰りました。先生方も疲れていて授業はあったような、ないような状態です。でもね、復学して学校が始まったことで心の中に安定を取り戻せたことは事実ですよ。

そもそも中学を四年で卒業させられ理学科に入学したときは勉強のレベルが違うので困った。武多教授なんか訳の分からないことをいきなり前に座って話しだすので困りました。周期律表の理論が分かっていることを前提に話すんですよ。その時分苦しかったことを覚えています。だから、復学後の勉強では私は化学理論はやめて、実際の方面、有機化学の応用である食品化学を選び、昭和22年に卒業すると清水市の私立の川口食料科学研究所に入ったんですよ。

竹村さんのお話では、昭和23年に理学科の物理に入学したというので、大学ではお目にかかれなかったわけですね。

（竹村さん談：朝野さんが立命館を出てから私が入ったんですね。大学ではお目にかかれなかったんですが、朝野さんは廃娼運動で活躍した歴史を持つ救世軍の司令官の道に進み、私は及ばずながら近現代史に占める廃娼運動の本格的な研究を仕上げました。立命館の取り持つ縁のようなものを感じます。不思議なご縁ですね。）

静岡県清水市にある川口食料科学研究所で、当時はアメリカを経ないと買えないコーヒーの風味が出せる研究をやりました。芋コーヒーのような製品ですね。乾燥芋を焙煎したりして、それに闇で入手した本当のコーヒーをちょっと入れるんです。また、ビール酵母とかテングサの表の固い皮を能率的に溶かす研究などをしました。テングサの表皮をうまく取らないと、煮沸に燃料と時間がかかりすぎて心太（ところてん）を作るコストが高くつくんですよ。私は研究室で表皮をうまく溶かす塩酸の濃度の研究をしたんですが、そのパーセンテージを見つけるのが難しかっ

た。溶かしたあと直ぐ真水に入れなければならないんですが、私は試験管でやったからうまくいくんですが、工場の工員がやると大きな声で歌を唄いながらやっているから、良い製品にならない。そんなことを繰り返しやっていた。

　そんなときに、救世軍の司令官の植村中将がやって来て、聖書の言葉を一言述べたときが、自分の心の転機になったんです。信仰の復興というかリバイバルを経験しました。帰るべき自分の道が見出されたんですよ。

　山室軍平が残した言葉で有名な言葉があるんですよ。「錆びるよりは、磨り減るほうがいい」。「後に残る者の心の中に生きることができれば死はない」。これはキャンベルの話ですね。そういうことを聞くたびに、いろいろと自分の身を反省して、化学の道じゃなく、かって祖母が建康を害して止めるまで救世軍の士官だったようにその道を行こうと士官学校に入ったのが、昭和24年です。

　京都（立命館）のほうでちょっと大廻りしていたんですが、あの頃は救世軍がないんだから大廻りせざるを得なかったんですよ。モーセが荒野の旅をして40年、約束の地カナンにたどりついたようなものですよ。

　以上が、竹村さんが私に尋ねられた救世軍人生のストーリーです。

国際社会のアキレス腱
『廃娼運動』とユディトたちの今後

マルクス・リュッターマン
(国際日本文化研究センター研究部准教授)

　自己と他者、大人と子供、味方と敵、人間と動物、貧と富、内の縁者と外の無縁者、上と下、男と女。これらは微妙にたんなる異質と異性から利害の矛盾へと醸しては、定着する。また、このような矛盾を止揚できないままで世を渡る個人の苦難も蔓延している。竹村先生の論文を読んで、この矛盾や心中の矛盾を止揚できない苦難といたるところに出会う。例えば『廃娼運動』で、植木技盛が自由、民権、廃娼と唱えつつも、娼妓を召したという日記中の記録を引いている。中江兆民とならべて、「わが国の知識人の思想上のアキレス腱」の典型として捉えている。この矛盾はどこまでにいたって妥協といい、いつから罪なのか。竹村先生の学友鈴木貞美氏も『「文芸春秋」とアジア太平戦争』(2010年) でこのような観点から、個人の良心の可能性を探った。直接・間接問わず、いかにして、汚れることを回避するか、人生のジレンマにすぎない。女街から慰安婦までの風景を述べた『廃娼運動』では戦争を体験した研究者が語っているとつくづく思う。一方、竹村先生のジレンマ意識には頷きつつも、それに「わが国の知識人」と、この国と人への悲観には少し引っかかる。

　日文研での共同研究会において、ある日、竹村先生の田園都市についての発表を聞き、研究対象となる人間がありありと浮かんだ。なるほど、高名な『帝国主義と兵器生産』の著者はこの方だ、としみじみ思い起こした。兵役のある西ドイツに生まれ、兵役義務を逃れた私は、ミサイルの林が伸び再軍備が繰り返し掲げられた日々の中、竹村先生の論によって天皇制軍部の国民教化策からサンディカリズムまでの展開を描いた東西の戦前戦後を考えさせられることが多かった。兵器生産と資本主義との「ダイナミックな深部の力に注意を怠ってはいけない」とは過去にむけての勧告ではあるまい。こう本の中で呼びかけた著者が今やここで

は田園をめぐって話した。よく笑いながら話したのである。苦笑いか、開放的な笑いか、あるいは、泣き笑いだったかもしれない。いずれにしても、先生の配布資料からは社会の生々しい匂いがたち、「もの」の程度に留まりがちな研究域の埒から広い園へと導いた。主人公は人間であることを案内した論を読んだ聞き手ならば、共同研究発表のお姿もまた期待通りであった。全身を震わせ、声も震えて、都市の空間、産業化時代の田園の有様、その中で労働と生活していた市民が実にありのまま浮かんだ。この声の震えはまたとない正義感のお使いと思った。発表後も言葉の交換に恵まれ、戦時の製作場で働いた未成年の頃の風景を語っていただいたこともある。

　猪や鹿や猿も喧嘩する隣接の森林に囲まれ、山の麓にある日文研にて私は書札礼を研究していた。かな文や、懸想文における本歌取りなどを分析し、中世から近世にかけて書簡での愛憐表情や記号を考えてみた頃。懸想文の起源は一方ではヨバイの風習に求められ、一方では和歌にあり、『竹取物語』に有名な原型が伝わるように、求婚の類がほとんどで、歌垣のような歌というものが内裏の和歌に化して、「偏によびつづける」語意が「夜這い」と化したわけだ。懸想文のクライマックスは室町時代の公家・武家往来物における文例にみえると思われる。公家の切り紙から小笠原流、伊勢流、今川流の切り紙へと『思いの露』が垂れた数々。露骨な欲求表意という野蛮から精錬された作法や儀礼への転換は『ものくさ太郎』の一面が見せつけるかも知れない。京では「まめ」に一変した男が清水辺りで辻取りを試したところ、逃げられ、謎歌の和歌問答を経て追って、「礼を教えけ」る貴女を得るにいたるというこの物語は楽観的なお話だ。

　江戸時代に入って、書礼のような伝授資料が公刊されると、男女の消息や書簡礼も広く浸透したが、懸想は一般の重宝記や、往来ものなどから漏れ落ちたと同時に、他方では、『遊状～』を『遊女～』と字を交換するほど『～文章大成』の案内書（西村定雅著）が売れるようになった。つまり近世にはいって、公家・武家の文例が艶書や廓用の文例集に変身した。浮世絵などの花魁や禿が握る結び文がその影像である。パロディのかな文もある。中野栄三著の『遊女の生活』(1965)に掲載された、安政２年の安政江戸地震の頃の瓦版では遊女が苦艱菩薩としてナマズに安座、お経が巻文、光背が月。「先ず先ず」が「なまずなまず」ともじられ、地震神にむかって仰いで、地新を念願している。このような艶はイキなのかはともあれ、文学や修辞学、記号学、文化の娯楽風味の枠内での分析にとどまれば、その担い手であった「人々」への関心が薄れてしまう危険性はあるかもしれ

ない。柳田國男の「よばいの零落」もしくは「妻どい妻よばい」(1947) や、森栗茂一著『夜這いと近代買春』(1995) を読んで、懸想、廓、結婚、求婚、個人と家などの様々な身分的、世間的背景および変遷を学んだ。『梁塵秘抄』の白拍子が津々浦々を巡り、上京した背景を考えはじめていた。南蛮人は地球の一周をし出した 16 世紀から、とりわけアジアの諸地域にて貿易の網に荷を積んでは下ろした。例えばその一人クリストフ・カール・フェルンベルガー（Christoph Carl Fernberger, 1596-1653）はその紀行で、シアム国の港でも「欲張りの婦」が客引きしていた様子を描いている。短期間来日して、平戸も見た貴族である。この浦の流れに「間引かれた」怨の浮いている悲惨事を描いても、遊女の客引きは伝えていない。

　しかし、美論や古典学、古文書学の社会史からスタートして、文学や書の様式の艶書の社会的背景を知るに『廃娼運動』がある。公娼制度であれ、貸座敷渡世規則であれ、強制であれ、自由意志であれ、その建前と麗句をさておいて、実態の真髄を掴もうとする視線が読者の私を導いた。救世軍のなかでさえ醜業婦と汚名づけられた娼妓、「からゆきさん」の波が海外の陸にうち叩くと、廃娼運動の知識人の多くにとっては国名が問われ、帝国の恥辱が個人々々の羞恥心を上まわる心配が蔓延した様子の描きかたも首肯させる。禁酒や貞節を唱える日本基督教婦人矯風会においては矢島楫子や久布白落美や林歌子、満鉄においては伊藤秀吉、浅草町においては巡査山中三治。この調査の連鎖に梅毒などの疫病患者、妻の喪逝、赤ちゃんの夭喪、犠牲者輩出の描写の背後にはシステムの怪物が聳え立っている。廃娼運動の裏には、権力、支配、搾取の複雑な構造が浮き彫りにされる。しかし、この運動の中でさえ売買春というジレンマの大前提が議論の対象とならなかったと著者は嘆いている。なぜなら、いったん大前提を追究すれば、やがてシステムを問うことになるからである。21 世紀の今日も、多彩な組織はジーセブンの会議場を囲むフェンスや株式市場の門前や議事堂の玄関前に個々の訴えを運んでいるが、全体に挑戦する炎はあまりにも下火になりすぎて、問題山積にもかかわらず、再び扇がれることなかろうか。

　タナクの聖書の『ユディト記』（プロテスタント派の外典）では主人公が優美と弁術によって城門の自由自在の出入りを許され、酔っ払ったホロフェルネス将軍の首を切って、駐屯兵を追い払った。ドナテッロ（Donatello）からルーベンス（Peter Paul Rubens）まで、スカルラッティ（Alessandro Gaspare Scarlatti）からヴィヴァルディ（Antonio Vivaldi）を経てモーツァルト（Wolfgang Amadeus

Mozart）まで、この物語の受容は周知の通り。ユダヤ民の英雄が祀られ、晩年は静かな隠遁生活のように語られるが、近代のドラマではヘッベル（Friedrich Hebbel）のユディトが自己犠牲的な姿として現れる。ユダヤ民が文明国民と化して、ユディトが個人と化して、世間の進化のために愛情を棄てて、殺人という罪を犯し、自己嫌悪に陥る。

　異国の脅威がのびつつあった頃、江戸時代のユディトたち、からゆきさんの前身は何人もいた。『真佐木のかづら』に海外からのいわゆるジャガタラ文一通が載っている。解説によれば、差出人のふみ（＝あんな）が「年季奉公」に売られ、長崎の丸山から阿蘭陀屋敷に通った挙句、娶られて渡海した。西川如見（1648－1724）がその『長崎夜話草』で紹介したジャガタラ文で有名になった春（1624－97）がオランダ人と町の女人との「混雑」の種子として「花の世界にうまれ」、幕府の命令で14歳で放流され、のちは唐土人と結婚したそうだ。春の母親による手習いで覚えた表現に「あら日本こひしやゆかしや」とあり、「御なつかしさ」やら「御すいもじ」といい、海の向こうから日本に呼びかける「花の世界」の女房詞に満ちた消息が長崎に届いた。

　幕末の頃、商館が黒船に変身してしまう。十一谷義三郎の小説『唐人お吉』が1928年に出たのち、山本有三（1887－1974）の戯曲『女人哀詞』＝『唐人お吉物語』がショー（Glenn W. Shaw）訳『三戯曲』（Three Plays, 1935）に載って、ブレヒト（Bertolt Brecht）がこれを知って、それに近代的な犠牲者像を写した。『下田のユディト』においてユディトの犠牲は性的な色をつよく浴びた。芸者斎藤きち（1841－90）がハリス（Townsend Harris）の面倒を見たことが、心や身体を売ったと理解され、ひいては国辱とみなされたことと合致した。下田や日本の一助になったにもかかわらず、名誉を失い、迫害を受け、酒を陰気の薬にした挙句、汚れた者としてこの世を去った。これもまた悲観的なお話だ。

　日本のユディトは合衆国の列国に向けた手段であった。国際社会の内外の利害矛盾を訴えた作家ブレヒトは18世紀のジャンヌ・ダルク（Jeanne-d'Arc）の戦い、20世紀40年代パリの女子や、ノルウェイの女子がナチス占領軍と寝床を分かった事実を彷彿させて、弾圧への抵抗力や、各矛盾の止揚はブルジョアの資本に閉鎖される社会的範囲からではなく、下層や弱者、そして彼ら彼女らと共に運動する人々の志から湧くことを期待した。『廃娼運動』はまさに、日本の知識人に限らず、国際市民の反省と啓蒙への期待に答える名著として読み直したい。

「一九世紀末葉日本における海洋帝国構想の諸類型」への比較史の視座からのコメント

玉木 俊明

(京都産業大学経済学部教授)

1. はじめに

　そもそも日本は島国であり、海とのかかわりが深い。ところが江戸時代になって鎖国体制をとり、二百年間以上、外界とは切り離された世界に生きてきた。近世の日本においてもっとも重要な産業は農業、とくに米の生産であり、農村史こそ日本史研究の中心であるという考え方が、長く日本史の学界で支配的であった。

　このような見方をひっくり返したのは、網野善彦氏(1928-2004)であった。網野氏はきわめて多くの著書・論文を残し、日本史に対する見方を変えた。その一つとして、陸上史観とは異なる、「海からの視点」を導入したことがある。たとえば、網野氏以前にはさびれた港町だと思われていたある場所が、実は航海の十字路として発展していた場所だったことを実証しているのだ。

　網野が唱えた「海から見た歴史」という分野は、現在では日本においても市民権を得ている。

　ここで取り上げる「一九世紀末葉日本における海洋帝国構想の諸類型――創刊期『太陽』に関連して」も、その系譜に属する。とはいえ、この論考は網野の論をそのまま踏襲したようなオリジナリティに欠ける作品ではなく、日本の近代文化を、「海洋帝国」という観点からとらえなおそうという、野心的アプローチをとる。

2. 本論考の特徴

　著者の竹村氏は、「一八六八年の明治維新を契機とした近代日本国家の成立期は、琉球、北海道のアイヌを経由した列島南北の交易圏、さらに対馬経由による朝鮮との交易圏の清算と、単一民族史観に結びついた海洋帝国構想とが同時に進

行した時期であった」[1]という。

　竹村氏自身は、おそらく気づいていないが、ここで述べられている発想は、網野氏に代表される日本人の歴史家ではなく、むしろ欧米における海事史（maritime history）のそれに近い。海事史とは、単純に言えば、「海と関係する諸々の歴史」である。海と関係するものであれば、すべてが海事史の研究対象となる。竹村氏のいわれる「海洋帝国」とは、まさに海事史の格好のテーマなのである。

　ここで使われている主要史料は、海洋帝国形成の思潮をもっとも積極的に提起し、1895年に創刊された雑誌『太陽』である。

　明治維新の頃の日本では、すでに中国の力は著しく衰えており、しかしなおもかたちの上では東アジアに君臨していた中華冊封体制を打破しなければならなかった。とすれば、この体制に決定的なダメージを与えた日清戦争（1945-95年）こそ、決定的なターニングポイントとなる。それは全世界に、中華冊封体制の崩壊を知らしめることになるからである。竹村氏は、おそらくこのような文脈の中で、日清戦争をとらえなおしたのである。

　そしてまたこのような文脈との関係で言えば、日本の環太平洋海洋帝国は、まず東アジアとの関係で成立したことがわかる。明治初頭の征韓論も、おそらくこのような観点からみていくべきであろう。すなわち、明治二十年代までの日本は、東アジア海洋帝国の形成を目指していたと考えられるのである。

　中国に対する日本の覇権は、欧米列強の干渉によって挫折する。アジア人による海洋帝国を形成することなど、欧米人が許すはずはなかったからである。しかしそれと同時に、日本は欧米列強との中国再分割競争で、勝利を握ることができるほどの軍事力を有していなかったことも事実である。

　『太陽』の第十号で、久松義典は、「海軍拡張、航海奨励、漁業、貿易、殖民の発達の前提はなにより国民の海事思想の普及にあり」と主張した。第十二号で、渋沢栄一は、日清戦争後の日本経済の最重要課題は、海運拡張にあるとし、海員養成、造船保護、海運業の奨励を訴えた。『太陽』創刊の一年間で、「海洋帝国構築の方向性は、海軍力を中心とした軍備拡張と産業、海運、造船、貿易の拡張、そして植民地経営の拡大を三位一体とした環太平洋経済圏における日本のヘゲモ

1　竹村民郎著作集 II、7頁。

ニーの確立という一点」[2]にあったことが明らかになる。

台湾について、『太陽』は、ロシアの南下、南方進出における台湾の役割、そして歴史・地理・経済・文学・思想の観点からの台湾の情報という観点から分析する。

海洋帝国の思想は、当然商業界の利害と無関係ではあり得なかった。兼松房治は、神戸港の優位を主張し、その貿易においては、日中ではなく、日豪貿易の振興、とりわけ、オーストラリアからの羊毛輸入に精力を注いだ。

太平洋海洋帝国は、東アジアのみならず、オーストラリアまでも含むようになっていったのである。

3. 環太平洋海洋帝国について

竹村氏のこのような太平洋海洋帝国の捉え方について、私なりのコメントを加えたい。

ヨーロッパでは、近世から、ポルトガル、スペイン、フランス、オランダ、さらにデンマークなどが、大規模な海洋帝国を形成していた。ヨーロッパの対外的拡張は、海をたどるかたちでなされた。イギリスを典型例として、海外にいくつもの植民地をもつ「海洋帝国」を形成した。このようなヨーロッパの海洋帝国と競争するためには、日本自体が海洋帝国を形成しなければならなかった。そして広大な海洋帝国を維持するために、各国は巨額の資金を投入して海軍を強化した。日本は、それを真似したのである。それは、最終的に膨大な軍事支出となり、日本の国力を弱めたかもしれないのである。

近代の帝国は、アレクサンダー大王、モンゴル帝国などと異なり、陸上帝国ではなく、海洋帝国という形態をとった。日本の海洋帝国とはその系譜に属するものであり、本論考は、このような視点による比較史の視座を提供する点で、大いに注目すべきである。

しかし残念ながら、ここで論じられているのは、「環太平洋」ではなく、東アジアとオーストラリアを含む帝国にすぎない。1895年の時点を分析の終結点としていることもあるが、もっと時代を拡大して、アジア・太平洋戦争まで視野に入れた環太平洋海洋帝国を論じていたなら、本論考の意義は、さらに大きくなっ

---

2 同前、13頁。

ただろうと思うと、残念でならない。

　ただ、私は、日本は真の意味での環太平洋帝国を築くことはできなかったと思う。日本が1941年に攻撃した米軍基地は、アジアに位置し、米国本土からはなお遠かったことからも、それは理解できよう

　環太平洋帝国は、所詮、形成不可能な夢想であった。しかしその夢想を日本人が信じたとすれば、なぜ信じたのかということを、今後問う必要があるのではないか。

　本論考から教えられたのは、何よりもそのことであった。

4.　竹村民郎先生のお人柄

　残念ながら私は、竹村先生について、深く知るものではない。国際日本文化研究センターの研究会で、数回お目にかかったにすぎない。しかし、そのときのご質問から、あれだけの大家であるにもかかわらず、謙虚な方だということはすぐにわかった。さらに私の研究発表後もいくつか質問、さらに有益なコメントをしていただき、それには今もなお、大変感謝している。

　その研究会の帰りに、阪急電車で、桂駅から十三までご一緒させていただいたことがある。このときも、竹村先生は偉ぶることなく、若輩の私と対等な立場でお話しされたので、私は大変恐縮した。八十歳を越えて、なお好奇心旺盛に質問される姿に、自分も将来かくありたいものだと思ったのをよく覚えている。

　この文章の依頼を、出版社を通じて受けたのは、それから数日後のことであった。もちろん、私は快諾した。近世ヨーロッパの経済史を研究する私が本文を寄稿させていただくことになったのは、何よりも、先生のお人柄のゆえである。

交易港・大連の一九二五年

「一九二五年中国東北部で開催された大連勧業博覧会の歴史的考察
：視聴化された満蒙」(2008)

稲賀 繁美

(国際日本文化研究センター・総合研究大学院大学教授)

　竹村民郎氏は1929年生まれだから、1925年といえば生誕4年前の事績となる。『大正文化』の研究に先鞭をつけると同時に、『廃娼運動』に先駆的な業績のある著者にとっては、「大連廃娼事始め」の延長として、この昭和元年の大連における勧業博に探測の触手を伸ばすには、ある種の必然もあった。博覧会という切り口から見れば、1903年に大阪を舞台に開かれた「第五回内国勧業博覧会とレジャー産業」を題材に「マス・レジャーの形成と大衆娯楽の諸相」を分析してきた著者にとって、大連博は、その20年後の様相を吟味する機会となる。のみならず『帝国主義と兵器生産』に経済史家として斬り込んできた著者にとって、30年代以降の満洲の経営論は、高橋是清の財政政策から、俗に「ニキ三スケ」といわれた満洲国経済政策の隠された実態解明に向かうなかでも、その前哨戦の位置をしめる。そこで焦点となるのが、大連勧業博覧会だった。

　大連市は1924年7月に市街を拡大し、21万の人口を数えるに至った。新市制実施にともない、市会議員定員40名のうち半数が民選とされた。この新市会で物産共進会開設の意見書が提出され、準備わずか1年半あまりで実現に漕ぎ着けたのが、大連勧業博覧会だった。20年遡る大阪の第五回勧業博覧会が準備に3年以上を費やしたのに比べれば、拙速は免れない。だが大豆の生産量もこの20年ほどで推定60万トンから270万トンへと5倍近い増産を見ており、貿易も明治40年に5200万海関両だったものが、大正14年には5億4700万海関両と、飛躍的な拡大を見ていた。関東大震災後の復興途上で不景気に見舞われた内地とは対照的に、満蒙の玄関口であった港湾都市、大連には、商工会議所を中心に、飛躍に向けた機運が醸成されようとしていた。

*

　『笑楽の系譜』(1996)『大正文化：帝国のユートピア』(2004) の著作をもつ筆者は、大連勧業博覧会にも、観光の歴史におけるひとつの画期と、ラジオ放送の先駆性とを確認する。一方で『満洲日日新聞』8月7日は満鉄のダイア改正とともに、2本の夜行で一等寝台車に婦人用洗面所が設けられ、大連－長春間にも三等寝台車が導入される予定と報じている。この区間は、従来よりも2時間半短縮して17時間で結ばれるようになった。他方、東京放送局が放送を開始したのは、米国での世界最初の放送開始から5年後の1925年7月。満洲ではそれに続いて8月9日には放送を開始した。竹村論文は放送に関する「事前検閲」についても、『満洲日日新聞』8月15日付から記事を拾っている。さらに、満鉄初代総裁・後藤新平を総裁に頂く満蒙文化協会による活動写真上映も、陸軍省から援助を受け、勧業博覧会を期に隆盛を迎える様子が実証された。

**

　大連勧業博覧会が開催された昭和初年から、日本の敗戦に至る20年間。この時期の歴史記述には、なお複数のヴェクトルが競合している。まず、地理上の変更。敗戦後、日本列島とその周辺へと領土を縮小した日本の自己認識からみれば、大連とその奥に広がる中国東北部は、無謀なる海外膨張の負の記憶を宿した土地でしかない。当時、大連だけでも20万を超す日本人人口があり、満洲国成立後、36年には、100万戸の移民計画が提唱された。日本敗戦時点で100万人を超えていた人口のうち、引き揚げで家族を失った経験をもつ移民、シベリアに抑留された60万人を超える開拓団棄民や旧将兵、満洲国崩壊後、現地で留用された技術者、さらには残留孤児となった人々も多い。だが『満洲泰阜村―七十年の歴史と記憶』が明らかにされたのは近年のこと。現在の日本史の「正史」記述からは、この広大な偽「満洲国」の事績は、なお除外されているに等しい。

　経済史や交通運輸の歴史も、断絶されたままといってよい。大連から北に延びる南満州鉄道のみならず、華北の鉄道経営にも莫大な投資がなされた。開発には現地の満人や中国人に過酷で無法な強制的使役がなされ、多くの犠牲者を出した。韓半島の安東より奉天へと延びる安奉線を経由して、朝鮮からも多くの入植者が農民として移住した。長春郊外の萬峰山で発生した朝鮮入植者と地元中国人との水争いに武装警官が介入した事件が飛び火して、平壌では中国系商店が略奪される虐殺事件が発生する（万峰山事件）。こうした満洲国当時の移民・植民の名のもとの土地強奪に絡む事件は枚挙に暇ない。

帰属意識といえば、当時大連や満洲に生活していた移民には、日系、朝鮮系を問わず、満洲の故地に郷愁を覚える人々も少なくない。だが敗戦後70年を迎え、成年で当時を体験した生存者も90代を迎えようとしている。大連勧業博覧会の会場を肌身で知る体験者は、もう何人と残ってはいまい。当時の大連では、内地・東京の中学や高等学校に負けない生徒や学生を育てようと競争心を煽る教育が熱心になされた。偽「満洲国」建国後の新京の建国大学は、内地の旧帝国大学や、台北大学、京城大学などと進学率を競う最高学府となった。北朝鮮と国境を接する延辺朝鮮族自治区では、1992年の中韓国交回復ののち、朝鮮系の若者たちが、ソウルへと大量に出稼ぎに向かう傾向が著しい。

　人的流動において、廃娼運動の対象となった女性労働者の実態は無視できない。この分野でも竹村氏の業績は先駆的だが、その背景には満洲移民に先立つ東南アジアへの、いわゆる「唐行きさん」の動向についての氏の関心も裏打ちされている。九州も天草地域、隠れキリシタンを輩出した歴史的背景を背負った交易の土地は、女性の人身売買や商売目的の渡航においても、特異な地域であり、「供給地」や「積み出し港」も特定できる。明治以降の日本の海外植民地の展開は、売春業者による遊郭の発展とも切り離せない。事の性質上、きちんとした統計が残りにくい事跡だが、中国沿岸部から東南アジア各地への女性の出稼ぎや現地への同化の有様は、シンガポールの無縁墓地をはじめとして、行路沿線各地にその痕跡が残されている。朝鮮や北方アジアも例外ではない。

＊＊＊

　こうしてみると、竹村民郎氏の大連勧業博覧会への関心の裏には、従来の研究が見落としがちだった多くの伏線が錯綜していることが見えてくる。現在の国境にそった国別の政治史、社会史、経済史、文化史、あるいは交易史ではかえって脱落してしまう交渉の実態。それへの氏の一貫した姿勢が、日本の大陸への進出の出先基地となった、遼東半島先端の港湾都市への注目のうちにも、如実に見て取れる。帝国史、植民都市史、女性史、移民史、文化交流史といった新領域へと次の世代を誘いながらも、そうした切り分けによって裁断しては、いやおうなく捨象されかねない生身の人間の営みに、著者は親密に寄り添おうとする。そこには敗戦後ほどなく、占領下から脱したばかりの日本にあって「職場の歴史をつく

る会」に関与した竹村氏の姿勢が、貫かれている[1]。

　翻れば、『満洲日日新聞』の分析は、中国から来日した留学生によって、今さらに深められようとしている。そのひとり、栄元さんの研究では、中国人や満人に人気のあった富籤の運用がいかに大連で実施されたかが検討されている[2]。また日本からの朝鮮半島や遼東半島への修学旅行の盛行についても、王莞晗さんが博士論文を完成間近である。20世紀の万国博覧会や勧業博覧会はアジアの視点からの見直しを要請されているが、これについては国際日本文化研究センターでも佐野真由子氏による共同研究会が成果を世に問おうとしている。また満洲国の文化史的研究についても、韓国の韓錫政氏を中心に研究会運営がすすんでいる。朝鮮半島を含めた満蒙の鉄道網と物資や人的資源の輸送についても、李容相、井村哲郎ほか中韓日の研究者の共同作業が軌道に乗ろうとしており、その傍らで鉄道の敷設が、それまで不可能だった資源の利用可能性を拡げ、満蒙地域の近代化にいかに結びついたのかの具体的な仕組みも、ようやく解明されはじめた。満洲の沃野の大豆を輸送するには、安奉線経由で、鴨緑江流域の広葉樹森林資源が奉天以北に輸送される必要があり、それらの木材が鉄道の枕木と、冬季の物資輸送のための巨大な馬車の荷台に使われた。必要とされた荷馬はモンゴルから無尽蔵に供給された。これらの要素の連結が満洲に「離陸」そして「暴走」を約束した[3]。金融史の研究でも、満洲国での決済に横浜正金銀行がいかに関与し、とりわけ戦時経済下でいかに担保のない紙幣を増発して戦費に充てていたかの絡繰(からくり)が見えてきた。満洲国における重工業化の進展も、帝国体制下の日本の工業発展史には不可欠な視点だが、これについても、軍需産業の分析を含めて、竹村氏には確たる史料的裏付けに基づく見識がある。台湾の中央研究院での会合で、林満紅氏を前に、その詳細を即興に披露される様に、評者は驚嘆した経験がある[4]。

　現今の金融暴走は、はたして満洲暴走の二の舞なのか。竹村民郎の××やいかに？

1　「検証『国民の歴史学』運動―『職場の歴史』をつくる運動に関連して」（書き下ろし）『著作集』第Ⅴ巻
2　「租借地都市大連における『満洲日日新聞』の役割に関する一考察―「大連彩票」の内容分析から―」『文化科学研究』2014年、45-69頁。
3　安富歩、深尾洋子『「満洲」の成立』名古屋大学出版会、2009年。
4　郭南燕（編）『世界の日本研究』2014年版、所収拙稿を参照。

孫文大アジア主義演説再考
「東洋＝王道」「西洋＝覇道」の起源

関 智英
（日本学術振興会特別研究員）

　竹村民郎先生とは国際日本文化研究センターでの研究会（伊東貴之班）で初めてお会いした。竹村先生は、先生から見れば孫のような若輩の私にも、気軽にお声かけくださり、懇親会さらに二次会と杯が進む毎に談論風発、学問はもちろん人生の機微に至るまでご教授くださった。小論は、竹村先生の孫文神戸訪問に関するご論攷「近代日本における知識人のアジア認識――瀧川辨三、儀作のアジア観を中心として」及び「孫文の日中経済同盟論とその周辺――瀧川辨三、儀作の実業思想に関連して」（共に著作集第二巻所収）に触発されて纏めた試論である。

1. 孫文の「大アジア主義演説」

　1924年11月、北京政府との南北会議のため北京へ向かう途中、孫文は神戸へ立ち寄った。この時孫文は後に大アジア主義演説として知られる演説を行う。同演説については、すでに様々な角度から研究が行われているが、その中でも最も有名なフレーズが次の発言であろう。

>　……東方（東洋）の文化は王道であり、西方（西洋）の文化は覇道である。王道は仁義道徳を主張することであり、覇道は功利強権を主張することである。仁義道徳は正義公道によって人を感化するものであり、功利強権とは洋砲大砲を以て人を圧迫するものである。[1]

1　陳徳仁・安井三吉編『孫文・講演「大アジア主義」資料集――1924年11月日本と中国の岐路』（孫中山記念会研究叢書1）法律文化社、1989年、76頁。

孫文が大アジア主義演説を行った真意については諸説があるが、確実なことは同演説が、その後さまざまな立場から、都合よく引用されてきた点である。とりわけ日中戦争中に日本と協力し、重慶から南京に国民政府を「還都」させるという体裁で1940年に新政府を組織した汪精衛が、新政府（汪政権）樹立の根拠の一つをこの大アジア主義に求めたことはよく知られている[2]。

　孫文の大アジア主義の主張は、東アジアに覇権を広げようとする日本にとっても都合のよいものであった。一方で日本占領地に成立した汪政権にとってその主張は、政権の正統性を担保することはもちろん、同時に日本を牽制する意味も持っていた。とりわけ「東洋＝王道、西洋＝覇道」の主張は、その「西洋＝覇道」で、日本と提携して欧米に対抗することを示すことができると同時に、「東洋＝王道」で、少なくとも理論上は日本に対しても覇道ではなく、王道を要求できるものであった。日本占領地という制限下に置かれた汪政権にとって、大アジア主義演説は、こうした二つの役割を期待されていたのである。

2.　「東洋＝王道」「西洋＝覇道」の枠組み

　さて、小論が注目したいのは、孫文の大アジア主義演説を象徴するフレーズである「東洋＝王道、西洋＝覇道」という議論の枠組みについてである。もちろん、「王道・覇道」が『孟子』の梁恵王章句に由来することは改めて指摘するまでもない。ここで問わんとするのは、「東洋・西洋」と「王道・覇道」という、二つの二項対立を組み合わせた議論、さらにそれが、組み合わせの際に「東洋が王道で、西洋が覇道」という評価を含んだ言い方（説明の仕方）となった起源についてである。

　結論を先に言ってしまうと、筆者はこの説明の仕方は孫文の発案ではなく、当時孫文に近侍していた殷汝耕を経由して孫文に齎された可能性が高いと考えている。何故ならば大アジア演説以前の孫文の議論に同様の議論が確認できないこと、また中国にもそうした議論が確認できないこと[3]、にもかかわらず、孫文の大ア

2　汪政権の機関紙『中華日報』も、大アジア主義に関する文章を多数掲載した。「社評 大亜洲主義的核心」（1939年8月19日2頁）・周化人「実現大亜洲主義的時機」（1940年4月23日1頁）・汪精衛「民族主義与大亜洲主義」（1940年11月12日1頁）等多数。
3　無かったことの証明は困難だが、試みに『申報』のデータベースでは、孫文の大アジア主義演説以前に「東洋＝王道、西洋＝覇道」、ないしはそれに類する記事は確認できない。

ジア演説の五ヶ月前に孫文と関係の深かった殷汝耕が同様の議論を展開し、さらにその半年前、外交部総長などを歴任した王正廷も日本で同様の議論を展開していたことが確認されるためである。

3. 殷汝耕その人

殷汝耕は1885年浙江平陽出身で、上海震旦書院に学んだ後、日本に渡り、第一高等学校予科から第七高等学校造士館に進んだ。日本で中国同盟会に参加し、辛亥革命後は黄興の許で、湖北省で革命に従事している。1913年、第二革命が失敗すると再び日本に渡り、早稲田大学政治学科に入学した[4]。

1916年に早稲田大学を卒業した殷汝耕は、中華民国の衆議院書記官に就任するが、同年秋には銀行制度調査のため来日し[5]、1921年9月には日本の東洋拓殖会社からの借款で江蘇阜寧に新農墾植公司を設立するなど、実業方面へも関心を示した[6]。その後、孫文が広東に護法軍政府を組織した際には駐日委員として日本に滞在していた。当時の殷汝耕は、日本では文明批評家として、一方中国では日本通として知られていた[7]。

孫文が1924年11月に神戸を訪問した際も、殷汝耕は日本政府と孫文（及び戴季陶他随員）との間の交渉に当たるなど、孫文と密接に関わった[8]。俞辛焞による護法政府時期の孫文と日本の関係を探る研究も殷汝耕について言及し、「孫文が訪日する前に、先ず殷汝耕・張継・李烈鈞が渡日した（中略）殷汝耕の在日は孫文の訪日と密接な関係があった」と指摘している[9]。

4　小林橘川『随筆支那』教育思潮研究会、1943年、251頁。
5　殷汝耕「日支親善に就て日本の朝野に訴ふ」『東京朝日新聞』1917年6月16日4面。
6　石塚英蔵「江蘇省棉花栽培事業ノ件」（1921年9月26日）、支那ニ於ケル綿業関係雑件 3. 江蘇省棉花栽培事業ニ関スル件（東洋拓殖株式会社殷汝耕間）、支那ニ於ケル綿業関係雑件（1.7.7.034）外務省外交史料館、駒井徳三『大陸小志』大日本雄弁会講談社、1944年、102-107頁。
7　殷汝耕「米国排日の対策―日支両国の共存共栄」『読売新聞』1924年6月30日4面、汝㲼「日本通殷汝耕」『微言』1巻5期、1933年、海天「由殷汝耕叛国説到中国教育」『国光雑誌』11期、1935年。
8　出淵〔勝次〕亜細亜局長口述「孫逸仙来邦ニ関スル件」（1924年11月28日）、江浙並奉直紛擾関係／本邦ニ於ケル孫文及盧永祥等ノ行動（B.1.6.1.537）外務省外交史料館。
9　俞辛焞『孫文の革命運動と日本』（東アジアの中の日本の歴史9巻）六興出版、1989年、357頁。

4. 殷汝耕のアジア論

　殷汝耕は 1924 年 6 月、『読売新聞』に掲載した「米国排日の対策――日支両国の共存共栄」でアジア連帯について言及している。その中には「東洋の文明は王道、白色人種の文明は覇道」で、日中両国が精神主義の大旗を翳し、王道をもって欧米に対すべき、という主張が確認される。「白色人種」という表現だが、文脈からこれは西洋（西方）と同義と判断されよう。孫文の大アジア主義演説の五ヶ月前のことである。

> ……<u>白色人種の文明は其根柢を物質主義に発してゐる</u>（中略）然るに東洋の文明はその根本は精神主義であり、其理想とする処は無差別な世界大同主義の精神文明である。吾々は此の点に着眼し、更に大なる見地に立ちて白人に対し、彼等の蒙を啓いてやらねばならぬ。<u>即ち彼等の為す所は要するに覇道である</u>。暴に報ゆるに暴を以てするは、覇道に対するに覇道を用ゆるものである。吾人は飽く迄も彼の物質主義に対するに、我の精神主義を以てし、彼等の偏狭な国家主義的人種偏見の代りに、世界大同主義的真の人類共存を以てし、<u>彼等を導くに即ち王道を以て覇道を矯正するの一大信条が無くてはならぬ</u>。斯かる見地から<u>吾人は所謂アジア人聯盟の如き覇道的のものを却けて、精神主義の大旆を翳し王道を以て相対す可きである</u>（中略）この理想に近づく第一歩として、日本と支那との提携が当面の急務である……[10]（下線部筆者）

　殷汝耕の議論は、「暴に報ゆるに暴を以てする」覇道的な方法で覇道に対処することを否定し、あくまで王道によって覇道を導くべきとした点に特徴がある[11]。

5. 王正廷の議論

　王正廷は中華民国の外交官・政治家として著名な人物である。1882 年浙江寧

10　殷汝耕前掲「米国排日の対策――日支両国の共存共栄」。
11　殷汝耕はこの時期「大亜細亜主義とは何ぞや」（『日本及日本人』1924 年 10 月増刊号、5-16 頁）という文章で大アジア主義に言及しているが、ここでは「東洋＝王道、西洋＝覇道」への言及はない。

波のキリスト教牧師の家に生まれ、10 歳で上海の中英学校で英語を学び、天津北洋西学堂に進学した。その後、中華基督教青年会の要請で、1905 年日本で中華基督教青年会分会を組織し、同年中国同盟会に加入している。1907 年には渡米しミシガン大学・エール大学で法律を学び、1910 年に卒業後は、エール大学の大学院で国際公法を研究した。中華民国成立後は、孫文の護法政府で外交部次長となり、同政府を代表してパリ講和会議に参加した他、北京政府でも外交部総長・財政部総長・代理国務総理を歴任した[12]。

　殷汝耕の議論から遡ること半年前の 1923 年 12 月、関東大震災後の中国人殺傷事件に関連して、特使として来日していた王正廷は、朝日新聞へ寄せた記事で「東洋＝王道、西洋＝覇道」という論法を用いた。この中で王正廷は「東洋の主義は王道であり、西洋の主義は覇道である。即ち東洋と西洋とは根本に於て、其主義を異にするのであるから、出来得る限り日本と支那とは協力して、東洋の王道を発展せしむると共に、益〻其文化を向上し、西洋文化に貢献しなければならぬ」[13] と述べている。管見の限り「東洋＝王道、西洋＝覇道」という議論の枠組みが登場するのは、王正廷のこの議論が最も早いのである。

　残念ながら、この王正廷の議論と殷汝耕との関係は分からない。殷汝耕が王正廷の議論とは無関係に、「東洋＝王道、白色人種（西洋）＝覇道」を導き出した可能性も否定できない。ただ当時殷汝耕は護法政府の駐日委員として日本に滞在していた。彼の日本通としての経歴や駐日委員としての役割を考えると、著名な外交官・政治家である王正廷の日本での動静を伝えるこの新聞記事を読んでいた可能性はかなり高い（一方、当時広東にいた孫文が日本語の『東京朝日新聞』を読んでいたとは考えにくい）。また王正廷の日中の協力が東洋の王道を発展させると同時に、西洋文化に貢献しなければならない、という主張と、殷汝耕の東洋の王道によって西洋の覇道を矯正する、という議論の構造も類似している。そうしたことを考えると、殷汝耕は王正廷の「東洋＝王道、西洋＝覇道」という構図にシンパシーを感じ、それを自身の議論で援用した可能性はより高まるのである。

　以上の経緯を整理すると、「東洋＝王道、西洋＝覇道」という議論の枠組みは、管見の限りでは王正廷の発言の中に最初に確認され、その半年後に殷汝耕の議論

12　徐友春主編『民国人物大辞典（増訂版）』河北人民出版社、2007 年、77 頁。
13　王正廷「王道と覇道（二）」『東京朝日新聞』1923 年 12 月 26 日 3 面。

に表れ（あるいは王の議論を援用）、さらにその五ヶ月後に孫文の大アジア主義演説で用いられた、ということになる。少なくとも確実に言えることは、1923年12月から1924年11月の一年に満たない間、日本に関わりを持った三名の中国人政治家が、「東洋＝王道、西洋＝覇道」という枠組みで議論を展開したということである（そして孫文の演説はその最後であった）。

　この三名には日本を含め国外での生活が長い（それは多様な議論に触れることができたということでもある）という共通点もあった。「東洋・西洋」という枠組みは、日本及び欧米では一般的だが、中国の知識人の中では「中体西用」に象徴されるように、「中国・西洋」という枠組みの方がより一般的であったように思われる。これは中国ではアジア主義はさほど影響力を持たなかったということとも関係していよう[14]。

6.　小結

　以上の事情を総合して考えると、「東洋＝王道、西洋＝覇道」という議論の枠組みは、殷汝耕の発案、あるいは王正廷の議論の枠組みを援用した殷汝耕の議論を介して、孫文に齎された可能性が高いと筆者は考えている。

　もちろん孫文は1917年1月の「日支親善の根本義」[15]で中国と日本との「道徳的結合、精神的結合」の必要性を唱えており、逆に殷汝耕がこうした孫文の議論に影響された可能性はある。また北一輝が1921年に出版した『支那革命外史』の中で、日本の今後の外交の進むべき方向について、「白人投資の執達吏か東亜の盟主か」[16]というような二項対立で議論を提起しているように、こうした意識の在り方や論の立て方そのものが、欧米で高まりつつあった黄禍論への反発もあいまって、当時普遍的に存在していた可能性も否定できない。日中の論壇で東西文明論が展開されたのも第一次世界大戦前後のことであった[17]。筆者も孫文がそうした思考形態を持っていたことまで否定しようとは思わない。

14　吉澤誠一郎「近代中国におけるアジア主義の諸相」松浦正孝編『アジア主義は何を語るのか——記憶・権力・価値』ミネルヴァ書房、2013年。
15　孫逸仙「日支親善の根本義」『東京朝日新聞』1917年1月1日3面。
16　北一輝『支那革命外史』（増補版）内海文宏堂、1938年、242頁。
17　石川禎浩「東西文明論と日中の論壇」古屋哲夫編『近代日本のアジア主義』京都大学人文科学研究所、1994年。

ただ、孫文は生涯を通して様々な主張を展開しているが、その中には既存の枠組みを援用・組み合わせた議論も多く、一貫した理論が先にあったわけでは必ずしもない。また孫文が様々な問題について周囲の人間と相談していたことも確認されている[18]。大アジア主義演説の「東洋＝王道、西洋＝覇道」という説明の仕方も、孫文の発案とするよりは、殷汝耕等を含めた周囲との関係の中で生まれたものであると考えた方が自然なように思われる。

　もちろん実際の発案者が誰であろうとも、「東洋＝王道、西洋＝覇道」という議論が孫文の口を通して成された意味が損なわれるわけではない。孫文の大アジア主義演説が無ければ、「東洋＝王道、西洋＝覇道」の主張がこれほどまで人口に膾炙することはなかったであろう。

　しかし、そのことは逆にこの議論の枠組みが、ともすれば孫文首唱のものと目されることになり、当時の日本中国双方の複数の知識人の意識のなかに共通して存在しうるものであった、という事実を見えにくくすることにも繋がった。

　1925年に孫文は逝去するが、国民政府時期にはそのシンボル化が進み、日中戦争期には重慶・南京双方の国民政府から「国父」として祭り上げられた[19]。一方、王正廷の王道に関する議論や、殷汝耕の大アジア主義については、彼らが孫文と同様の議論を展開していながら、現在では忘れ去られている。とりわけ殷汝耕については、この議論から十年後に冀東防共自治政府の長官に就任し、戦後漢奸として処刑されたことも、その評価を難しくしていよう。

　小論が孫文の議論を当時の思潮状況の中に相対化し、より多面的な理解を提供する一助となれば幸甚である。

18　拙稿「忘れられた革命家伍澄宇と日中戦争――日本占領地の将来構想」『中国研究月報』69巻7号、2015年。
19　「尊称 総理 為中華民国国父――中央常会決議」『中央日報』1940年3月29日1張、「尊崇中華民国国父致敬辦法」（1940年5月29日）国民政府文官処『国民政府公報』182号 1941年6月2日。

「テエベス百門の大都」の交響

林 正子
(岐阜大学教授)

　竹村民郎先生は、言わば、「テエベス百門の大都」である。「テエベス」とは、紀元前8世紀末のホメロスの長編叙事詩『イリアス』に、「100の門を有する」と謳われたエジプトの古都テーベを指し、「テエベス百門の大都」は、森鷗外の偉業を形容する木下杢太郎の言葉として知られる。

　職業としての軍医官僚業務をはじめ、衛生学・医事評論・美学・美術評論・翻訳・戯曲・詩・短歌・小説・歴史学・社会思想等々、多分野にわたり超一級の活躍をした森鷗外の偉業について、木下杢太郎は、「森鷗外は謂はばテエベス百門の大都である。東門を入つても西門を窮め難く、百家おのおの一両門を視て他の九十八九門を遺し去るのである。」[1)]と評した。

　この「テエベス百門の大都」ほど、人文・社会・自然科学の多岐にわたる分野での竹村民郎先生の業績を表現するに相応しい言葉はないのではないだろうか。『竹村民郎著作集』全5巻（三元社2011年～2015年）の各巻の表題が、その妥当性を裏付けている。第1巻「廃娼運動」、第2巻「モダニズム日本と世界意識」、第3巻「阪神間モダニズム再考」、第4巻「帝国主義と兵器生産」、第5巻「リベラリズムの経済構造」——各巻に収録された〈万華鏡〉のような〈竹村民郎ワールド〉。『竹村民郎著作集』全5巻には、まさに、「テエベス百門の大都」を体現する世界が繰り広げられているのである。

　その「一両門」を窮めることも、私自身には困難であるとは思うが、竹村先生の汗牛充棟の数多くのご論文のなかから、「科学と芸術の間——池田菊苗と夏

1　「森鷗外」『芸林間歩』、1936年。

目漱石の場合」[2]についてのささやかな感想をご著作集完結記念文集に寄せたい。鈴木貞美先生主宰の国際日本文化研究センター共同研究の機会などに、さまざまなかたちで薫陶を受けたことに対しての、心よりの敬意と謝意をこめて——。

*

「一九世紀末葉日本における海洋帝国構想の諸類型——創刊期『太陽』に関連して」、「一九世紀末葉ハワイにおける日本人移民社会の日本回帰——多民族社会における日本人移民のアイデンティティ形成に関連して」をはじめ18編の錚々たる論考と対談の文章が収められている著作集第2巻「モダニズム日本と世界意識」において、「科学と芸術の間——池田菊苗と夏目漱石の場合」は、一見"地味な"題材であるように思われる。

ところが、『講座 夏目漱石 第一巻 漱石の人と周辺』[3]を初出とする、この34年前の随想的論考には、池田菊苗（1864-1936）のドイツ留学、夏目漱石（1867-1916）のイギリス留学、ロンドンでのふたりの交流を通して、近代日本におけるそれぞれの学問・業績の内容・意義が明らかにされるとともに、ふたりの留学の「精神」が近代日本の哲学・芸術・文学・自然科学の多岐にわたる領域を「包摂して成立」していたことが浮彫りにされており、竹村先生の「テエベス百門の大都」たる面目が躍如としている。

漱石と菊苗が明治40（1907）年を境として、「洋行帰りの知識人として都市化の進展に竿をさすべく未知の大海に船出した」ことが、彼らの業績の源泉であるという認識は、自らハーバード大学やマールブルク大学などで研究生活を送った竹村先生による実感的分析であるとともに、その大局的な視点から対象に迫る姿勢、対象に寄り添っての縦横無尽の論述は、第2巻の錚々たる論考に並ぶものである。

とりわけ、漱石と菊苗が「アーバニゼーション（都市化）」が提起する問題に対峙したとする論点が卓抜新鮮であり、日本の近代化における「科学と経済の結合」の実態分析を自家薬籠中のものとしている竹村先生の本領が発揮されているのは、菊苗が「雄渾な経済思想の持ち主」だった父春苗から受け継いだのが進取の気質であるという指摘であるとともに、東京高輪の味の素記念館に、菊苗の

---

2 竹村民郎著作集第2巻、333-351頁。
3 三好行雄・平岡敏夫・平川祐弘・江藤淳編、有斐閣、1981年7月。

蔵書としてJ・M・ケインズの『貨幣論』を見出していることではないだろうか。

「テエベス百門の大都」たる竹村先生によって、同じく「テエベス百門の大都」たる菊苗と漱石が論じられた「科学と芸術の間」は、その「大都」の大伽藍の交響が感動をもたらしてやまない。

＊＊

第一に、菊苗がドイツ・ライプチヒ大学のウイルヘルム・オストワルド（Friedrich Wilhelm Ostwald 1853-1932）教授のもとでの留学を終えロンドンへと移った折の漱石と菊苗の語らいが、「1　俗を背けば」にドラマティックに叙述されている。英文学・世界観・禅学・哲学・教育・支那文学の話題から「理想美人」の話題まで、ふたりの多岐にわたる熱い語らいを想起して、竹村先生は、自らの小学校国語教科書に掲載されていた、賀茂真淵と本居宣長の「最初の出会いの夜」が「感動的に」描かれた「松坂の一夜」という文章に言及している。竹村先生が、歴史的事象を自身の感性と経験に照らし合わせて論じる好例であろう。

さらに、菊苗と漱石が留学した20世紀転換期のロンドンの市民生活の活気に言及し、若い女性たちの間で自転車・乗馬・ボート遊びなどが流行し、「日本流にいえばお転婆のハネカエリ娘の出現」していたこと、鎌田栄吉『欧米漫遊雑記』（1899年）において、彼女たちが「ニウーウーメン」と呼ばれていたことなどを挙げ、漱石や菊苗の女性談義において「ニウーウーメン」がどのように語られていたかなど、近代日本の化学者と文学者の思想・業績を論じながら「新しい女」に論及するという、竹村先生ならではの視点と論述に、敬意を表しながらの微笑を禁じ得ない。

「2　菊苗の世界」では、ドイツ留学中に購入され、東京大空襲を免れて遺族に残された菊苗の原書を通して、菊苗の「厳しい研鑽の日々」が想起されている。「ドイツ留学における菊苗の精神はまさに日本の近代化学の夜明けを象徴するもの」であり、「日本の近代化学の黎明期の精神が、自然科学それ自体の領域のみならず、広く哲学、芸術、文学の領域を包摂して成立していることは特筆に値いする」として、「菊苗の精神史の軌跡」が追究されてゆく。

東京帝国大学理科大学化学科卒業後、大学院に進学するとともに、坪内逍遥の後任として国学院でシェークスピアを講義し、大学院退学後には高等師範学校の教授として就任するなど、「波乱」の修学時代をたどった菊苗が、フランス啓蒙思想やドイツ啓蒙思想、さらにカント哲学から洗礼を受けたことが特筆され、「博学多才で、専門の物理化学以外に色彩論があり、哲学上の多くの著述もある

大学者・哲人」であったオストワルド教授に師事したことが必然としてとらえられている。このような指摘は、竹村先生自身が、経済学はもとより、社会思想、世界史、西欧文学にも関心をもち、シェークスピア、ディケンズ、バーナード・ショー、イプセン、ゲーテ、シラー等をひろく愛読していたことの証左であろう。

さらに、「菊苗と漱石の親近性の正体」として、「菊苗は、化政文化を継承する京-上方文化や文を重んずる金沢藩の伝統を雰囲気として知っている。」「漱石は町家風の色彩が濃い東京育ちである。化政文化以来の江戸文化の系譜のうえに、漱石文学が位置している。」──このような記述に、上方文化の風雅と東京のダンディズムを体現する竹村先生自身の「正体」が顕現している。

菊苗に自分の「分身」を見るほどのシンパシーを漱石が抱いていることの要因について、『吾輩は猫である』や『三四郎』のモデルとなった寺田寅彦の存在が挙げられ、「漱石の長年にわたる寺田寅彦との師弟愛のなかには、あきらかに漱石の自然科学への傾倒がみられる。菊苗が哲学、文芸を求め、漱石が自然科学の知識に脱帽する、この両者の生き方は驚くほど似ている。」と指摘され、「菊苗がヨーロッパ啓蒙時代の『優等生』であるのと同様に、漱石もまたその『後継』であった。」と規定される。

「3 東と西」では、「オストワルド先生は自分などより十倍も偉い。それ故先生は化学者としてばかりでなく、他の分野に於いても活躍され得たのである。」という菊苗の感慨が、さらなる研究の糧となってゆくことの追究からは、出会うべくして出会った師弟の学問的業績はもちろんのこと、その人となりまでもが彷彿とさせられる。

菊苗が師の模倣・亜流に留まらない「独創的な研究」を達成し、グルタミン酸ナトリウムを主成分とする調味料を開発したことの理由をも、「師の影響で菊苗が専門以外のことにたいしてもひろく興味を感じ知識を深めたのも、独創的な発想を培うのに役立ったに違いない。」とされている。

終章「4 人と時代」では、漱石が朝日新聞社に入社した折の心情に、竹村先生の炯眼が向けられる。明治40（1907）年3月23日付の野上豊一郎宛の漱石の手紙を引き、「象牙の塔にしがみつく大学教授を揶揄」し、「高等的な大学人の生きざまよりは、野にあって在野精神をもち、謙虚に生きる人々を評価したいのである。いいかえれば在野精神を評価することは官の思想の対極にある実業の思想を評価することである。」と、漱石の心中が忖度されている。その「在野精神」こそ竹村先生自身の本領であろう。

＊＊＊

　著作集第 5 巻の「あとがき」に、「この著作集五巻の成るにあたって、まず『民』の心をもって生きることを教えてくれた亡き両親に感謝したい。」とあるように、名は体を表わし、竹村先生の研究活動の根源と根幹にあるのは、まさに「民」の幸福を願い、「民」に寄り添う生き方を追求してこられた「『民』の心」と言えるだろう。

　そのような「『民』の心」は、「科学と芸術の間——池田菊苗と夏目漱石の場合」においては、漱石と鷗外を対比的に論じる箇所にもうかがえる。竹村先生は、漱石と鷗外の「知的雰囲気の相異」についての優劣を規定しているわけではない。だが、『民』の心」を有する「在野の人」贔屓は当然のことながら感得される。

　鷗外は「近代」に「絶望」したのか、「大衆の台頭に不信の目をむけた」のか、「貴族主義的に、明治国家の帰結としての卑俗で無秩序な『近代』社会を批判した」のか、これらの刺激的なテーマについて、次の機会に竹村先生とぜひ "議論" させていただきたく願っている。

　思えば、「日文研・鈴木班」のメンバーの、何と、多士済々であったことか。国境を越えての老若男女による自由で闊達な "議論" が展開されていた日々夜々が、たまらなく懐かしい。そこには、常に、私にとって父と同年の竹村先生と、母と同年の金子務先生の存在が燦然と輝いていた。竹村先生のまさに盟友であり、同じく「テエベス百門の大都」である金子先生が、「科学と芸術の間」初出 30 年後に、上山明博『「うま味」を発見した男——小説・池田菊苗』（PHP 研究所　2011 年 6 月）の書評[4]を綴られたことの必然を思わないではいられない。

4　「公明新聞」2011 年 8 月 29 日。

第2巻『モダニズム日本と世界意識』
「『大正文化』の断面」から

原田 信男

(国士舘大学21世紀アジア学部教授)

　まず私が、竹村民郎著作集全5巻のなかから、比較的短い「『大正文化』の断面」を撰んだ理由を述べておきたい。この論文のなかには、私がもっとも良く勉強させて戴いた先生の初期の御労作『大正文化』(講談社現代新書、1980年)のエッセンスが詰まっているからである。私が近現代史に興味を抱いた頃、同書は品切れ状態であり、そのほとんどを図書館から借りてコピーして読んだ。その後、数年して古本屋で同書に出合い、小躍りして購入した記憶がある。

　そして、2004年には、三元社から同書を大幅に書き直し大増補を加えた改訂本『大正文化　帝国のユートピア――世界史の転換期と大衆消費社会の形成』が刊行された。新書をベースに改訂して専門書とするという事例は珍しいが、改訂本はどこから見ても高水準の研究書である。このことはコンパクトながら講談社新書『大正文化』が、一般書の体裁を装いつつも、高度の専門書的内容を有していたことを示している。

　ときおり新書クラスでも、読み終えてみると、かなり専門的な勉強をさせて貰ったという体験があるが、まさしく『大正文化』は、そうしたハイレベルの一般書だったのである。概して、学術書は文体が硬く用語が専門的で読みにくいという傾向があるが、まさに『大正文化』は、読みやすいながらも研究の最前線に立って、幅広い史料博捜とその深い解釈に基づき、緻密な論理展開を実現した理想的新書であった。今回取り上げさせて戴いた「『大正文化』の断面」は、新書『大正文化』とは、内容構成も扱っている素材も全く異なるが、新たな側面から、まさに「大正文化」の時代的特質をみごとに摘出し、その後の一五年戦争へとなだれ込んでいった社会的前提を的確に分析している。

　ただ残念なことにというか、当然のことというか、『大正文化　帝国のユート

ピア』は、今回の著作集には収録されていない。同じ出版社からの刊行という事情が大きいものと思われるが、同時にそれだけ単行本としての完成度が高いということだろう。そして何よりも、竹村著作集全体のエッセンス的な内容を有しているからこそ、著作集には収めにくいという構成上の問題もあったと思われる。竹村先生が、歴史の研究対象として選ばれたのが、まさに大正という時代であり、これを彩る大正文化に、最大の関心を注ぎ、大きな成果を挙げてこられたことは注目に値しよう。

　明治維新以降の西洋的近代化のなかで、西欧にならって帝国主義的志向を強めて、西欧列強に軍事的に比肩しようとし、奇妙な大国意識を抱き、その延長線上に、中日戦争から太平洋戦争へとのめり込んでいく道筋を切り開いてしまった時代が、まさに大正であった。その過程に、公娼制度の現実と「廃娼運動」の展開があり、いっぽうで「阪神間モダニズム」が形成され、独自な文化を花開かせたことになる。「廃娼運動」と「阪神間モダニズム」についても、部分的ではあるが、『大正文化　帝国のユートピア』で鋭く両者の特質を論じている。

　そもそも竹村先生が学問を志された時代は、マルクス主義経済学の絶頂期であったが、この学問には文化史・社会史視点の欠如という問題があった。竹村先生は、そうした経済史を正面から勉強されてこられたにもかかわらず、その短所に気付かれ、むしろ学問の本領を「社会史」へと向かわせたのは画期的なことで、まさに、そうした竹村先生の研究生活における苦悩と格闘の成果が、今回の著作集に結実していると言ってよいだろう。

　経済構造の分析に終始する研究も味気ないが、経済史的な裏付けを欠いた文化史・社会史研究も物足りない。竹村先生の論考は、そうした双方の研究史的弱点を、充分に克服したみごとな作品となっている。代表作『大正文化　帝国のユートピア』は、明治から大正への経済史的な背景を、世界史的観点から押さえた上で、あるサラリーマン家庭の一日の描写から始まる。そこには、新しい時代における都市生活のさまざまな諸相が、まさに歴史の産物として詳細かつ具体的に描かれている。

　また、この時期における成金の輩出についても、これを第一次世界大戦とイノベーションとの関係から説き起こし、その生態をリアルに描くとともに、米騒動との関係や日本リベラリズムの弱点にまで言及する。さらに大量消費型社会の成立や巨大都市の誕生そして郊外型田園都市の出現といった重要な問題を扱いつつ、大正文化の光と影を的確に描写している。個人的に興味深かったのは、「主婦が

潜水艦に乗った日」で、軍国主義へと傾斜していく社会環境が、こうした方式で整えられていったという指摘であった。これは、まさに歴史家としての竹村先生の慧眼によるものであろう。

そもそも大正という時代は未開の研究分野で、米騒動と大正デモクラシーによってのみ語られてきたという問題がある。たまたま私に歴史の面白さを開眼させてくれた中学時代の恩師が、暉峻衆三氏の下で米騒動の研究を手掛けられたこともあって、大正史がいかに興味深い研究分野であるか、を聞かされてきた。そして大正史の研究者が少ないことも、しばしば嘆いておられた。そうしたなかで、この時期に焦点をあてておられた竹村先生の存在を知った時には、御本を通じてではあったが、奇妙な親近感を覚えた。

もともと中世の村落史研究を志してきた私が、先にも書いたように講談社現代新書『大正文化』を探し求めたのは、勝手に専門を逸脱し食生活史研究に手を出して、その初めてのささやかな通史の筆を執りつつあった時のことだった。明治と昭和については、ある程度見通しがあったが、大正に困っていた。いわゆる三大洋食やコロッケの話くらいしか文献がなく、それも単なるグルメ本ばかりで、ほとんど役には立たなかった。この時代の生活文化を、まさに社会史的な側面から扱った研究書は、当時皆無に近かったのである。そのなかで竹村先生は、実に生き生きと大正文化を描き切っていた。それを拙著に生かし切れたかどうかは別として、同書を本当に有り難くむさぼり読んだ記憶がある。

そして、しばらくして竹村先生に、国際日本文化研究センターの共同研究会でめぐりあうことができた。これは実に嬉しく有り難いことで、研究会やその後の席で、さまざまなお話を楽しく聞かせて戴くという機会を得た。ただ私は、もっと早く竹村先生にお目にかかれることができたのに、そのチャンスを自分自身で潰してしまったことが悔やまれてならない。

実は私は、立命館大学の文学部史学科に学んだことがあり、その意味で竹村先生の後輩にあたる。かなりの大先輩であるから面識はなかったが、現代史の優れた研究者としての竹村先生のお話は、立命館の諸先輩から、しばしばうかがっていた。そのころ私は、学生歴史学研究会の中世史部会に属し、中世史を専門にするつもりでいたから、現代史には見向きもしなかった。しかし竹村先生のお名前は、なぜか私の記憶に残っていた。その後、いろいろあって立命館大学を中退した私は、明治大学文学部の歴史地理学科に編入した。すると明治で竹村先生が「日本現代史」を受け持っておられた。あの竹村先生だと思い出したが、中世史

が専門である自分には必要ないと考え受講しなかった。

　当時の私は視野が狭く、専門以外の分野が目に入らなかったのである。今考えれば、非常に馬鹿げた話で、なんというもったいないことをしてしまったのか、と反省している。ただ有り難いことに、国際日本文化研究センターでの出会いは衝撃的で、お会いした時に双方とも受講しなかったことをお詫びしたが、「そんなことは」と一蹴され、代わりにさまざまなお話を聞かせて戴いた。竹村先生も、同センターでの共同研究員が長かったが、私も以後は、しばしば共同研究会をご一緒させて戴いたので、いろいろと議論を交わさせて戴き、遅まきながら薫陶を受けることができた。本当に奇妙なご縁であったが、若いときに自ら放棄してしまった竹村先生との出合いを、人生の後半に入って実現させることができ、楽しく有益な時間を過ごせたことを、非常に有り難く思っている。

博覧会都市が宿す「空虚なかげり」への積極的視座

小松 史生子

(金城学院大学文学部教授)

　竹村民郎先生といえば、私にとってはなんといっても名著『大正文化』を著された先生である。というのも、私自身の研究対象が、広義の大衆文学および大衆文化であって、狭義には江戸川乱歩のテクストを中軸とする日本探偵小説の言説フィールドの分析であることから、学生の頃より探偵小説雑誌「新青年」(1929年創刊)に関心を持ち、鈴木貞美先生が主宰する「新青年」研究会に出席(ちなみに、鈴木先生が主導なさっていたのは第一次「新青年」研究会。私の参加は、第二次後半〜第三次研究会の頃である)していたりして、1920年代〜30年代の世相と文化を学ぶ意欲が強かったからである。

　私が大学院で学んでいた当時は、ちょうどアカデミズムの文学研究の方向性がそれまでの既存の文学史をなぞるものから大きく転回し、カルチュラル・スタディーズが学問領域を席巻せんとしていた時期にあたり、カウンターカルチャーおよびサブカルチャーへ新鮮な研究視座が与えられる機運に満ちていた。そのような中で、私の江戸川乱歩および探偵小説研究は始まったのであり、勢い、それは、文学や文化における大正時代を問い直し再評価する竹村先生のご論考に示唆されること大であったのだ。機運は高まっていたとはいうものの、まだまだ文学研究の保守主義は根強かった時期にあって、文学史という正典(キャノン)からともすれば漏れ落ちがちの大衆文学を研究対象に定める姿勢はそれなりの勇気を必要としたが、竹村先生の『大正文化』を筆頭とする大正時代の世相研究にかかわる幾多の刺激的なご論考は、私にとってたいへん心強く指針となる具体的な成果として、いつも机上に置かせていただいたものである。

　このほどは、そうした学恩を幾ばくかお返しできる機会を与えて下さったことに感謝申し上げ、主に『著作集Ⅱ　モダニズム日本と世界意識』に収められた緒

論について、私の研究領域の視点から語らせていただきたい。

『著作集Ⅱ　モダニズム日本と世界意識』収録の「大正文化の断面」には、興味深い指摘が見える。

> 　　明治の文豪漱石の文明批評としての博覧会論は、なかなか辛辣である。彼は博覧会を文明のスパークであり、文明の刺激とみた。しかし漱石は物質文明の刺激に素早く反応して、シャボン玉のようにふくれ上がる「文明の民」の心の底に、空虚なかげりが宿っていることを、けっして見逃さなかった。大正文化というものが、明治文化とは異なった方向で自らを形成するとすれば、**漱石の博覧会論＝日本人の欧米文明受容にたいする考え方のシニカルな批判を、積極的に継承することが決定的に重要であった**。
> （中略）
> 　　大正時代の大半の人々の心に共通するものは、すでにみたように大正の新政をドタバタ騒ぎで祝福する心理以外の何ものでもなかった。[1]

　上の引用に太字で強調した箇所が、私の江戸川乱歩研究には決定的に重要であった。ドタバタ騒ぎで博覧会を享受する大正の人々の空虚な心のかげり——しかし、その空虚な心理構造こそが、何よりも江戸川乱歩が描くところの探偵小説に登場する人々のアイデンティティであり、探偵小説という〈近代都市の不安〉を徹底して追求する作品世界の誕生と普及を促す原動力であったのだ。既にアカデミズム文学研究の場で正典化されきっていた明治文学の価値機軸ではマイナス評価でしかない大正文学の「空虚なかげり」を、積極的に解釈し文学言説の新しいモチベーションの母胎として眺める視座こそが、私の求める江戸川乱歩テクストの分析方法となったのである。

　江戸川乱歩は三重県名張で生を受け、その後3歳の時に父親の事業の関係で名古屋に移住し、14歳までの多感な時期を名古屋の広小路界隈で過ごした。名古屋という街は、昔も今も博覧会で大きくなった都市として知られている。大きな博覧会が幾度も名古屋の地で開催され、そのたび毎に名古屋はモダニズム都市と

1　竹村民郎著作集Ⅱ、434-435頁、太字は引用者による。

して規模も人口も大きく成長していった。東西の文化圏の境界に在って、乱歩が少年時代を過ごしたころはモダニズムの波が押し寄せ、乱歩の実家があった広小路界隈を中心に急速に近代都市の風景が整備されていったのである。しかし、広小路付近をちょっと外れれば、もうそこは田畑が広がる田舎の風景で、近代と前近代の並存する風景のギャップは、強烈な印象となって少年だった乱歩の心に刻み込まれ、後年の作品世界の基調を形成することになった。乱歩の作品世界に登場する見世物趣味は、江戸時代以来の見世物文化（尾張地域は見世物文化の最高レベルを誇る）と明治以降の輸入された欧米の最先端技術のミキシングボウルとして、どこか蜃気楼の様に朦朧とした、現実世界の反転妄想のように奇妙な浮遊感をもって描写されている。同じく大正〜昭和前期のエロ・グロ・ナンセンス趣向を描いた谷崎潤一郎の妄想世界と比べると、乱歩のそれはどこかチープで表面的装飾に関心が注がれている点において、むしろ大正博覧会的描出方法のテクストと言えるのかもしれない。

　そのような乱歩テクストの大正文化的表象に関わる指摘を、「大正文化の断面」から今少し引用してみたい。

> 　大正文化は若々しく大いなる可能性をはらんでいた。しかしそれは同時に斉藤（※引用者注：東京美術学校教員・斉藤佳三のこと）が指摘したように、和洋折衷にともなう大いなる混乱の集合でもあった。その意味では**大正文化は「乱調の美」**であったといえるだろう。
> 　こうした奇妙な風景をもつ大正文化が出現した理由を一言にしていえば、**大正人が自己の立脚点を忘れて**、性急に文化・風土の異なる欧米文明との同化をもとめたからである。
> 　くだいていえば、それは欧米文明を支えてきた思想と時間の否定であった。二〇世紀初頭の世界的都市化の波にのって開幕した東京大正博覧会は、ハイカラな都市化を目標として掲げた。**しかし博覧会の雰囲気はハイカラとは正反対の猥雑なドタバタ騒動に終始した。**この国の知的状況において、それはけだし当然な成行きであったというべきであろう。[2]

2　竹村民郎著作集Ⅱ、438頁、太字は引用者による。

自己の立脚点を忘れたところからくる、地に足の着いていない表層的な人生への自覚——そこからもたらされる自己存在の不安と自己分裂の恐怖は、この時期の文学に多く見出され、江戸川乱歩の作品にも一貫した強いテーマとなって現れてくる。たとえばそれは、芥川龍之介が晩年に執拗にとり憑かれたドッペルゲンガー幻想であり、乱歩テクストに至っては、それは探偵と犯人の奇妙な身体交換性となって描出されるのだ。混乱という迷宮世界へ否応も無しに引き込まれていく大正文学の登場人物達は、自己と他者の区別も無効化して、際限もなく合わせ鏡に映るような〈自意識〉の持ち主として妖しい世界に絡め取られていく。夭折した奇想の画家として小説も著した村山槐多は、そうした過剰な自意識の産物として自己が人ならぬモノに変身していく恐怖を、『悪魔の舌』（1925 年）という短編でみごとに描き出した。この短編は、若かった乱歩に強烈なインパクトを与え、後に乱歩は怪作『人間豹』（1934 年）の基本設定に引用している。乱歩が生み出した不朽の名探偵・明智小五郎の立ち位置も、まさにこうした自己の立脚点が確定し得ず、ともすればとめどなく分裂していきそうな大正人の不安なアイデンティティのもとに置かれている。明智小五郎のデビュー作となった『D坂の殺人事件』（1925 年）から、該当する箇所を抜粋してみよう。

>　私は、かくも風変りな部屋の主である明智小五郎の為人について、ここで一応説明して置かねばなるまい。**併し彼とは昨今のつき合いだから、彼がどういう経歴の男で、何によって衣食し、何を目的にこの人世を送っているのか、という様なことは一切分らぬけれど、彼が、これという職業を持たぬ一種の遊民であることは確かだ**。強いて云えば書生であろうか、だが、書生にしては余程風変りな書生だ。いつか彼が「僕は人間を研究しているんですよ」といったことがあるが、其時私には、それが何を意味するのかよく分らなかった。唯、分っているのは、彼が犯罪や探偵について、並々ならぬ興味と、恐るべく豊富な知識を持っていることだ。[3]

　経歴も経済的基盤も不明、人世の目的も不明という人物表象は、明治期の立身出世および殖産興業の名目に向かって邁進する青年像と真逆の存在だ。さらには、

3　『D坂の殺人事件』光文社文庫版より。太字は引用者による。

「一種の遊民」として、都市を彷徨う根無し草のごとき影の薄さも、いかにも近代文明の表層ばかりを追ってふらつく自己の立脚点の不確実さを示している。このデビュー時の明智小五郎が、「私」という語り手によって、最初は「犯人」と疑われて指弾されるのも、探偵（自己）と犯人（他者）の境界が限りなく曖昧な証左である。それをいえば、語り手の「私」と明智の関係も、年格好はちょうど同じくらいとされ、カフェのテーブルを挟んで鏡像の様に向かい合う若者同士という設定から、ドッペルゲンガーとして想定されているとも解釈できるのだ。

　一方で、竹村先生は大正文化の正体が、ヨーロッパのそれとまったく基盤を異とする側面についても鋭く指摘されている。すなわち、第一次世界大戦後のヨーロッパ大陸において危惧された「精神の危機」の思想をスルーした形で導入された大衆消費社会のシステムは、その言うところの「文化」の孕む意味と質が決定的に違って、大正時代の世相では「文化」が消費される〈情報〉としてのみ機能する有様である。これは、探偵小説という本質的に輸入文学である宿命を負ったジャンルの文学場での展開と、二重写しに見えてくる問題系だ。大正末から昭和前期にかけて黄金期を迎えた日本の探偵小説ジャンルが、「キング」や「講談倶楽部」を読むライトでマスな一般読者層に訴えかけるべく妥協と戦略を大いに用いて普及に努めた傾向がある点は、日本においてこの新興の文学ジャンルが第一次世界大戦を体感せずに書かれた経緯と複眼視できる事態なのである。

　以上、竹村先生のお仕事に啓発された私の研究領域の有様について、長々と述べさせていただいた。賜った学恩の深さは計り知れない。今回の著作集の刊行は、かつての私の様な若い学生の方々にとって有益な思想の宝庫といえるものであろうと思う。

竹村さんの二冊をめぐって

西原 和海
（文芸評論家）

　竹村民郎さんの著述史において、私がとりわけ注目したいのは、いずれも新書という形で世にまみえた『大正文化』（講談社）と『廃娼運動』（中央公論社）の二冊である。前者が1980年、後者が82年の刊行だから、どちらも、もう三分の一世紀以上の時間を閲していることになる。この二冊は著者の研究モチーフのうえで密接に連続しているのだが、刊行当時、不明の私はそのことにほとんど気づかなかった。問題にしていなかった。その頃の私は、前者の存在にまったく目を奪われていたからである。

　本稿の執筆に当たって、私は『大正文化』を書棚に探したのだが、半歳近く尋ねあぐねても、ついに見つけ出すことができなかった（『廃娼運動』の方はすぐに出てきたのだが）。確か、この本のカバーの袖には、竹村さんの顔写真が掲載されていたはずである。なかなか精悍な風貌をなされていたと記憶する。若き日の氏に再会してみたかったのである。今回の三元社版『竹村民郎著作集』全五巻に同書は収録されていず、およそ10年前に同社から刊行された『大正文化　帝国のユートピア』が同書の改訂・増補版となっていて、新・旧、この二つのヴァージョンを比較してみたい気持ちもあったからである。この新版は『著作集』の先行巻、雑誌ふうにいえば創刊準備号、あるいは番外巻（幻の第六巻）と呼んでいいのではあるまいか。

　1980年といえば、その頃、私は夢野久作を研究している時期であった。この作家が文壇で活躍したのは昭和初年代であったが、その作品のほとんどは大正時代を背景としている。「大正とは何であったのか」という問題意識を漠然と感じていた私の前に、突如、颯爽として現われてくれたのが同書だったのである。それまでも「大正」期の特性を扱った研究がなかったわけではないが、竹村さんは、

この時代を「1920年代」の世界的同時性から捉えるというモチーフを底流としつつ、政治史・経済史・社会史・文化史など多様な視角から重層的に描いて見せたのだった。これは画期的な一冊であった。
　この本の先駆性については、80年代以降、いかに多くの類書が踵を接するようにして出版されたかを、少し回顧してみるだけでも明らかである。それらは概して、「1920年代モダニズム」論という形を取りながら、竹村さんの研究を拡大・深化させていき、その動向はこの現在も持続している。例えば、「都市モダニズムの表象」とか「芸術的モダニティの戦前・戦後」などといったふうなタイトルの論文や書物などは、その大方が、何らかの意味で、この本の成果を踏まえたうえでの、その延長線上にあると断じていいだろう。『著作集』第三巻の「阪神間モダニズム再考」は、まさに著者自身による初志モチーフのさらなる展開ではあった。
　しかし、同書の意義を今さら私が、ここで喋々する必要はあるまい。実はすでに竹村さん自身が同書新版の「はしがき」において、篤実な自己批評のもと、要領よく纏めているからである。——話が少し脇道にそれてしまうが、今回の『著作集』では各巻の「あとがき」がとても面白い。過去の仕事をみずから検証しながら、今後の研究課題を語る著者の姿勢には意気軒昂たるものがある。こちらも思わず元気づけられてくる。
　では、もう片方の『廃娼運動』についてはどうであったか。先にも述べたように、私は当初、これと『大正文化』との間の連関性について何も考えることがなかった。なるほど、後者の中でも廃娼運動について少なからぬページが割かれてはいるのだが、そのあたりの意味あいに対しては鈍感な私だった。その迂闊さに気づかされたのは、今から十数年前、初めて竹村さんにお会いし、さらに数年を経てからのことだった。京都の国際日本文化研究センターにおける研究会（仲間うちでは「満洲班」と呼ばれていた）での交流を通して、ようやく分かってきたのである。氏との間で廃娼運動とか公娼制度の歴史などについて具体的に話をかわしたことはなかったが、徐々に私は理解することができたのだった。
　竹村さんの書いたものでは、廃娼運動の動きは「満洲（とりわけ大連）」から見ていかなくてはならないことが力説されている。これを端的にいえば、コロニアリズムの問題なのである。おそらく氏の視線は、モダニズム研究の出発点から海の向こう、日本の植民地にまで届いていたに違いない。モダニズム文化とコロニアリズム文化、この二つのテーマは80年代以降の学界・読書界の大きな流れ

となっていく。それは滔々として現在もある。ここでも氏の仕事の先駆性は明らかである。

　私は夢野久作の研究が一段落ついたら、次は「満洲（国）」をやりたいと考え、その準備として関連資料の探索と収集に取りかかったのが、やはり80年代の初めの頃だった。私の主要テーマは、満洲における日本人の文学・文化活動を明らかにすることだったが、そのためには、政治史・軍事史・社会史などといった視角からのアプローチも踏まえたうえで満洲（国）の総体を見ていくこと、言い換えれば「近代日本にとっての満洲体験とは何だったのか」という課題に取り組んでいくことの大切さが強く意識された。そうした中、私の関心を特に引いたのは満洲における日本人の日常的な生き方、なかんずく女性たちの日々の暮らしの在りようであった。

　周知のように、日本人の満洲体験といえば、これまで汗牛充棟ただならぬほどの記録や回想記などが出版されている。しかし、その大部分は、男性の、それも知識階級に属する人たちの筆になるもので、女性による体験記はきわめて数が限られている（例外的に多く残されているのは、満洲移民、いわゆる満蒙開拓団に加わった女性たちによる敗戦・引揚げ体験記の類である）。私が聞きたかったのは、女性たちの、それも社会底辺に生きる彼女たちの声であった。女給やダンサーや私娼、商店・居酒屋・食堂などの店員・下働き、家庭や宿屋の女中……挙げていけばきりがない。折りに触れ私は、「満洲と女性の問題が大切だ」と口にしてきたのだったが、では自分はどうだったかというと、結局、このテーマに本格的に取り組むことをさぼり続けてきた。

　竹村さんの上記二冊の新書をもっと丁寧に読んでおくべきであった。ここには早くも「コロニアリズムとジェンダー」という問題が提起されているではないか。満洲で書かれたものには、しばしば遊廓や料理店などが登場するのだが、私の視線はそこに焦点を結ぶことが少なかった。当時、満洲では名所紹介・観光ガイドふうの写真集がよく出版されていた。それらの中には、大連・逢坂町の遊廓の写真が掲載されていたりする。ところが、ある時期に到って、こうした写真集から遊廓の姿が消えてしまうのである。その時期とは、満洲国が建国されて数年を経た頃だと推察される。版元が気を利かせたのか、当局から注意でもあったのか、要するに、「外国（植民地）において遊廓などといった存在を宣伝するなんて国辱ではないか」といった発想によるものなのだろう。その程度のことは私も気づいていた。大連の逢坂町はあまりにも有名だが、しかし、関東州を離れて満

洲国に入った場合（かつて満鉄附属地が所在した諸都市などにおいて）、日本の公娼（制度）は、一体、どのような形で営まれていたものか、私はそこまでは追及することがなかったのである。今に到ってもさぼったままである。

　この『著作集』第一巻「廃娼運動」には、元版の『廃娼運動』を柱として、その後に執筆された関連論文八篇が収録されている。拝見して驚かされたのは、収載論文のうちの二つが2002年に発表されたものであり、さらに一つが2011年の書き下ろしだということだった。この三篇とも、大連の公娼制度を主題としている。執筆時期が断続的だとはいえ、元版刊行の1982年からおよそ30年間、竹村さんがいかに一貫してこのテーマを持続し続けてきたか、改めて瞠目せざるをえない。そして、そこから敷衍される「植民地と性」というテーマは、例えば「慰安婦問題」に見られるような今日的課題と直結してくること自明なのである。

　この小文においては、『著作集』の番外巻と第一巻についてしか触れなかったが、他の巻もまた、それぞれに読み応えがあった。ともあれ、面白いのである。先の二冊の新書が啓蒙書として、広汎な読者に向け平易に書かれたものであったが、それ以外の著書、学術論文の類も決して難解なものではない。著者の明晰な思考と文章とによっているからである。

　私など、読んでいていつも、頭を快適にブラッシュアップされ、脳細胞が活性化されていくのを覚える。

　面白さということでは、他の誰もがあまり書かないであろうことを、一つだけ指摘しておきたい。竹村さんの文章には、ときどき啖呵を切るような調子がまじることがある。啖呵、そのものではない。どこか啖呵に通じるニュアンスを含んだ、一種、小気味のよい表現を見ることがあるのだ。品格のない人間、愚かな事件、陋劣な権力などについて触れざるをえないとき、それらをごく短い言葉で、一、二の評言だけをもって記述することがある。相手を鋭い一言で片づけているわけだが、読む側の私は、思わず笑ってしまう。ここでは、その具体例は挙げない。そのような啖呵ふうな表現がどうして生まれるかといえば、それは氏の正義感から発しているからである。竹村民郎という近代史家は、歴史と現在に対して、常に義憤をかかえた情熱家なのである。

竹村史学私註―『大正文化』の位置―

小島 亮

(中部大学教授)

　改めて言うまでもなく、竹村民郎の存在が広く知られるのは『大正文化』(講談社現代新書、1980年)の上梓をきっかけとしてである。おそらく本書を手に取った一般読者にとって相対的無名の著者は「ミスター・フー」に映ったに相違ないし、「大正文化」なる表題にやや逡巡したのではなかろうか。「帝国のユートピア」というやや「カルスタ」的副題を付与して復刊された昨今と1980年は知的・研究史的状況はまったく違っていたからである。

　この時期までの「大正」研究と言えば、南博グループの先駆的な共同研究[1]を唯一の例外として、「大正デモクラシー」論に連なる著作のみが人口に膾炙していたからである。確かに70年代に入った時期から三谷太一郎[2]、山本四郎[3]らが80年代の「政治史の復興」を予告していたし、太田雅夫[4]は近代知識人論批判を歴史学的に受け止めていた。これら新潮流はいずれも60年代の知的・政治的状況を「大正デモクラシー」と重ねて眺めた特徴を有する。こうした潮流に加え「大正デモクラシー」概念の拡大とでも評すべき新動向も、60年代末に現れ、70年代には奔流となってゆく。論者によって問題観は異なるも、金原左門[5]、松尾

1　南博編『大正文化』勁草書房、1965年。
2　三谷太一郎『大正デモクラシー―吉野作造の時代とその後―』中央公論社、1974年。
3　山本四郎『大正政変の基礎的研究』(御茶の水書房、1970年)は翌年に集成された近代化論批判の諸論文(『「日本近代化」論の歴史像 その批判的検討への視点』中央大学出版部、1968年)をいわば「解説」として読めば本稿のような位置づけが明瞭になると考える。
4　太田雅夫『論争　大正デモクラシー史』上下、新泉社、1971年。さらに『大正デモクラシー研究―知識人の思想と運動―』新泉社、1975年。
5　金原左門『大正デモクラシーの社会的形成』(青木書店、1967年)に収録された実証的諸論文。

尊兌[6]、鹿野政直[7]などによる広義の社会運動分析である。これらは60年代に台頭したアンチモダニズム基調の民衆史研究[8]を戦後歴史学の領域内に統合しようとした試みである。その中で70年代以降の「大正デモクラシー」論のプロトタイプを提供し、70年代以降の研究を牽引したのは松尾であったと考えられる[9]。

これはまずもって「大正デモクラシー」を政局史から解き放った上で、10年代後半（明治末期）から現れる非体制的新動向を「大正デモクラシー」概念で再把握し、一方、普通選挙運動の系譜もやや時期を遡って再分析する特徴を持つ。今流に言えば「長い大正デモクラシー」を想定するとともに、体制的転換の民衆的オールターナティヴとその「限界」を視野に収めたと松尾を評すべきであろうか。松尾の分析法は、包括力に富んだために大正時代像を一新したのみか、戦後史研究を含む[10]日本近代史総体の書き換えにも大きな影を落としたのである。

折から色川大吉[11]によって先駆的に分析されていた在野民権、明治維新期の在村的革新派[12]、戦前期の多様な在野の「反」または「非」体制的運動も、松尾の

6　松尾尊兌『大正デモクラシーの研究』（青木書店、1966年）から始まる業績が、本稿で述べたような明瞭な姿態を現すのは『大正デモクラシー』（岩波書店、1974年）であると考える。

7　鹿野政直『大正デモクラシーの底流―"土俗的"精神への回帰―』（日本放送出版会、1973年）を始め浩瀚な鹿野の研究のほぼすべてが本稿で整理したような論理によって貫かれている。

8　このアンチモダニズムの民衆史、地方史研究の動向は今日忘れ去られがちであるも、世紀末以降「カルチュラル・スタディズ」によって「コピペ」されることになる。なおアンチモダニズム史学総覧のような便利な著作が芳賀登『地方史の思想』（日本放送出版会、1972年）である。巻末の文献解題もきわめて有益である。

9　意外に思われるが、松尾以前に戦後歴史学主流派に参照すべき「大正デモクラシー」研究は存在しなかった。戦後歴史学主流派の必読文献入門マニュアルとしてよく読まれた歴史科学協議会『歴史の名著《日本人篇》』（校倉書房、1970年）には、講座派マルクス主義の古典に加えて遠山茂樹、井上清などの明治史研究は参照を指示されていても、大正史は含まれていないのである。

10　松尾は比較的知られていないが戦後占領期の人民戦線論的分析がいくつかあり、『戦後日本への出発』（岩波書店、2002年）にまとめられている。これは松尾の「大正デモクラシー」論の続編である。

11　色川大吉『明治精神史』黄河書房、1964年。むしろ一般的に読まれたのは『新編　明治精神史』（中央公論社、1973年）の方であろうか。

12　例えば高木俊輔、鹿野政直編『維新変革における在村的諸潮流』（三一書房、1972年）などを代表とする。

方法をヒントにしてマクロな近代史像に統合できそうにも見られた。体制的「デモクラシー」の限界に拮抗する民衆的「デモクラシー」の可能性と蹉跌を論じる手法は敷衍され、一つのステロタイプも提供したのである。これを階級闘争史に変わる人民闘争史研究による歴史像の書き換えと一般化すれば、60年代末～70年代の戦後歴史学主流派による日本近代史一般の研究スタイルは語り尽くされると思われる[13]。もっとも70年代中期から戦後歴史学主流派は解体過程に入り、とりわけ日本近代史は説得力を喪失し始めるのであるが、通史的叙述や新書本レヴェルで「大正デモクラシー」のイメージは、こうした研究によって形成されていたのである。

つまり1980年に出現した竹村の『大正文化』は、静寂を破る不気味な吼声でなければ正体不明の雑音に過ぎなかったのであり、講座派マルクス主義の克服を期した竹村にとっては20年以上の研究蓄積の帰結であったとしても、戦後歴史学主流派にとっては、「外から」の招かざる客であったのである。

ここで検討軸として参照すべきは、竹村と好一対な伊藤隆[14]の登場である。伊藤は論文「昭和政治史研究への一視角」(『思想』1976年6月号) や『十五年戦争』(小学館、1976年) などによって日本の戦時体制から「ファシズム」概念を排除してすでに「悪名」を馳せていた。「ファシズム」概念を用いて日本の戦時・準戦時体制を規定しないのも伊藤と竹村の相似点である。あまり気がつかれていないようであるが、両者の政治的立場の相違に反して、もっと方法的に根源的な部分で共通性を有している。伊藤の場合、20年代マクロ社会システムの変化に伴う新しい諸動向を価値中立的な「革新派」として概念化し、30年代以降の社会的再編を担って行く過程を論じる方法を特色とする。ここで言う「革新」は価値中立的な用語であり、不均衡化した社会システムを再統合する政治的リーダーシップの諸形態を言う。そしていくつかの政治的選択肢の競合を過渡的に経過しながら、全体的社会統合に結果的に成功したリーダーシップによって均衡は回復が指向される。ただし、日本国家という社会システムにおける均衡回復は国際関係におけるコンフリクトを予定調和せず、新たな不均衡を惹起し結果的には戦時体制

---

13 この「マニュアル」化された研究分野の諸相をきわめてわかりやすく理解できるのが『朝日新聞』紙上に連載され『思想史を歩く』(上下、朝日新聞社、1974年) として刊行されたエッセイである。

14 伊藤隆『大正期「革新」派の成立』塙書房、1978年。

をもたらし、新たな政局が生まれるのであるが。伊藤の場合、実証的背景にこのようなパーソンジアン的な構造＝機能分析を忍ばせていて、政治的リーダーシップ＝狭義の政治的領域の発見が後年オーラル・ヒストリーの実践に繋がり[15]、厳密な意味における政治史研究を構築したのである。

　これに対して竹村はどのように把握すべきであろうか？　松尾のみならず戦後歴史学主流派に共通する点は「社会」領域の意味を理解できなかった理論的もしくは世界観レヴェルの欠陥である。戦後歴史学主流派の依拠していたのはエンゲルスの経済的社会構成体モデルであった。このため「政治」領域のみならず、人間が統合されかつホリゾンタルにコミュニケートする「社会」領域、さらにミクロ・レヴェルにおける人間関係の領域を分析する方法はまったく理解されていなかった。社会史は不在であったか、せいぜい「エピソード」の扱いをうけていただけである。竹村は、グラムシから『フランス語版資本論』の分析を通じて、間主体的なコミュニケーションの統合・同化（社会化）機能によって関係する領域を「社会」として発見した。そして『大正文化』や後年の研究で、まさに社会史の領域の独自な開拓を行ったのではなかろうか。もしかしたら労働運動でなく「職場」というミクロコスモスの研究から竹村が出発した過去と、ミクロな「社会」の発見は順接によって結ばれているのかも知れないが、これは 60 年代の平田清明「市民社会論」のニュアンスよりはハーバーマスの「（ブルジョア）社会」概念に近いかもしれない。通時的ではあるがパーソンズの狭義の「社会」領域にも触れ合い、いずれにしても「社会」を経済的社会構成体一般に理解していた戦後歴史学主流派には見当もつかない問題領域であった[16]。

　ここから竹村は「デモクラシー」という政治イデオロギーを「モダン」な社会関係とフィードバックさせる理解に導き、テキストを祖述して「民主主義」を非歴史主義的に描く方法を全否定した。伊藤が価値中立的な「革新派」概念を用いたのとは対照的に、竹村は「民衆の権力」という本来的な政治概念を回復し

15　改めて紹介するまでもなく伊藤の学的軌跡は自伝『現代史と私』（中央公論社、2015 年）で描かれている。竹村と別途の「勝利者」の歩みである。

16　あえて述べるまでもないと思うが、80 年代以降猖獗を極める自称「社会史」は、一種の歴史版ノミナリズムとも言うべき過渡的形態であり、思想的には構造主義が果たした役割を日本の歴史学で果たした。実際にやや理論的な展開に目を配る社会系列の日本人の著作を読むと、アナール学派の社会史＝全体史と構造主義を取り違えているケースが多い。竹村の社会史はむしろ構造＝機能分析の「社会」史である。

たと換言してもいい。再言するが、竹村の「大正文化」は、「文化」というより
は「社会」の領域についての研究である。これはアメリカ社会学から出発し柳田
国男を通過した加藤秀俊[17]が「世相史」として先駆的に展開していた領域であり、
あえて言えば、加藤の「世相史」を批判的に継承して社会システム＝全体史の展
望に繋げようとした意欲的な問題提起である。このように把捉すれば、竹村の社
会史・伊藤の政治史はともに経済的社会構成体を土台にする基底還元主義の枠内
にあった戦後歴史学主流派への根源的挑戦として理解できると考える。松尾にも
顕著に見られる安逸なイデオロギー的（素朴テキスト）理解は、つまるところ経
済的社会構成体モデルを超克できなかった証左であろう。この旧式理論こそ竹村
と伊藤によって解体され、相対化されて行った主敵であったのであり、80年代中
期以降、それぞれを継承したモダニズム研究、政治史研究の春を迎える理由である。

　補足ながら、こうした新境地展開の中で、旧来のイデオロギー的（素朴テキス
ト）理解＝一種のストーリー・テリングではまったく看過されていた政治思想も
逆説的に理解可能となった。例えば大山郁夫と福本和夫であり、この両者は「大
正デモクラシー」研究から逸脱したためにきちんと分析できなかったのである。
大山の場合、デモクラシーの論とは裏腹なシカゴ政治学を踏まえた大衆批判の論
理などは旧来のイデオロギー的（素朴テキスト）分析の手に余り、実際に戦後
歴史学主流派は研究を回避してきた。大山が1920年代史に正当に位置づけられ
るのは、『大山郁夫著作集——大正デモクラシー期の政治・文化・社会』（全7巻、
岩波書店、1988年）の刊行以降なのである[18]。今一人のキーパーソン・福本和夫[19]

17　加藤には「世相史」を冠したいくつかの著作がある。『加藤秀俊著作集』（全12巻、中央公論社、1980～1年）の第三巻が「世相史」と題され、その主要著作が収録されている。加藤の「世相史」の由来は柳田国男の『明治大正史　世相篇』にオマージュを捧げたものである。中部大学では加藤秀俊の学問的歩みを検証する本人を交えた連続セッションを行ったが、参会者は『加藤秀俊著作集』全巻に加え、柳田の上掲書を必読にした。なお連続セッションの記録は『アリーナ』12号（2011年）特集「加藤秀俊をめぐる環」にすべて収録されている。

18　大山研究の今日の到達点は掘真清『大山郁夫と日本デモクラシーの系譜—国家学から社会の政治学へ—』（岩波書店、2011年）である。「社会の政治学」というサブタイトルが大山の政治学を何よりも特徴付けているが、大山の凝視している「社会」領域は竹村以降の研究において自覚されるのである。松尾を含む「大正デモクラシー」論者の「社会」概念は未分化な段階であった。

19　小島亮編『福本和夫の思想』（こぶし書房、2005年）を参照されたい。個人的な思い出な

と「福本イズム」も竹村の「モダニズム」的視点においてはじめて思想の全体像が見えてきた思索に他ならず、「大正デモクラシー」研究では分析の端緒すら掴めずまったくお手上げなのであった。伊藤学派が政治的調停者や官僚層、政治派閥の分析を開拓し政治史研究の構築に邁進したとすれば、竹村の学統も旧来看過されてきた都市現象の諸相、官僚層、財界文化人など旧来のイデオロギー（素朴テキスト）分析では研究方法さえ確立できなかった人物・諸社会現象にはじめて全体史に繋がる曙光をあてたのである。

　ところが竹村の「大正文化」論は80年代半ばになると人口に膾炙し、むしろ新書本『大正文化』は入門的教科書の決定版と看取され、ほんの少し前までは「モダニズム」研究などマイナーであった事実の方が即座に忘却されてしまったのである[20]。これは「ポストモダニズム」の台頭が知識界を一変させたことと深く関係するだろう[21]。問題は、日本版「ポストモダニズム」は日本の現実を「ポストモダン」に弁証する奇怪な保守主義に魔界転生し、安逸な旧世代ラディカリズムは横文字概念で再武装されて「カルチュラル・スタディズ」に輪廻した事実である。ともに瞬時にして大学や学界、マスコミを席巻し、世紀末以降の日本知識界を二分して今日に至る[22]。しかし、竹村の『大正文化』は、戦後歴史学批判の深奥から現われた危険なスキャンダルであった意義は、改めて問い直されなくてはならない。

　　 がら私の「福本和夫の思想的出発」（北山茂夫追悼日本史学論集『歴史における政治と民衆』日本史論叢会、1986年）は竹村の『大正文化』の圧倒的影響で福本を分析した試論であった。
20　ただし文学評論だけはモダニズム的評価において竹村に先行する独自な系譜がある。それは今日忘却されがちな磯田光一の一連の近代文学評論である。その全貌は『磯田光一著作集』（1990年～）が版元の小沢書店の倒産によって中座し、現在に至るまで再評価が行われにくい状況が続いている。
21　ヨーロッパをも含むモダニズム研究を一気にメジャーにしたのは『朝日ジャーナル』に連載されその後一冊になった『光芒の一九二〇年代』（朝日新聞社、1983年）である。日本モダニズムでも『近代庶民生活誌』（全20巻、三一書房、1985～98年）の刊行が始まり、モダニズム研究は離陸し今日の殷盛にいたる。
22　小島亮「日本版「ポストモダン」を再考する―仲正昌樹著『集中講義！日本の現代思想―ポストモダンとは何だったのか』（NHK出版、2006年）をめぐって」（中部大学国際関係学部『貿易風』2号、2007年）で「ポストモダン」が保守主義に変貌する過程を論じている。

「対面電話」の来し方行く末

新井 菜穂子
(関西学院大学非常勤講師)

　錦秋のある日、緑のバスクベレーに真っ白のコートという瀟洒な姿で四条の街を颯爽と歩く紳士とすれちがった。竹村先生であった。近頃は、真っ赤なセーター、真っ赤な靴下に真っ赤な靴を履き、ブルージーンズ姿といういでたちで研究会にいらっしゃる。赤がよくお似合いだ。そう言ってはなんであるが、あの年代でジーンズをおしゃれに着こなす男性はそうはいない。竹村先生のセンスは相当なもので、いつもほれぼれしつつ、密かに観察している次第である。
　赤と言えば、一緒に北京の蚤の市を散策した際、林彪の記載付きの「毛沢東語録」を見つけた。すかさず先生がお買い求めになられたが、実は、あれは私が買いたかった。
　竹村先生との出会いは、私が国際日本文化研究センターに在職中、共同研究会で御一緒したのがきっかけで、海外も含め度々研究旅行を共にした。
　ある日、先生から電話がかかって来た。開口一番、「誰ですか？」。かかって来た電話を受けた方が「どなたですか？」ということはあっても、電話をかける発信人がこの台詞を発するというのもなかなか珍しいことである。実は、前日に私が先生へかけた電話の着信履歴から、律儀にも返信してくださったのだ。着信履歴は電話機が残してくれたが、電話帳の登録まではなく、電話番号はわかるが誰からの電話か分からなかったのだろう。誤解なきよう申し添えるが、決してお戯れなわけではない。ユーモアがありながら実に義理がたいお人柄なのである。

　電話というものは、今や現代人にはなくてはならない通信手段である。特に、近年の携帯電話には様々な機能が付加され、人との連絡手段であるばかりではなく、様々な情報入手手段としての役割が大きくなっている。生命存続に関わるも

のというわけではないし、中には相手の都合はおかまいなしに襲撃して来る傍若無人な電話が嫌いという人もいるが、現代の社会生活を営む上でのもはや必需品と言って間違いないだろう。

　竹村民郎著作集の「一九二〇年代日本の未来論」の中に「対面電話」という漫画が紹介されている。三宅雪嶺主宰の『日本及日本人』の1920年春季増刊特集号「百年後の日本」に掲載された未来予測である。

　「対面電話　芝居も寄席も居ながらにして観たり聴いたりできる」との記述があり、受話器と送話器が別々の構造の壁掛式電話機の中心には蛇腹の箱が取り付けてある。蛇腹の先端に取り付けてあるレンズらしき丸い窓はカメラのようにも見えるが、男性の目はこの窓の中を覗き込んでいるようだ。ここから「覗きからくり」のように芝居や寄席を見物しようというものだろうか。実に楽しそうな漫画である。まさに現代のテレビそのものだ。

　日本でラジオ放送が始まるのは1925年、テレビ放送が開始されるのは1953年。「対面電話」を予測した時点において、日本ではテレビ放送は勿論のこと、ラジオ放送もまだ実現されていなかった。当時は、映像を映し出す画面というものを想像できなかったのか、ラジオやテレビと電話を、放送と通信として全く別次元の存在と認識している我々現代人の視点で捉えると、「対面電話」の漫画は「電話」に見えるが、芝居や寄席を見物できるというキャプションはまさしく「テレビ」である。ラジオもテレビもまだ見ぬ未知の存在であった時代の「対面電話」とは、まさに1920年の時点における「未来のテレビ」と言えよう。映像付き電話という、個人的な連絡手段である「通信機器」としての「電話」の機能拡充よりも、むしろ「芝居や寄席を見物できる」という「娯楽の享受」を可能にする「放送」を夢見ていたのだろう。

　そこで、論文中で考察されている大正9年から12年の期間に留まらず、その前後の時代背景も含めて考えてみたいと思う。

　1925年3月22日、社団法人東京放送局（現在のNHK）が東京芝浦の仮送信所でラジオ放送を開始した時、東京放送局総裁後藤新平の「無線放送に対する予が抱負」と題する挨拶は次のようなものだった[1]。

1　越野宗太郎『東京放送局沿革史』、1928年、122-128頁。

抑々無線電話は現代に於ける科学文明の一大光輝であるが故に、之を精妙に活用することは、今後の国家、今後の社会に対して新なる重大価値を加へ、民衆生活の枢機を握るものであります。(中略)
無線電話は決して享楽的事業ではありません、一時の遊戯気分や好奇心に駆られて、之に投ずるが如きは寧ろ科学文明を冒瀆する外道である。現代及将来に於ける国家生活と社会生活とを支配する一大新勢力の勃興――それが即ちラヂオであります。(「無線放送に対する予が抱負」)

つまり、従来の有線電話の延長線上にある無線電話、それが即ちラジオなのである。現代の我々は、通信と放送を分けて考えるが、初期の段階では電話とラジオは不分明であった。前者は、双方向の個人的対話のコミュニケーション、後者は、一方向の不特定多数に向けて放送されるマス・コミュニケーションである。初期のラジオ無線は、アマチュア無線家達が互いに交信し合う相互媒介的なメディアであったが、後に展開される商業的放送産業としてのラジオ放送のように、放送局から大衆へ向けて一方向に放射（ブロードキャスト）されるマスメディアへと発展して行くのである。

日本における「対面電話」つまり、テレビの始まりは、1926年12月25日、高柳健次郎が「イ」の文字をブラウン管に映し出すことに成功した時であろう。高柳は、「ラジオの次は写真電送、その次こそテレビジョンである」と、1923年にテレビの研究を思い立ち、1924年の『電氣之友』に発表した「無線遠視法」と題する高柳の論文には、「ラデイオ・テレビジョン」とルビがふってある[2]。

実は、三宅雪嶺主宰『日本及日本人』に掲載の「百年後の日本」の他にも、時代の節目毎にしばしば未来論は語られている。これより丁度二十年前の1901（明治34）年1月2日と3日に「二十世紀の預言」と題する記事が『報知新聞』に掲載された。この時既に「写真電話」という記載があり、「電話口には対話者の

2　高柳健次郎「無線遠視法（一）」、『電氣之友』第596号、1924年、328-325頁。同「無線遠視法（二）」『電氣之友』第597号、1924年、391-396頁。

肖像現出するの装置あるべし」と記述している。音声と映像を同時に送受信するものが以前から求められていたのである。

さらに、「買物便法　写真電話によりて遠距離にある品物を鑑定し且つ売買の契約を整へ其品物は地中鉄管の装置によりて瞬時に落手することを得ん」とある。これは、まさに現代のテレビやインターネット上で繰り広げられる通信販売であろう。

他にも、「遠距離の写真　数十年の後欧州の天に戦雲暗澹たることあらん時東京の新聞記者は編輯局にゐながら電気力によりて其状況を早取写真となすことを得べく而して其写真は天然色を現象すべし」「人声十里に達す　伝声器の改良ありて十里の遠きを隔てたる男女に婉婉たる情話をなすことを得べし」等がある。

「テレ」は遠くの意味であるが、テレグラフは電信、テレフォンは電話である。遠くへ符号を伝え、肉声を伝え、その次には映像を伝えるテレビジョンが求められたのは当然のことと言えよう。

実に、人類は常に、遠くへ移動し交通することを望んで来たことか。好きな時に好きな所へ行ってみたい、遠くで起きていることを知りたいというのが、時代を通ずる人間の普遍的欲求なのである。自らが移動する場合、または、求める対象（人・物・情報）が向こうからやって来る場合、それが人々の変わらぬ夢なのである。

竹村先生は、「対面電話」をテレビとテレビ電話の二つの機能を兼ねた情報機器と解釈している。現在、技術的には映像と音声を同時に伝達することが実現出来ているにも拘らず、実は、思ったほどテレビ電話は流行らない。スカイプやFaceTimeのようなツールもあるが、遠隔講義やテレビ会議のような複数の人と情報共有する場合のほかは、普段の個人的なコミュニケーションにおいて、テレビ電話はあまり利用されない。

技術が物理的時間的な距離を縮め、人々の距離感覚は昔に比べて近くなり、携帯電話でいつでもどこでも直接相手に繋がることが可能な現在、強いて顔を見ながら会話する必要はないということのようだ。

会いたくて恋しいなどという経験も少なくなり、彼（彼女）が待ち合わせになかなか来なくて喧嘩するなんてことも無いのだろう。「ちょっと遅れる。今、どこどこ」と、ちょこっとメッセージを送っておけばよいのだ。庄司薫の『赤頭巾

ちゃん気をつけて』[3]のように、彼女の家に電話をかける時のスリルを味わうこともないのだろう。

>ぼくは時々、世界中の電話という電話は、みんな母親という女性たちのお膝の上かなんかにのっているのじゃないかと思うことがある。特に女友達にかける時なんかがそうで、どういうわけか、必ず「ママ」が出てくるのだ。(『赤頭巾ちゃん気をつけて』)

確かに昔はそうであった。個人個人が専用の携帯電話を持つということのなかった時代には、家庭の固定電話へかけた時に目的の相手が出るとは限らないし、そもそも在宅中であるとも限らないので、電話をかけても意中の相手に繋がる保証はどこにもないのである。携帯電話によって、いつでもどこでも、確実に目指す相手に直接繋がることのできる現代には生まれ得ない小説であろう。その反面、携帯電話の登場によって電話はその傍若無人ぶりに拍車がかかり、居留守は使えない、どこに居ようが、何時であろうと、どこまでも追いかけて来る。時には逃げ出したくなることもあるし、電話嫌いになる人もいる。

竹村先生は、最終章の「夢破れたり 大正一二年」で書かれているように、パールハーバーにいたる道を予感していたが、大正期の日本の知識人は未来論に平和の夢を見たのであろう。電信、電話、インターネットと多くの通信技術が当初は軍事目的で開発されたように、後藤新平の挨拶で始まったラジオは時局の悪化とともに大本営発表が行われ、軍事的性格が増して行き、残念ながら歴史は予感通りになってしまうのであるが、平和の夢は戦後実現する。1920年に「百年後の日本」で予測した「対面電話」という夢がテレビとなって実現するまでに百年もかからなかった。1950年代後半には、テレビは、電気洗濯機、電気冷蔵庫とならぶ三種の神器と称され、家庭のお茶の間に持ち込まれた劇場となる。奇しくも、早稲田大学式テレビを開発した山本忠興は、「テレヴィジョンといふものは、最後は家庭の玩具にもなるのであらう」と1930年の時点で見通していた[4]。

3 　庄司薫『赤頭巾ちゃん気をつけて』中央公論社、1969年。
4 　『テレヴィジョンの話』(朝日民衆講座：第17輯)、朝日新聞社、1930年、10頁。

電話は、通信と放送へ、電話とラジオへとその役割を二分し、「対面電話」はテレビとなって実現した。その後、電話は携帯電話が一般化して多機能なサービスを享受できるスマートフォンが主流となり、一方、テレビは、近年デジタル化され、視聴者参加型の双方向メディアの要素を兼ね備えるスマートテレビも流通している。一旦は、電話とラジオへとその役割を二分したが、近年再び通信と放送は融合して来ている。結局のところ、人間の絶えざる普遍的欲求である「遠くへ繋がりたい」という通信の基本的役割の追求ということであろう。
　そればかりか、発信人が「誰ですか？」と電話をかける。現代の電話は、誰だかわからない相手、しかし確実に今自分にとって交信が必要な相手と繋がることもできるのだ。以心伝心、まさにテレパシーのようなもので、「対面電話」を予測した当時の時代感覚からすれば、現代の通信は瞠目に値することであろう。

　先生の大正デモクラシーと阪神間モダニズム論は大いに啓発されるところである。ただ、都市と交通、その経済効果を論じたものは数多くあるが、通信について真っ向から論じたものはあまりないように思う。飛脚が通った東海道は交通網であると同時に通信網でもあったように、事物が往来し交流することが交通であり通信である。時と場を超え、時間と空間を縮める存在として、交通と通信は密接な関係にある。この次は是非、竹村先生の通信論を展開してくださることを冀う次第だ。
　廃娼運動の研究家でもあられる通り、元来のフェミニストである竹村先生は、社会の陰で軽視されがちな存在へのあたたかいいたわりのまなざしとともに、決して人を蔑んだり軽んじたりせず、常に相手を尊重するその姿勢には、一貫した人生観が窺われる。いつも朗らかでユーモアがあり、心はおだやかにあたたかく、おしゃれで素敵なダンディである先生と研究会を共にし、面白いお話をお聞きするのをいつも楽しみにしている。

帝国の光と闇への探求
『竹村民郎著作集Ⅰ～Ⅴ』を読んで感じたこと

劉 建輝

（国際日本文化研究センター教授）

　かつて、わたしは、国際日本文化研究センターにおける「帝国」史関連の共同研究を紹介するエッセイ（「『帝国』史としての日本研究──日文研プロジェクトの試み」『日文研』51、国際日本文化研究センター、2013 年 9 月）の冒頭において、以下の文章を記したことがある。

　　モダニティとナショナリティからの脱却を指標とする「開かれた歴史」
　　が唱えられて久しい。中でも、具体的にトランスナショナル・ヒストリー
　　の構築を主張する声が近年、学会等で特によく聞こえる。しかし、実践上
　　の困難が相当大きいだろうか、いわゆる歴史学の「現場」を覗いてみると、
　　なかなかその成果を見付けることが難しい。その意味で、きわめて魅力的
　　で有意義な挑戦であるが、やや「理論」が先行していることも否めない。

　しかし、この度、竹村民郎先生の著作集『竹村民郎著作集Ⅰ～Ⅴ』（三元社）を拝見して、自分がいかに不勉強だったかと深く恥じ入ったとともに、上記の認識を即刻に撤回しなければならないと強く感じたのである。というのも、先生のお仕事は、日本近代の歴史を対象としながら、見事に「日本」（ナショナリティ）と「近代」（モダニティ）という二つの束縛を止揚し、まさにトランスナショナル・ヒストリーの知的パスペクティブにおいて、圧巻的な「開かれた」日本近代史を構築したからである。
　むろん、先生と知り合ってからの十数年間、ご著書やご論文、また研究会等でのご議論を通じて、断片的にそれぞれの歴史的諸事象に関する先生のお考えを理解してきたつもりである。しかし、残念ながらその個々のお仕事について、接す

る度に感心、感服していたものの、それらをさらに咀嚼し、自分の中で体系化する作業をほとんど怠っていたのである。その意味で、今回出版された五巻の著作集から、わたしは、単に各分野の豊富な知識を学んだのみならず、それ以上に、むしろ個々のご研究の背後を貫く日本帝国史をめぐる構造的な認識を教えて頂いたのである。

恥ずかしながら、前記のエッセイにおいて、わたしは、また次のようなことを記している。

> 周知の通り、近代日本は、世界的に西洋に遅れた後発的国民国家として、また東アジア域内的に周囲に先んじて西洋文明を実践した近代国家として、当初から国民国家的構築と近代帝国的構築を同時進行的に進めざるを得ない運命にあった。そのため、あらゆる後進的帝国と同様、一見相反する力学が終始互換的に働き、まさに両者が合わせてその近代的成立を支えてきた。その意味で、近代日本は「脱亜」したどころか、むしろ周縁との関係においてこそ存在し続けることができたのである。(中略) しかし、従来の歴史学では、あたかも一つの前提のように、その出発点から「近代」ないしは「国家」を自らの思惟する枠組み、または物差しとしているため、こうした周縁との互換かつ横断的な関連が必然的に後景化してしまい、たとえそれを議論の俎上に載せても、結局は植民地への工業化等の遂行を強調する近代化論になるか、さもなければそれへの経済的搾取を強調する収奪論になるといういずれも一方通行的なものに収斂されてしまう。

そして、日文研における「日本」研究の目指すべき目標として、さらにこう続けた。

> このような状況を打破するために、むろん、前近代的秩序、またその後の資本主義的「世界システム」との関連を含め、さまざまな認識論上の再布置が必要だろう。そして東アジア域内のこの数百年の歴史(中華秩序の崩壊と近代日本の勃興)を踏まえれば、やはりまず「帝国」という単位を立ち上げ、その枠組みの中に日本およびその周縁を解き放つべきだろう。どこまで共有してもらえるかわからないが、それが一国史観的な近代日本研究を止揚し、あらためて世界史的にその存在を位置付ける最初の一歩だ

と、私は信じている。

　しかし、口惜しいかな、わたしが共同研究のために高々と掲げたこの目標に、竹村先生は、いわばたったお一人で、あっけなく到達してしまったのである。
　それは、具体的に一体何を指すのか。以下、わたしなりに『竹村民郎著作集』、とりわけ自分の専門に近い第一巻～第三巻の内容を敷衍し、その成し遂げた偉業の一部を確認しよう。
　まず、この三巻を通読して、わたしがもっとも感銘し、かつ深く共鳴したのは、先ほども触れたように、個々のご論文の背後を貫く近代日本、並びにその周辺を包摂する帝国日本の成り立ちへの深い洞察とそれに基づく新たな歴史叙述の構築である。たしかに、ここで取り上げられたテーマやご執筆の時期がかなり異なり、一見それほど繋がりのない論文の集合のように思われるが、しかしそういった表面的な要素を除外し、それぞれのテーマにおいて呈示された問題意識や分析方法、さらにその理論ないしは知見上の到達を見れば、そこには、厳然として一体系化された近代日本を中心とする帝国史が浮彫にされていることが分かる。
　たとえば、この三巻において、娼妓の解放、移民のアイデンティティ、企業家の欧米視察、内外の勧業博覧会、余暇の成立、消費社会の形成、鉄道の時間革命、倶楽部の誕生、郊外や田園の出現、公衆衛生の役割、歌劇団や漫画などの大衆文化の位相、交通文化の効用などがテーマとして論じられているが、そのいずれもが帝国を構成する政策、産業、社会、そして文化の「装置」にほかならず、これらの従来ほとんど光を当てられなかった課題への微に入り細に入りの調査、分析は、まさに日本近代史研究の盲点を突き、その多くの空白を完璧に補填したものである。
　そして、その際、わたしが特に注目し、感激したのは、個々のご論文で示された竹村先生の研究者としての視点と視野である。つまりここでは、著者は、けっしてこれらの事象を単に日本近代の一内部「装置」として考察するのではなく、つねに官と民、内地と外地、日本人と華僑、国内市場と海外市場との関係に留意し、その両者間の「往還」運動を浮彫にすることによって、より構造的に対象を捉えているのである。たとえば、廃娼運動における国内の救世軍・廓清会と大連の満洲婦人救済会、マッチ産業における滝川辨三・儀作と呉錦堂・麦少彭などの連携と協力は、いわば端的にこの「帝国」的互助構造を物語っている。また、たとえ国内に限定しても、たとえば、朝日新聞社の主催した民間実業家の欧米視察、

帝都ならぬ民都大阪の諸事業への考察の数々は、いずれも日本近代の「主役」の立場を占めてきた政治家と東京を相対化し、より実像に近い歴史叙述を打ち立てた、まさに快哉と称すべきお仕事である。

次に、この著作集を拝読して、わたしが感銘し、また大いに共鳴したのは、近代、とりわけ近代日本が抱えた強烈な先進と後進、開発と搾取、管理と放任などの両義性に対する先生のたゆまぬ研鑽と探求である。先ほども述べたように、近代日本は、西洋に遅れた後発的国民国家として、また周辺諸国に先んじて西洋文明を導入した近代国家として、なかば宿命的に国民国家的構築と近代帝国的構築を同時進行的に進めなければならなかった。それにより、西洋近代そのものが内包する啓蒙と侵略、解放と圧迫といった両義的な構造をさらに先鋭化し、日本国内においても、周辺諸国においても実に過激的にさまざまな施策を行っていたのである。この帝国の光と闇について、先生は、その一連のご論文、とりわけ廃娼運動や内外博覧会、対アジア認識などに関するご論考において、時にはその「光」を、時にはその「闇」を中心としながら、しかしけっして片手落ちのない形でそれぞれの内部構造、相関関係を分析し、一つ一つそれらの事象が持つ複雑に交錯した両義的な側面を明らかにしている。

そして、この際も、わたしが特に注目し、またきわめて感心したのは、先生が一貫して示した、日本帝国の「闇」を暴き、またその「闇」の中でもがく弱者に寄り添ってそれぞれの課題を探求するお立場とご姿勢である。これは、むろん先生の思想信条によるものだと思われるが、一方、長年にわたって先生と付き合ってきたものとして、そこには先生のお人柄も大いに働いていると確信している。「文は人なり」とは、まさにこういう状況を指す言葉だろうと、わたしは思う。

いずれにせよ、本著作集を拝読して、繰り返すが、わたしは、単に多くの新しい知識を勉強したのみならず、またあらためていわゆる「日本帝国」の成り立ちとその内部構造を深く認識させられた。その意味で、短期間でこれを読破するのにたいへん苦労したが、今は、この機会を与えて頂いたことに実に感謝の気持ちで一杯である。

そして、最後になるが、奥様の献身的なお支えがあったにせよ、数十年にわたって、この膨大なお仕事を成し遂げ、ついに一つの金字塔を打ち立てた竹村先生に、心よりお疲れさまとおめでとうを申し上げて、わたしのこの拙い感想文を終えたいと思う。

田端人ふたり

近藤 富枝

(作家)

　竹村さんが生れ、そして私が下町から田端への移ってきたのは昭和4（1929）年である。夏には巨大な飛行船ツェッペリン号が東京の空に現われている。
　この年はニューヨークで株式が暴落し、世界恐慌のはじまりとなった時であった。わが田端にとっても変革期であったと思う。七年前の関東大震災に被害のなかった田端は焼けた町から移ってきた人たちで家が殖えつづけ、風雅の里の俤がうすくなっていた。そのため画家や工芸家のなかで町から出て行く人たちがあった。さらに二年前には芥川龍之介が自死し、彼を慕って田端に集まっていた作家たちが一斉に姿を消した。
　こうした世相を反映して私たち子供にもいくつかの流れがあった。もとからの地付の家の子、これに芸術家の二世、そして災後にやってきたのはサラリーマン組の子供である。竹村さんは父上が東京駅の一丁ロンドンのなかの外資系の会社に通うサラリーマンで、昭和十年に滝野川第一尋常小学校（滝一）に入学した時の頭は坊っちゃん刈であった。坊っちゃん刈は一クラスに一人か二人しかいない頃である。
　しかも小学校入学以前つまり幼稚園時代には母上の好みでまるで女の子のように髪形をアレンジしていたというから面白い。当然クラスの強い男のチームには入れてもらえず、女の子の仲間入りをして鬼ごっこをしていた。典型的な一人っ子の甘えん坊だ。そして彼と私の家は歩いて五、六分の近さで、西台の滝一通りをなかに南北にわかれていたことが今回わかった。彼の家の隣りに吾妻家という和菓子の店があり、くじの当て物を引くのが幼い民郎君のお目当であった。私は甘いものが嫌いでこの店の六コ十銭のいなり鮨の常連であった。しかも私が滝一を卒業した春に彼が入学し、担任が同じ内海虎夫先生であった。というのに私た

ちは幼年時代に知りあうことはなかった。

　さて今から三十年程前に私が『田端文士村』を刊行し、日本最初の文士村の存在を明らかにした。その余勢をかって地元の方々を集め、「古い田端を語る会」を開こうとしたことがある。たったひとりで苦闘している時に、降ってわいたように私の傍にいて事務局となり、采配を振って下さったのが竹村さんであった。おかげで田端文士芸術家村の二世と、田端出身の現役作家のほとんどを網羅するいい会となった。

　この時竹村さんの姿で一番印象に残っているのは難関の会場さがしに田端の寺を歴訪した時である。

　「立正大学の竹村民郎でございます。本日は古い田端を語る会のことでお願いにまいりました」

と大音声を玄関で放つことであった。おかげで大久寺さんが集いを引き受けて下さった。竹村さんの強引ともいえる交渉ぶりが成功のもとだった。女の子に髪の毛をひっぱられて泣いたという少年の日の面影は想像できないますらおぶりである。

　もっともその後私の怠慢で会はいっこうに開かれず、竹村さんは大阪産業大学の教授になって東京を去った。

　四、五年も経ったある日、電話があった。

　「僕、もうだめかも知れない。妻のことを思うととても死ねない。どうしたらいいか近藤さん教えてよ」

　由紀子夫人にお目にかかったことが何度もあるが、あえかな美しいもの静かな方で、竹村さんとは親子ほど年が離れている。彼は日頃夫人を熱愛していた。そしてお子さんがいない。竹村さんはいつもの軽妙な感じはなく沈痛な声であった。私は容態をこまかく聞いてアドバイスをした。

　「それは大した病気ではないわ。天井がぐるぐる廻ったり、吐いたり、這ってトイレにいかなければならなかったり、一見重病のようだけれど、三度の米を玄米にし、散歩をしっかりやればよくなるわ」

と。私は医者ではないが、たまたま右の症状については長年悩まされ、完治させた体験がある。ある時仕事の取材でお目にかかった医大の学長から唯一無二の治療法を教わったからで、それが上の発言である。病名をメニエール病といい、玄米のなかに含まれるガンマーオリザノールという成分が特効薬であった。その頃はまだ薬としては発売されてなく、玄米を食べるよりなかった。私も直ったし、

親戚の病人もこの療法で直った。物書きだの学者だの机にへばりついている人たちにこれは多い病気である。
　竹村さんもケロリと直って礼状をいただいた。
　その次は1995年の早朝に起きた阪神大震災の時で、奇跡的に電話が通じたが、芦屋の竹村家は全壊であった。
　「もう一瞬飛び起きるのがおそかったら危なかった。タンスがズルズルと動いてきてベッドの上に倒れた」
と。家は半年前に購入したばかりだった。竹村さんは同じ土地に家を再建した。おそらく愛する夫人のために無我夢中でやったのに違いない。やがて立派な新居が完成する。
　そして四年前のある日、またも彼から電話があった。
　「妻がなくなりました」
　私は言葉がなかった。何を言おうと竹村さんの心を救うことはできないと知っていたからであった。
　さて今年（2013年）9月に三十年ぶりで「古い田端を語る会」が現地に建てられた田端文士村記念館のホールで開かれた。竹村さんは芦屋からかけつけての出席である。三十人近くの方々が見えたが、第一回のメンバーでは竹村さんと私だけであった。
　思えば竹村さんも私も文筆の家に生れていない。彼の祖父という方は大阪船場の木綿問屋（大和屋）であり、私の方は東京日本橋の袋物問屋の家系である。それが彼は学者、私は物書きとなったのは幼い日になじんだ田端の土のおかげに相違ない。
　例えば「語る会」の第一回に出席された中井英夫さんは前衛短歌を育て、また推理小説『虚無への供物』を書きユニークな作風を持つ。中井さんは田端の芥川家の近くで育ち、次男の多加志さんと学友だった。度々龍之介の書斎で遊ぶうちある感動を受け、それが彼の作風ともなり、作家としての出発にもつながった。
　私の場合もやっぱり芥川だ。かかりつけの歯医者の中村嘉先生から
　「なくなる四、五日前でしたか、芥川さんが治療に見えていますよ」
と聞いたり、近くの蕎麦屋のおじさんが
　「芥川さんのところへいつも出前にいきました」
などと話すのを宝物のように頭に蔵った思いがある。
　そもそも竹村さんの出発となった「大正文化」への考察も田端人としての体験

がみのったものと考えている。
　さて「古い田端を語る会」が終ると竹村さんは
　「田端へ来てよかった。今日は本当に嬉しかった」
とハンケチを目に当てていた。夫人なきあと竹村さんの喜びの声を私ははじめて聞いたように思う。
　田端名物のポプラの高い梢、赤紙仁王様のからだにはられた赤い紙、田端駅のえんえんとつづく黒い棚、竹村さんと共通の思い出が私たちの老を支えている。

田端文士村

荒井 良雄

(東京大学教授)

　田端文士村のことは、竹村先生の著作集第Ⅱ巻を拝見してはじめて知った。明治の終わり頃から昭和の初めにかけて、東京・山手線の田端駅近くに、小説家・詩人や陶芸家、画家などが集まり住んでいたという。中村真一郎のことを書かれた章（「中村真一郎と田端」）や近藤富枝氏との対談（「田端文士村を語る」）を拝見すると、田端の小学校に通われていた竹村先生は田端の地にひとかたならぬ想いをお持ちのようだ。田端での経験は、先生のお仕事の一つの柱である「大正文化」の問題を考える基礎となったとのこと。「大正文化」については、関西の阪神間を題材として書かれたいくつもの論考がこの巻や第Ⅲ巻に収められているが、それに比肩できるような動きが東京にもあったのだ。長年、東京という都市を扱ってきた地理学者としては、これはぜひとも調べて見ねばならぬと思い立った。

1. 田端文士村の時代

　田端文士村の成立の経緯については、近藤富枝『田端文士村』[1]に詳しい。田端に芸術家が多く住むようになるのは、陶芸家の板谷波山や画家の小杉未醒らが初めであるという。波山が田端に工房を開くのは、明治36年（1903）だが、同じ年に、田端－池袋間の鉄道（豊島線、現山手線）が開通している。
　当時の田端は陶芸家が窯を開くような土地であり、家屋もそう多くはなかったはずだが、明治42年には滝野川第一小学校が設立されているから、住民も徐々に増えてきたのであろう。もちろん、この通称「滝一」は、竹村先生の通った小

1　近藤富枝『田端文士村』中央公論新社、1983年（初出は講談社、1975年）。

学校である[2]。

「文士村」の名のもとになった作家たちが住み始めたのは、年号が大正と変わってからのことで、大正3年（1914）には、当時、帝大生だった芥川龍之介の一家が田端駅の近くに住居を新築・入居している。彼は、その後も短い期間を除いて、昭和2年（1927）の自殺まで田端に住み続ける。田端を象徴するもう一人の作家、室生犀星が田端に最初に住んだのは大正5年。彼はその後も、断続的に田端に住み続け、昭和3年に最終的に転出している。

田端文士村の時代は、まさに「大正」そのものであった。

2. 4つの「文士村」

ところで、東京には「文士村」と名付けられた場所が田端以外にもある。椿真智子によれば、その代表的な例が、馬込、落合、阿佐ヶ谷であるという[3]。

馬込文士村は、現大田区南馬込・山王にかけての丘陵地帯に多くの作家が住みついたもので、大正12年に尾崎士郎・宇野千代夫妻が馬込に入り、その後、大正末から昭和初期にかけて、室生犀星、広津和郎、萩原朔太郎、北原白秋、三好達治、川端康成、山本周五郎などが次々に転入している[4]。

落合に作家が集まりだすのも、馬込とほぼ同じ頃で、大正11年以降、会津八一、平林たい子、舟橋聖一らが転入しているが、昭和2年に西武鉄道の下落合駅・中井駅が開業する頃から、中野重治、壺井繁治などプロレタリア文学系の作家がその近くに住みつき、全日本無産者芸術連盟（ナップ）なども落合に事務所を置いた。小林多喜二も落合に出没している。また、彼らとは距離をおいた壇一雄や尾崎一雄、林芙美子などの顔も見える[5]。

それに対して、阿佐ヶ谷が「文士村」のようになるのは少し遅い。後に中心人物となる井伏鱒二が、荻窪駅北側に住居を構えたのが昭和2年。その後、伊藤整、

2　滝野川第一小学校は、平成26年4月1日をもって、近接する滝野川第七小学校と統合され、105年の歴史を閉じた。ただし、同校の旧校舎は、新しく設立された田端小学校に引き継がれ、そのままの形で存続している。
3　椿真智子「近代東京の文士村に見る都市空間の変容と表象景観」『「次世代歴史・地理教育支援助成」報告書』福武教育文化振興財団、2009年。
4　榊山潤『馬込文士村』東都書房、1970年。
　　近藤富枝『馬込文学地図』中央公論新社、1984年（初出は講談社、1976年）。
5　目白学園女子短期大学国語国文科研究室『落合文士村』双文社出版、1984年。

谷川徹三、三好達治、小林多喜二、亀井勝一郎などが入り、昭和8年には太宰治が阿佐ヶ谷駅北側に住みつく。この頃には、「阿佐ヶ谷会」と称する会が盛んに開かれ、将棋や飲み会などで親交を深めたという[6]。

3. 田端文士村の地理的位置

　このように4つの「文士村」を並べたとき、田端の成立が明治に遡りうるのに対して、馬込と落合のスタートは早く見ても大正末。阿佐ヶ谷の場合は昭和に入ってからである。一方、芥川の自殺と室生の転出を区切りとすれば、田端は昭和の初めには存在感を失ってきていることになる。室生が、田端から馬込へ転出したことは、そうしたシフトを象徴している。では、なにゆえこの時期に田端の凋落が起こったのか。それを読み解くには、田端の地理的位置を考えて見なければならない。

　「文士村」がはじまった頃の田端について知るには、明治42年測図の1万分の1地形図が役立つ。田端駅西側の一帯には人家が見られるが、駅前から南西方向に坂を下りきったあたり、現在の不忍通りに沿った一帯はまったくの空白である（図1）。この一帯は、上野台地と本郷台地にはさまれた谷筋である[7]。この谷を流れる谷田川（愛染川）は、滝野川という地名のもととなった石神井川の旧河道であり[8]、その沿岸は水田や湿地になっている。この時期に、谷の南西側の本郷台地上では、すでに市街地が広がっているが、それは谷田川の谷で区切られ、田端側はまだ本格的には市街地化が及んでいない。

　ところが、大正10年測図の地形図では、谷田川の谷の真ん中には不忍通りがあり、その一部には路面電車が走っている。不忍通りの両側は完全に市街地化しており、台地上よりも家屋密度がむしろ高い（図2）。不忍通りはこの間、上野側から建設が進められており、大正5年測図の地形図には、途中まで伸びた道路と線路が描かれている。実際、林順信の研究によれば、東京市電の上野公園－大

6　村上護『阿佐ヶ谷文士村』春陽堂書店、1993年（初出は、『文壇資料・阿佐ヶ谷界隈』講談社、1977年）。

7　貝塚爽平『東京の自然史』講談社、2011年（初出は、紀伊國屋書店、1979年）。

8　中野守久・増渕和夫・杉原重夫「武蔵野台地東部（本郷台）における石神井川の流路変遷」駿台史学98号、1996年、77-93頁。

図1
陸軍陸地測量部　1万分の1
地形図「三河嶋」「上野」（明
治42年測図）より作成
（原寸から縮小）
◎東京脳病院

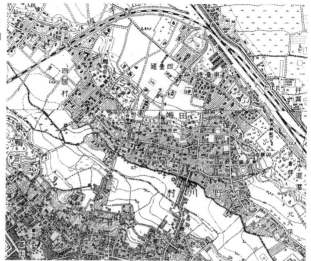

図2
陸軍陸地測量部　1万分の
1地形図「三河嶋」「上野」
（明治42年測図大正10年第
2回修正測図）より作成
（原寸から縮小）
◎東京脳病院

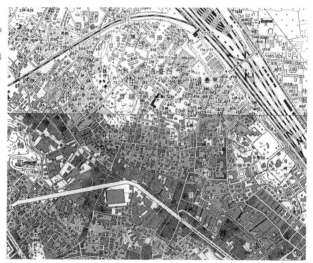

塚仲町間全通は大正11年である[9]。不忍通りと市電の建設時期は、まさに田端文士村の時代と重なる。これは何を意味するか。

田端に「文士」が住みつきはじめた頃、台地上は市街地化がそう進んでおらず、

9　林順信『東京・市電と街並み』小学館、1983年。

上野の美術学校の出身者がアトリエや窯を建てる余裕のある土地であった。一方、帝大の裏を通る不忍通りが伸びつつあったから、芥川ら帝大関係者にも、田端の地が身近に感じられたことであろう。明治維新以降の近代化の下で拡大する東京の都市化が田端にようやく及んだとき、「文士村」が成立するのである。

しかし、田端の地が近代都市化の波に完全に飲み込まれたとき、そこは、新興サラリーマン層の散文的街と化すのであり、「文士」にとっての意味は失われる。既に完全に都市化を終えた田端に対して、後の環状6号線・7号線沿いの位置にある馬込や落合は都市化が始まったばかりであり、通勤を必要としない代わりに収入の安定しない「文士」にとって居心地の良い土地だったはずである。そして、そこも「都市」と化したとき、最後に残ったのは、都心から最も遠く、後の環状8号線沿いに位置する阿佐ヶ谷だったのである。

4. 脳病院の時代

ところで、田端付近の古い地形図をみると、田端駅南の旧芥川邸前の坂を下ったところに「東京脳病院」がある（図1・図2の◎）。この病院の名は、近藤富枝氏の著作にも、竹村先生との対談の中でも一切言及されていないが、「文士村」の時代に存在していたことは間違いない。

東京の中心的な精神病院である府立巣鴨病院は明治19年開業だが、明治30年代から40年代初めにかけては、私立の精神病院が東京の各地に設立されている。東京脳病院は、その嚆矢であり、明治31年開業。その後、田端脳病院と改称されながらも存続し、昭和20年戦災によって焼失、廃止されている。

「監護」病棟を高い塀で囲んだ造りの病院は、付近の住人には不気味と受け取られるきらいがあり、家屋の密集した土地には立地しにくい。明治半ばの田端は、そうした精神病院を新たに開業しうるような休閑な場所であった。

明治30年代頃に開業した精神病院の多くは、旧東京市15区の外側の境界線、特にその北西部に集中しており、旧本郷区・下谷区に隣接する田端はまさにその位置にある[10]。つまり、精神病院は、当時の東京の都市化前線に立地したのである。

しかし、精神病院の立地はその後も移動していく。府立巣鴨病院は大正8年に

10　近藤祐『脳病院をめぐる人びと』彩流社、2013年。

荏原郡松沢村（現世田谷区上北沢）に移転し、府立松沢病院となる。周囲の市街地化に対処するためという理由であったというから、紛れもなく、都市化の進展に押し出されるように、再び都市化の最前線に移動したのである。

　こうしてみると、東京における精神病院の立地は見事に「文士村」の立地と重なる。田端は、初期の精神病院と同様に、旧東京市の外縁に位置した。馬込は、大正末期に移転した府立巣鴨病院の移転先と同様に、現在の環状7号線沿線に位置する。これは決して偶然ではない。都市住民の患者を受け入れるためには、都市から遠く離れるわけにはいかないが、さりとて密集した市街地にも置きにくいという、精神病院の立地条件は、「文士」にとっても好都合であった。そして、都市の拡大とともに、そこが「郊外」でなくなるとき、「文士村」は消滅するのである。大正後半に市電が通り、名実ともに「東京」の内部となった田端に起こったのは、まさにそれである。

5. 近代としての東京

　明治以降の社会の近代化は、そこに暮らす人々に強いストレスをもたらす。近代化の最前線たる都市はストレスの渦巻く場である。人一倍、明敏で繊細な神経を持ち、一方では日々の生活の不安を抱える「文士」が精神の失調に陥ることが多いのは不思議ではない。「文士村」と「脳病院」は、単に立地において類似性を持つだけでなく、近代化と都市化という文脈の中で連関している[11]。

　だとすれば、東京の「文士村」は「近代としての東京」の物的具現である。明治に誕生した近代日本文学は、精神の近代化には正面から向き合おうとしつつも、物的近代化たる都市化の中枢からは少し身を引いた。その姿がまさに「文士村」であり、田端はその先駆けであった。

11　近藤祐は、脳病院を作家の精神疾患と関連づけて分析している。そこで取り上げられた芥川や太宰は、まさに東京の「文士村」を象徴する作家である（前掲10）。

韓流、グラムシ、赤い靴……。

刈部 謙一
(プロデューサー&編集者)

　始めにお断り致しますが、本稿は論文、論考ではありません。竹村先生と私個人との想い出にまつわるエッセイです。というのも、私はフリーランスの編集者であり本書に原稿を寄せられている諸先生とは異なる立場であり、竹村先生を論ずる等ということはあり得ない行為だと考えるからです。

　私と竹村先生との出会いは、中国から呂元明先生がいらしていた京都の国際日本文化研究センター（日文研）での「満洲」のシンポジウムでしたから2006年だったと思います。日文研には旧知の鈴木貞美先生や劉建輝先生がおられ、両先生とともに呂先生の発案の「満洲事典」[1]の編集会議に参加していたこともあり、シンポに出席していたのです。シンポ終了後の「赤鬼」での親睦会で、多くの先生たちとその日の感想から始まり、個人個人の紹介などしていました時に、洒落た服装をした竹村先生が本当に人懐っこくよってこられ、まるで旧知の友人のように接して頂き、いろいろなお話を伺うことが出来ました。

　たまたま私が中学生まで育った所が日暮里で、先生の故郷とも言うべき所が田端というご近所だったこともあり、そこからの話で盛り上がりました。関西在住にも関わらず、関西弁にそまらない綺麗な東京弁でのお話し振りは私には心地よく、年齢の差すらも感じさせない内容とテンポはまったく初対面とは思えないものでした。

　竹村先生がそこで話された田端の文士村としての話はとても興味深く、刺激的

1　「満洲事典」は現在も鋭意筑摩学芸文庫で編集中で、来年度中の発行・発売を予定しています。

でもありました。そのため今日だけでの時間では足りないと言う思いが残り、思わず「次はご自宅に遊びに行かせて下さい」というお願いとなりました。

その唐突とも言える申し出に竹村先生はごく気楽にいつでもいらっしゃいとおっしゃって下さったのです。

それからしばらくして、芦屋のご自宅にお伺いすることになりました。竹村先生のことはグラムシ研究者であり、近代の女性問題の研究をなされ、京阪神を起点とするモダニズムの研究をされていることを知っていましたので、ご自宅までお伺いすることでさらに、なにか面白いことができるかもしれないという編集者としての嗅覚も働きました。

ご自宅では、奥様由紀子さんとともに非常に温かい歓待を受けました。かつては応接間と思われる所で、お話をお伺いしたのですが、かつてと言い添えたようにそこには研究資料とともに、様々なコレクションが同居していて、まさに研究者の書斎（ラボ）と化していました。二階も資料、コレクションで一杯になり困っているんだといいながらも、いささか嬉しそうでした。そんなお顔を拝見して、そうしたものに囲まれている日常が少し羨ましくも思えたものです。

まずは、先生ご自慢のコレクションを拝見。モダニズム研究者の思いの詰まった資料的価値の高いコレクションで、ことに往時の豪華客船に関する物に関しては、実際に先生が乗っていないにもかかわらず、あたかも乗っていたかのような講釈、解説はとても魅力的でした。

しばらくして、お昼時間となり昼食を頂くことになりました。お昼は奥様が丁寧に焼いたステーキで、大変美味なものでありました。デザートも当然のごとく用意されており、供された珈琲も香り豊かで、お二人の普段の暮しぶりの心豊かさを感じさせてくれるものでした。

食後しばらくして、珍しい物を見せてあげようと古い写真のコレクションを引っ張り出してくれました。なかには、初期のステレオ写真が詰まっています。しかし、先生はこのステレオ写真を簡単にみることのできるヴューワーをお持ちではなかったのです。たまたま私がそれを持っていたので、私の持っていたコレクションとともに差し上げる約束を致しました。

後日その約束を実行し、先生はひどく喜んでくれましたが、いらなくなったら戻して下さいねと念をおしますと、「判った」といいながらの何気ない表情がなんとも印象的でした。

お尋ねした日に私はおみやげとして韓流テレビドラマのDVDを全巻もって

いったのです。それは『バリでの出来事』（04年）という連続TVドラマで韓国でも非常に反響が高かったものです。ことにそのラストは韓国ドラマのあるレベルを示す衝撃的なもので、日本でも一部で大きな話題になりました。それを何故、竹村先生に差し上げたかと申しますと、アントニオ・グラムシがそのドラマのキー的存在だったからです。

ドラマはわがままな財閥の御曹司（チョ・インソン）と貧乏なヒロイン（ハ・ジウォン）そして、貧乏から優秀な頭脳ひとつでのし上がって来た若者（ソ・ジソプ）というありがちな設定なのですが、若者の愛読書というか座右の銘ならぬ書がなんとアントニオ・グラムシの『獄中ノート』だったのです。韓国語訳のその本は何度となくドラマに登場し、主人公からヒロインに本の説明すらあります。その本は、グラムシのような人の本を愛読する「ある種の危険人物」という設定に必要な「道具」であり、衝撃的なラストのいわば理論的背景といえるものだったのです。

聞けば80年代に入り韓国で社会主義に関する本が解禁された時に、いち早く訳された本の一つだったそうで、80年代に青春を迎えた脚本家のアイデアのようです。

そのDVDをお渡ししながら、奥様とご一緒に御覧になって下さい。是非感想をお聞かせ下さいと言ってお渡ししたのですが、その後奥様がご健康をくずされご逝去されましたので、見るのに時間のかかるドラマだけに、そのことに関してのご感想は聞かずじまいでした。私自身が奥様とご一緒にということを申し上げたことを気にしてしまったこともあり、この「話題」にふれることを避けてしまったのです。

しかし、その後ある時に「韓流ドラマに関してのレクチャーをしたよ」というお話を先生からお聞きし、ああ、見て頂けたのかと思った次第です。

当日は、そのやり取りの後、グラムシと60年〜70年代のあの時代のお話をお聞きしました。実体験からのお話ですから非常に生き生きとしたもので、いつかその話をと思ったのですが、実現せずにいます。

話はあちこちに飛びながらも、楽しく、貴重な時間を過ごさせて頂きました。話は尽きなかったのですが、再訪をお約束し、帰り支度に掛かりました。玄関口で奥様とのお別れのご挨拶をしているおりに、奥様が突然「あ、赤い靴」と私が履こうしたナイキのシューズを見て、声を上げられたのです。50代の半ばも過ぎたという男が「赤い靴」を履く、それに対しての驚きなのか違和感から思わず

声を上げられたのかと思いましたが、でもその表情はとても和やかで、笑みさえ浮べられていてとても魅力的でした。

　私にとって赤は日常的な色合いで、靴だけでなく、セーターやシャツ、マフラーなどにも赤はありましたので、その奥様の反応はとても新鮮な体験でした。ちなみに、その日は靴だけでしたが、後日私が赤いマフラーをしていて、先生と奥様とご一緒にお会いした時に、「あら」と奥様が微笑まれたのは、忘れることは出来ないものとなりました。

　その後何度か、やりとりをして先生の本の企画を何冊か致しましたが、力不足で、実現せずに現在に至っており、先生には非常に申し訳ないと言う思いがあります。

　そうしたこともありながらも、ある時日文研で先生がいつものように「やあ」と呼ばれましたので、近づいて行きますと、嬉しそうに足元を指差します。「ほら」と。見れば、赤い靴です。記憶違いでなければ、私とは違った種類のウォーキングに適したシューズだったように思います。

　あれから「あなたも履いてみたら」と奥様から言われ、探されたとのことだそうです。お洒落が違和感なく、身につかれている竹村先生らしく、見事に履きこなされていました。ただ、その言葉をお聞きして、先生のお洒落はこうした奥様の薫陶よろしく、見事に形となり、至っているのかと納得も致しました。

　しかも、その奥様を亡くされても、お元気でお洒落心は衰えてはいないように思えました。最後になりましたが、奥様のご冥福を改めてお祈りするとともに、竹村先生のお洒落もさらに磨きがかかることを願って稿を終えることに致します。

竹村さんと東京下町の話

早川 聞多
(国際日本文化研究センター名誉教授)

　竹村さんと初めてお会ひしたのは国際日本文化研究センターの共同研究会であつた。それが何の研究会だつたか今では覚えてゐないが、その後何度も日文研のコモンルームで、また時々の懇親会で親しく雑談を交はすやうになつた。そんな中で、竹村さんが熱を帯びて話される話題が大正から昭和初期にかけての話であつた。竹村さんは当時の京阪神、上方の研究者と聞いてゐたが、私が話す明治後期から昭和前期の東京、特に下町の話にもたいへん興味を示された。
　鳥取の疏開地生まれで京都に育つた私は、もちろん当時の東京を直接知る者ではなかつたが、亡父が明治三十年、東京の本所生まれの深川育ちの文人だつたこともあり、江戸・東京の話を聞きながら育つたのであつた。竹村さんがそんな私の話の中で特に面白さうに聞かれたのが、亡父が一時浅草の喜劇一座の座付作者だつた時の話であつた。そして「そんな面白い話は是非文字にして遺しておくべきだ」とおつしやつたのを覚えてゐる。その時の竹村さんの言葉が私の内に遺つてゐたのか、その後私は、亡父が最晩年に吹き込んでゐた録音テープから書き起こした『東京下町の思ひ出』といふ簡易本を出版したのであつた。竹村さんはそれをいたく気に入られたやうで、その後会ふ度にこの本を話題にのぼせられ、そこからいろいろな話に拡げられて話は尽きないのである。その本の中にも亡父が座付作者になつた時の話が入つてゐるので、少々長くなるがここにその一節を紹介する。そこには人間に対する竹村さんのご興味の持たれ様が、自づと浮かび上がつてくるやうに思はれるからである。

淺草ばなし

　俺が淺草の曾我廼家五九郎(そがのやごくらう)の座付作者だつたのはネ、大正四年の一月からそ

の年の九月に一座が解散するまでなんだ。五九郎一座に入る前は本所の埋堀町に住んで精工舎の職工になつてたんだが、職工してても爲樣がないから喜劇を二つ書いてネ、四十枚くらゐのを二つ五九郎の所に送つたんだ。そしたらすぐ來てくれツてんで、數への十八の七月に五九郎の所に行つたんだ。そしたら五九郎がびつくりしてネ、「早川くんツて君かい。まだ子供ぢやないのか」ツて笑つてネ、「たいへんうまいんで、すぐ來てもらつたんだけどネ、そんな子供で作者になるのか」ツて訊くんで、なりたいツて言つたら、「ぢやおいで」ツてことになつたんだナ。その時五九郎が言ふにはネ、「たいへん大阪辯がうまく書けてた」ツて言つてネ、「君は大阪か」ツ訊くんで、ずつと東京の深川だツて言つたら、「べらんめえの本場だナ。それにしちや大阪辯がうまく書けてるんで驚いたヨ」ツて言ふんでネ、「五九郎の芝居見て大阪辯を覺えたんだ」ツて言つたらびつくりしてネ、「明日から來てくれ」ツてことになつたんだ。それが大正三年の七月二十一日のことだナ。

　歸りにすぐ本所の前橋喜久男の下宿に行つてネ、「俺、五九郎の所の作者に就職したから」ツて言ふと前橋が喜んでネ、友達呼ばうやツてことで行路詩社（本所深川の短歌同人誌）の松倉とか戸塚だとか呼んできてネ、そして今晩歩かうやツてことになつたんだ。今の若い者から見るとをかしいだらうが、行路詩社の連中は何か嬉しいことがあるとネ、すぐに歩かうツて言つてネ、よく夜中に郊外を歩いたんだナ。その日の夜はネ、二葉町の前橋の下宿を出て隅田川をさか上つてネ、西新井まで歩いたんだ。そして夜中に埋堀町の家に歸つて寢たんだ。

　ところが翌朝八時か九時に目が覺めてネ、小便しに行かうとしたら足が立たないんだ。爲方ないんで這ひずつて行つてネ、お袋を呼んで「立てないヨ」ツて言つたら、「それは脚氣だヨ。うちには脚氣の筋はないんだけどネ」ツて言つたけど、腫れない脚氣なんだ。心臟脚氣だらうツて言つてたナ。しかし醫者にかかるにも金がねえんでかかれないし、榮養とるツたつて貧乏なんで食へないんだからどう爲樣もないんだヨ。その時分の考へ方は面白いもんでネ、脚氣には食パンがいいツて言ふんだナ。若干ビタミンＢが入つてるからネ。後には小豆がいいツてんで小豆を茹でてネ、砂糖は入れちやいけないツてんで砂糖なしの茹小豆を食つたりしてたヨ。妙なことをしたもんだ。それでも暑い内はだめでネ、十二月になつてやうやく起きられたナ。それで一月になつて五九郎の所へ葉書を出したんだ。かういふ譯で寢てゐたんだツて知らせたらネ、すぐ來いツて言ふんで一月の十五日に行つて、その日に就職したんだ。

さうしてすぐ君の書いたのをやるから、本讀みをやつてくれツていふことになつてネ、俺はそんなことやつたことがないから棒讀みなんだナ。そしたらみんなが笑つてネ、俺が本讀みやつたことがないのを知つてるからネ。みんな笑つたけど馬鹿にしたり憎んだりはしなかつたナ。
　役者たちにとツちやガキのすることなんで面白かつたんだらうナ。後で幹部の役者がネ、「早川くん、芝居初めてだナ。まあいいわナ。なん囘もやると慣れちやふから」ツて言つてくれたヨ。俺が書いた臺本が一應ちやんと喜劇になつてたんだらうナ。そして六日目の二十一日に月給をくれたんだ。給料を袋に入れてネ。開けて見たら五十錢玉で二十一圓あつて、隨分くれるもんだツてびつくりしたヨ。そして五九郎一座の座員としてちやんと番付にネ、作者小橋梅夜・早川桃衣（たうい）ツて書いてあつたヨ。俺が三月生まれなんでネ、桃衣ツて付けたんだらうナ。
　五九郎一座の興行ツてのはネ、十日變はりで月に三遍變はるわけだナ。一興行の芝居が三つで、三つの内一つは必ず曾我廼家の本家五郎の所（とこ）でやつてる芝居をやるんだヨ。五郎ツてのは大阪の道頓堀（だうとんぼり）の中座（なかざ）で常打（じやううち）してたんだ。その情報は電話などでなんとかかんとか入つてくるんだ。あと二つは喜劇をやるんだが、當時は喜劇といつても半分は口立（くちだて）なんだナ。口立ツてのは芝居を知つてる奴が口でもつてそこをかうしてああして、ここで何が出てきて、そこん所（とこ）で太鼓が入つてと口で一篇の劇を爲上げるんだ。ただ五九郎一座はネ、まるつきり口立ぢやないんだナ。一應脚本のやうなものはあるんだ。本家の曾我廼家五郎の芝居もネ、五郎が一堺漁人（いつかひぎよじん）ツていふ名前で脚本を作つてたヨ。半紙で十枚くらゐの筋書きでネ、原稿用紙にしたら十枚か十五枚かナ。五九郎の所も同じやうなもんだつたが、科白なんかは稽古の時に引つ付けていくんだナ。役者が俺はそこでかういふことを言ひたいとか言つてネ。それで二日か三日で一つ作つちやふんだ。そこで知つたんだがネ、役者の中には字の讀めねえのがゐたヨ。幹部の役者でもナ。さういふのには脚本にフリガナしてやつたり讀んでやつたりするんだが、別にそれを恥ぢるなんてことはなくてネ、それがあたり前のやうだつたナ。
　淺草の喜劇ツてのは面白いんでネ、あれも口立だらう。脚本なんかはつきり書いちや駄目なんだ、役者が窮屈だからネ。ところがそんなんぢやちやんとした劇にならねえツてんで、當時ちやんとした脚本で喜劇をやることを益田太郎冠者（ますだたらうくわじや）ツていふ帝劇の大株主が始めたんだヨ。なにしろ帝劇の大株主だからヨ、益田太郎冠者が喜劇を書くツてえと帝劇でやつてネ、森律子（もりりつこ）とかが出るんだナ。それで俺も見に行つたヨ。しかしさういふのは淺草の役者はバカにしたんだ。脚本がは

つきりしててネ、その通りにしかやらないツてのは本物の芝居ぢやねえツてネ。淺草の芝居ツてのはさういふもんだつたナ。五九郎の後のエノケンや古川ロツパもナ。

　五九郎の一座に入つたのが一月の十五日。そして三月になつたら五九郎が大阪に行つてくれツてんだ。何しに行くのかと思つたらネ、大阪の道頓堀の中座に行つてネ、曾我廼家五郎や十郎の曾我廼家劇を見て、それをすぐに脚本にして送つてくれツてんだナ。三本見たら三本とも脚本にして送つてくれツてんだ。それともう一つは五郎十郎がやつてない時は、大阪ではどこかで喜劇をやつてるから、それを見て書いて送つてくれツて言ふんだナ。

　その時分『演藝畫報』ツていふ演劇の季刊雜誌みたいなのがあつてネ、そこに「芝居見たまま」ツていふ記事があつたんだ。それは脚本ぢやないんだが科白が主でネ、實演を見て誰が出てくるとか、何の音樂が流れるといふことをト書のやうに記してあるんだ。あいつのやうに書けばいいんだらうと思つてネ、晝間の五郎の芝居を見て歸つてくるとすぐ、その晩の内に大學ノートに書いちやふんだ。そして翌日郵便で出すんだ。五郎十郎がやつてない時は志賀廼家淡海がやつてたナ。藤山寛美の師匠のもうひとつ師匠ぢやないかナ。淡海ツて役者は淡海節を流行らした人でネ、その淡海を知つてる人が五九郎一座にゐてネ、宜しくたのむツていふ手紙を持たせてくれたんだ。淡海に會つたらネ、「俺の芝居の他に京都に喜樂會ツてのがあるヨ」ツて教へてくれたヨ。大阪にゐる間に曾我廼家五郎と十郎、志賀廼家淡海、そして京都の喜樂會の芝居を見て隨分書いて送つたもんだヨ。大坂から歸つたのは五月の末だつたが、五九郎の所に行つて見せてもらつたら、全部で八十一本の脚本を書いて送つてたんだナ。

　そして七月に五九郎一座は地方興行に出たんだが、どうして一座が旅に出たのか分からないんだナ。五九郎一座はずつと常盤座でやつてて人氣があつたんだが、ところが何故か隣の金龍館に變はつちやたんだ。そこでもいつも滿員でネ、毎日大入袋が出たヨ。常盤座と金龍館と東京倶樂部は竝んでゐるんだが、この三つを根岸興行部が共通して興行したことがあつたが、どれも大したことない時でも五九郎一座だけは榮えてゐたナ。毎日のやうに大入袋が出るんだからネ。それなのにどうして旅なんかに出したのかナ。興行師のやることツてのはでたらめで分かんないよナ。

　それで七月の二十一日に地方興行に出てネ、最初の仙臺ではこれが當たつたんだ。十五日間客がいつぱい入つたんだが、興行を引き受けた奴が金を持つて逃げ

ちやつたんだ。それで次の福島へ行つたらわけが分からなくなつててネ、その次の山形も有耶無耶になつちやつたんだ。そして次の秋田は毎日雨でネ、十五日のうち十二日くらゐ雨が降つてたんぢやないのかな。それでは芝居を打つたところで客が來ないんで、商賣にならねえんだ。なんか三人くらゐしか客が來ない時があつたヨ。旅芝居の御難てのをそこで初めて知つたんだ。そこから青森、北海道に先乗りが行つたんだが、それもでたらめな奴だつたんだらうナ。いくら待つても返事が來ないんで、青森まで行つたがそこにゐない。宿屋で一日待つたがやつぱり北海道からの返事も來ない。その内に南部の盛岡の芝居小屋で約束ができたツてんで豫定をかへて盛岡へ行つてネ、そこで十五日間やつたんだ。七月から九月までで實際に芝居ができたのは、仙臺の十五日と盛岡の十五日だけだつたヨ。盛岡でも當たつて毎日滿員だつたけどネ、仙臺で持ち逃げされちやつたことが次次と祟つたんだらうな。あつちこつちうろうろしてたから結局たいへんな損失になつたんぢやないのかナ。

　五九郎は賢い男だつたからネ、こんな状態でグズグズしてたら借金ばかり抱へこんぢやと考へたんだらうナ。盛岡で入つた金でそれまでの借金を返してネ、殘つた金をみんなに分けたんだ。旅で御難に遭ふとさういふことをするさうなんだナ。つまり解散ツてわけだ。一座のみんなを集めて座長が頭を下げてネ、「どうにも爲方ないんで解散する」ツて宣言しちまつたんだ。

　解散したつて役者はまだいいヨ。その頃は交通も不便でネ、解散と決まるとすぐに興行師に聞いてネ、どこそこでどういふ芝居をやつてるツて聞くとそこへ訪ねて行つてネ、そして一晩でも二晩でも一座に加へてもらつて何か役をやらしてもらふんだナ。いい役者はいい役をもらつて見せ場を作つて客を呼ぶツてことになるんだらうし、下ツ端の役者は下ツ端の役をもらつてネ、ご馳走になつて草鞋錢をもらつて次の所に行くんだヨ。そして渡り渡つて東京に歸つて來るんだナ。

　俺は作者だからさういふアルバイトがあるわけないんでネ、分けてもらつた五圓で三圓の南部の下駄を買つてネ、盛岡から上野までの汽車賃を拂つて、辨當代をいくらか残して汽車に乗つたヨ。

　旅興行に出る時はちやんとした着物を着て行つたんだ。御召(おめし)の銀鼠(ぎんねずみ)地で藍の細かい縞の着物に、角帯しめて袴はいて行つたんだヨ。それも秋田でみんな質屋に入れてネ、樂屋で着てる浴衣一枚で歸つてきたヨ。解散したのが九月の十五日だつたらうから上野に着いたのは十七日だつたらうナ。上野に着いて網棚を見たらネ、折角買つた土産の下駄がねえんだヨ。南部の桐の下駄だからネ、誰かが持つ

ていつちやつたんだらうナ。結局空ッ穴になつちやつてネ、浴衣一枚に寢巻の帯をしめてネ、樂屋の赤い鼻緒の安い草履を履いて上野の驛から本所の埋堀町の家に歩いて歸つたナ。でもナ、淺草から業平橋まで歩いて來たんだが、五九郎一座の作者として旅にでた俺がヨ、歸りには樂屋の草履を履いてペタペタ歸つてくるなんてみつともないだらう、いくらなんでもナ。爲樣がないから殘つてる懷の十錢で業平橋のたもとに並んでる人力車に乗つてヨ、それで家まで歸つたんだ。さういふもんだつたナ、みじめな旅興行なんてものはネ。

で、淺草に歸つてきてもネ、一座が解散しちまつたんでみんな所属する所がねえんだナ。そんな中で樋口角兵衛ツていふ三枚目の役者と芝野久也ツていふ新派の役者がゐてネ、五九郎一座では曾我廼家角兵衛、曾我廼家重忠ツていふ名で出てたんだが、二人ともちやんとした役者でネ、新派にゐた時なんか一役付けてくれたやうな役者なんだ。それが二人で何とかやらうぢやないかツて言つてネ、その頃淺草の十二階の下に吾妻座ツていふ大きな小屋が出來たんで、そこで十一、十二、一月に芝居をやることになつたツてんでネ、俺に脚本を書いてくれツて言つてきたんだ。それで一緒に吾妻座で芝居をやつたヨ。結局その時の芝居は當たらなくてネ、解散したナ。

吾妻座で覺えてゐることはネ、その頃白瀬中尉といふ人が小さな船で南極探檢をやつて成功したんだナ。南極の一點に棒を立てて、ブリキにペンキで日の丸を書いて歸つてきたんだナ。南極探檢に成功した白瀬中尉が歸つて來たんでネ、たいへん歡迎するかと思つたけど、當時の日本はさういふものには冷たかつたナ。反響も何もないんで、南極に持つて行つた物や連れて行つた樺太犬をあちこちで見せたりしてたヨ。それは氣の毒な話だツていふので、吾妻座の横町が空地なんで芝居をやりながらそこで見せようツてことになつたんだナ。そこで白瀬中尉を一遍見たヨ。そして樺太犬が一匹ゐてネ、それがたいへん人なつこくてネ、俺はてめへの食ふ物もないんだけど毎日なんかあれば持つて行つてやつたんだ。撫でると飛びついてネ、肩へつかまると俺の背丈くらゐあつたナ。そいつが賢くツてネ、口の中に手を突つ込んでも噛むことをしないんだ。白瀬中尉は今度の大戰に負けた時、わざわざ北海道から出て來てマツカーサに會つてネ、「日本は負けましたが、南極に立てたあの日本の領土はどうなるでせうか」ツて聞いたさうだヨ。さういふことが新聞に出てたが、涙が出るやうな話だよナ。

俺が五九郎の所をやめる少し前に曾我廼家五郎と十郎が喧嘩してネ、十郎が獨立して有樂座で旗揚げするツてことになつたんだ。その一座に曾我廼家童三ツて

いふいい役者がゐてネ、「十郎さん所に作者がゐないんだ。お前來ないか」ツてんで曾我廼家十郎に會ひにいつたヨ。ところが二三日したら十郎が死んぢやつてネ、おヂヤンになつたヨ。

その頃大阪から鶴家團十郎ツていふ俄の一座が來たんだ。粹なもんだつたナ、鶴家團十郎の俄ツてものは。はじめは歌舞伎の芝居をそのままのやうにやるんだが、それがみんなうまいんだ。ところがだんだん變な科白を言つたり變な爲草をしたりして、まともな芝居をぶちこはしながら進めていつてネ、最後に落ちがあるんだ。役者が舞臺に竝んで眞面目に渡科白なんかやつてると、そん中の一人が「おい、今夜のおかずなんや」とか私事を言つたりするんだ。そのうち科白より私事で言ひあつたりするのがだんだん芝居の表になつてネ、滑稽になつていくといふ芝居だヨ。大阪の漫才で義太夫のうまい漫才師がゐるヨ。「壺坂」なんかをまともにやつてると思ふとネ、途中からヘンテコリンな義太夫になつちまふんだ。ああいふゆがめ方ネ、まともなものを即興でゆがめてをかしなものにしてしまふツてのが俄でネ、俄の芝居ツてのは大阪から始まつたんだ。

鶴家團十郎ツてのは團十郎ツていふぐらゐだからうまいんだ。それまで堀越家ツてのはなかなか他の者に「勸進帳」をやらせなかつたんだが、その頃初めて幸四郎が帝劇で「勸進帳」をやつたんだ。梅幸の富樫で幸四郎が辨慶でナ。さうすると淺草の常盤座でも鶴家團十郎が「勸進帳」をやつたんだ。もちろん喜劇だからまともな「勸進帳」ではないんだ。ところが辨慶をやつてる鶴家團十郎がうまいんだ。俺の親父が鶴家團十郎の辨慶を見てきてネ、「俺は九代目を見てるけどネ、まるで九代目くらゐうめえヨ」ツて言つてたナ。

鶴家團十郎は根岸興行部が大阪から呼んで五九郎一座と一緒にやらしてたんだが、なかなか面白いんで東京でも見物が喜んでたんだ。ところがネ、鶴家團十郎ツていふ人は五九郎が嫌ひだつたんだらうナ。いつぺん家に來てくれないかツてんで鶴家團十郎の家に行つたんだ。そしたら飯を食はしてくれてネ、「實は私は五九郎さんと別れます。ついては獨立して旗揚げするんで作者として來てくれ」ツてかう言ふんでネ、「旗揚げしたら行きますヨ」ツて歸つてきたら、その團十郎が二三日してこれも腦溢血で死んぢやつたんだ。曾我廼家十郎も約束したら死んぢやつた。鶴家團十郎も約束したら死んぢまつた。さういふわけでヨ、ああいふ喜劇の世界と俺は馬が合はねえのかナと思つてネ、それで年も變はつたんで芝居の世界から足を洗つたんだ。といふことでネ、俺は十九の歳を淺草で丸一年暮らしたことになるんだナ。

五九郎の奥さんは別嬪さんでちやんとした人だつたんだが、五九郎ツて人はたいへんに女癖の悪い人でネ、奥さんに妹が二人ゐたが二人ともに手をつけちやつてネ、役者にして働かせてたヨ。武智静江といふうまい女優がゐたが、それも妾にしてたんだ。だから何人も妾がゐたヨ。こつちは文學少年だからそんなことはあまり氣にしねえんだが、さういふ事でいろいろもめてたらしいナ。どうもそれが原因でドル箱だつた五九郎一座が旅に出る破目になつたらしいナ。
　最近聞いた話なんだけどネ、踊りの西川流の西川鯉三郎、あの人は五九郎の落し胤ださうだヨ。嵯峨に廣川ツていふ鰻屋があるんだが、そこの主人は元大映の二枚目でネ、もともとは歌舞伎の女形だつたんだナ。聞いたら主人の出は淺草の米久ツていふ牛屋の前のナ、豆屋の隣の家だつて言つてたヨ。そして役者になりたくツて淺草の役者やなんかの中に交じつてゐたらば、そのうち左團次一座の女形の市川松蔦の弟子になつてゐたんださうだ。今その主人が鰻を燒いてんだが、西川鯉三郎の話はその主人の話だヨ。ついでに話とくと、廣川の主人の細君は荒川の熊谷の驛のそばの鰻屋の娘でネ、映畫がダメになつた時に、その細君が兄貴の所へいつて鰻を燒くことを教はつて歸つてきてネ、京都の嵯峨で鰻屋をやつたんだ。主人は江戸ツ子で細君は熊谷の鰻屋の娘なんでネ、味を知つててちやんとした鰻を食はせるんだ。
　さういや淺草には大正四年頃でも新門辰五郎の家ツてのがあつたヨ。芝居や講談に出てくる江戸時代からの淺草の顔役だよナ。その家が當時も淺草を取り仕切つてゐたんだ。その時分淺草には不良少年ツてのがたくさんゐたわナ。愚連隊ツていつたんだ。その時分淺草には一日と十五日に小僧さんや女中さんがたくさん遊びに來てネ、活動寫眞見たり落語聞いたり玉乗り見たりして歸るんだヨ。でもナ、その小僧さんだの女中さんだのを淺草の愚連隊がいぢめることはないんだ。小僧さんだの女中さんは淺草のお客さんだツて言ふんだナ。仁義ツてのがあつたんだ、淺草の愚連隊にはネ、その代はり淺草で働いてる役者だとかと懇意になつてネ、それから小遣ひをせびつて貰つたりするんだ。俺もやつてたヨ。大入袋が出たりすると、それを全部やつちやふんだナ。さういふことをしてるとネ、淺草でいぢめられることはなかつたナ。その後四十、五十になつて淺草や銀座を歩いててもネ、不良にたかられるなんてことなかつたナ。どつか違ふんぢやないかナ、淺草で丸一年不良相手に暮らしてたからネ。さういふのを題材にして川端康成なんか小説書いてたよナ。
　もう六十五年も前になるが、時どき淺草の芝居のことを思ひ出すんだ。五九郎

一座が金龍館でやつてた時、中村又五郎（またごらう）が隣の常盤座で歌舞伎をやつたことがあるんだ。歌舞伎の社會でうまくいかなかつたんだらうナ。あの世界では馬鹿氣たやうな喧嘩があるからネ。中村又五郎もなんか非常に嫌はれて追ひ出されてネ、名代（なだい）だつたんだがそれも取り上げられたんぢやないのかナ。その中村又五郎が淺草でやる時にそれに協力したのがその時分の加賀太夫（かがだゆう）なんだ。加賀太夫ほどの新内（しんない）の太夫がネ、中村又五郎の芝居で語るツてのはないだらうナ。それなのに又五郎が「蘭蝶（らんてふ）」をやるツていふので、その出語りを加賀太夫がやつたわけだナ。俺も二度ばかり聞きにいつたがネ、やつぱり加賀太夫が出るとみんなが中村又五郎そつちのけで手をたたくんだ。みんな加賀太夫を聞きに來てるんだからネ。
　中村又五郎はもう死んぢまつたがネ、僕は又五郎の女房ツていふ人に嵯峨の落柿舎で偶然會つてるんだ。僕が七十六、七の時（昭和四十七、八年）にネ、いつものやうに落柿舎で庵主の工藤さんと話してたら、ひどく雨が降つてきたんで歸らうとしたら門のところで然るべき和服を着た六十くらゐの女の人がうずくまつてゐるんだ。「どうしたんです」ツ尋ねたら、御付の人が「お腹が痛いんです。電話はありませんでせうか」ツて言ふんだヨ。落柿舎には電話がないんで、すぐ近くの知り合ひの家で電話を借りて醫者に來てもらつたんだ。その時に僕が「どうもお見受けすると、役者のやうに思ふんですが」ツて聞いたんだ。さうしたら「よくお判りですネ。私はむかしちよつと歌舞伎座で働いたことがあります」ツて言ふんでネ、實は中村又五郎が常盤座に出てゐる時に僕は淺草で働いてゐたツて話をしたんだ。さうすると「中村又五郎の家内です」ツて言ふんだ。僕は驚いたヨ。無論僕の知つてる中村又五郎ぢやないよ。その息子の奥さんだナ。それにしても巡り合はせツて妙なもんだナ。そしたら御付の女の人は板東三津五郎（ばんどうみつごらう）の娘さんだつたんだ。三津五郎てのは僕もよく見てるし、また今の女房が好きなんだナ。そしていろんな話をしてネ、三津五郎の娘ツて人は名刺をくれて、その後何度も手紙をくれたりしたナ。こちらからも返事を送つたりしたんだが、その内三津五郎が河豚食つて死んぢまつたんだ。そして淺草に繋がる縁ツてのは奇妙なところであるもんだナと思つたヨ。（下略）

（『早川幾忠獨斷録　東京下町の思ひ出』より、平成十四年刊）

　竹村さんは亡父のやうな無名な人物の具体的な話、またその語り口に強いご興味を持ちつづけて来られた。その緻密なご研究の底には、常にさうしたご関心が流れてゐるやうに思はれる。

阪神間モダニズムの片隅に生きて
家族の肖像

細川 周平
(国際日本文化研究センター教授)

　母方の祖父は大阪燐寸貿易という個人輸入商店を経営し、造幣局のそばに、あたりで唯一空襲を免れた美しい日本家屋を構えていた。その立派な玄関入って左の応接室をオフィスとし、扉をあけると白いカバーをかけた長いソファと、面談用の向かい合ったソファがまず目に入る。植え込みのある日本庭園に面した側に大小ふたつの洋机が並び、タイプライター、手動計算器、ペン、インク壺、インク消し、カーボン紙などがガラスの下敷きの上に並べてある。黒い電話機が子どもの目には輝いて見えた。暖炉、ブラインド、シャンデリアも他では見たことがなく、長いソファの上にかけてある赤い日本を真ん中にした世界地図に、貿易の中心にいるかのように心躍らせた。15分ごとに重厚な置時計から、ロンドンのウェストミンスター寺院を模したチャイムが高い天井と白い壁に響き、その部屋だけ別世界であると告げた。幼い頃、ソファで飛び跳ね、回転椅子でぐるぐる回っては叱られた。家族の者は勝手口から出入りし、居住空間はつねに電灯を必要とするほど暗かった。皆商家の大阪弁を話していた。

　竹村民郎氏は「『阪神間モダニズム』の社会的基調」の冒頭で、20世紀前半の主要工業として有名な紡績、酒蔵に続いて、さほど聞いたことがないマッチ製造を第三に挙げている。その一語から昭和末に亡くなった祖父のこと、今は隣接する市立中学校の敷地の一部に買い取られて壊されてしまった古い家のことを思い出した。祖父は小学校出のたたき上げで、商業英語をレミントン・タイプライターで打てても（その音が応接室に響くのが心地よかった）、会話や海外旅行には何も興味がなかった。別の論文「二〇世紀初頭、大阪市における倶楽部の設立」には清交社という1923年創立の大阪実業家の倶楽部について書いてある。祖父はその会員で「清交社へ行ってくる」というのを聞いた覚えがある。ふだん

は和装に前垂れをして勝手口通路に積まれた品物を点検していたが、清交社へ出かけるときにはベレー帽に蝶ネクタイの洒落た洋装で、人物が変わったようだった。末端会員にすぎなかっただろうが、社の創立者の一人、山本為三郎が民芸運動を支援し、現在の大山崎山荘美術館の元を作ったことを論文から知ると、亡くなった後、九人の子どもに形見分けされた茶器、骨董は、清交社回りの目利きを介して良い物をいただき交換し買わされた品と想像がつく。孫の前ではいじっているのを見たことはない。

　祖母は高等女学校出身で、商人の妻として家事には着実で、算盤片手に家計簿をつける姿を思い出す。服装も仕事ぶりも話しぶりも始末のしっかりした人だった。「棺桶には家計簿を入れておくんなあれ」と晩年、子どもたちには語っていたそうだ。常用する天六商店街の買い物スタンプを貼るのを孫はよく手伝った。祖父母揃って大家族の生活に満足していたと思う。「第五回内国勧業博覧会とレジャー革命」の章に、写真つきで紹介される浜寺海水浴場の名は、祖父に連れられ「もう暗いからおかえりなあれ」と係員に言われるまで遊んだ場所と叔父伯母から聞いている。子だくさんの週末のレジャーにうってつけだった。戦前の浜寺がブルジョア・中産階級上層の「ユートピア」であったとその論文で知った。歴史に残らない家族の行動を広い文脈で見ることを同論文は教えてくれる。

　大正半ば生まれの長女は女学生時代、葦原邦子の全盛期に宝塚歌劇のファンになって、愛着は一生続いた。引退後の葦原邦子や周辺の集いにも参加していたらしく、大劇場で彼女が通ると回りが会釈したと、ヅカファンを継いだ次女が語っている。90歳を越えての告別式には、一人の現役トップ級が午後には舞台があるのに参列・献花していたのに驚いた。周囲から際立つ美しさだけでなく（アウラの真の意味を初めて知った）、「しつけの厳しい」（義理を欠かさない）宝塚コードにも驚いた。

　1990年ごろ、日本の近代大衆音楽史を書く途中、宝塚を見に行きたいというと即座にチケットを手配してくれたのが伯母だった。それまで主に実験劇場、小劇場を主に見ていた者は妙な感覚に襲われ、観劇後、大浴場で一風呂浴びたのが今となっては懐かしい（そのお湯もまた奇妙な体験に輪をかけた）。家族向け温泉場の余興として始まったという誰もが知る歴史を読むたびに、あの湯煙を思い出す。生粋のファンには余計な施設で、伯母も「入ったことあらへん」だった。今では温泉も遊園地もなく、マンション群に代わっている。その後は「チケットのことやったら、いつでも言うてちょうだい」と甥の新傾向を喜んでくれた。

同じころには彼女の家をねぐらに池田文庫に通って、『歌劇』バックナンバーを最初から読破し、葦原邦子の登場が男役の成立と人気にとっていかに大きかったのかを学んだ。竹村氏の「『阪神間モダニズム』における大衆文化の位相」は、彼女の写真を掲載し、断髪に反対した小林一三の公開状が引用されている。伯母が七、八歳年上の「アニキ」を女学生時代どう慕っていたのか、彼女の退団後はもちろん、当人が戦時期、下町の大正橋たもとの運送業者に嫁ぎ「御寮はん」の功を発揮しつつ、どう熱を保ったのか、生きたヅカ史だった彼女に切符をねだるばかりでなく、もっと突っ込んだ話をしておけばよかった。「好きなんやもん、しょうがおまへん」とあしらわれた記憶しかないが。

　私の母は次女で、戦争で人生の一番いい時期を奪われたを口癖とし、敗戦の翌年から各種の教養講座で、青春を取り戻そうとした。そのなかに美術史への興味があり、団体で室生寺や法隆寺を見学し、各種美物館をめぐったらしい。昭和30年ごろの版だろうが、書棚にはおそらく父のボーナスをはたいて買った平凡社の世界美術全集が並んでいた（手にとるのを見たことはなかった）。ギリシア、エジプト、古代中国の次が、確かササン朝イスラムとどこなのかもわからない妙な名前の巻だったのが頭に残っている。他に柳宗悦、小出楢重、ゴッホ、印象派以降などの背表紙文字もかろうじて思い出す。たいていは昭和20年代の美術入門書だろう。小出楢重への興味が地元びいきだったかもしれないと、前掲「……社会的基調」を読んで思う。彼女は大阪生まれの洋画家に一も二もなく親しみを覚え（地元出身の講師に吹き込まれ）、見る機会があったのかもしれない。展覧会一度ずつ、作品一枚ずつが、青春を取り戻すなかで大きな事件だった。昭和27年に結婚し、生まれて初めて琵琶湖畔、能登川（疎開先）より東に出て川崎に引っ越し、五年間に二人の子どもが生まれた後、夫に大阪転勤の命が下った。引っ越し先に選ばれたのが、小出が暮らした芦屋にあったことを内心喜んだかもしれない。1980年代、父母にとってもはや二十代の名残でしかなかった蔵書をほぼすべて処分したことを、今になって残念に思う。当時は親の昔話を聞く耳を持たず、二人もまた子どもに話す気も湧かず、誰もが日々のことで精いっぱいだった。

　芦屋には二年ほど、朝日ヶ丘という郊外開発の露骨な地名の地区に住んだ。今では半世紀以上を経て貫禄が出てきたが、当時は「うさぎ小屋」もあった。一年間の幼稚園と小学校の最初の一学期をそこから通っただけだが、いろいろな点で重要な時期だった。そのひとつが高度成長期の郊外新家庭のはやり、ピアノを習

い始めたことだった。母の女学校時代の同級生が西宮北口で教室を開いているというのがきっかけで、毎週阪急電車に二駅乗って通った。お稽古以上に、北口駅で宝塚線・今津線の電車が神戸線との垂直交叉を架線に火花を散らしながら走るのを見るのが楽しみだった。現在は南北に分離されている。鉄道に関して、竹村氏は車両連結の敏速さがもたらした産業的能率と生活革新という盲点を突く論を立てている（「一九二〇年代における鉄道の時間革命——自動連結器取替に関連して」）。鉄道史への関心ではなく、能率と資本主義の本質的関係に関する大きな結論に向けて議論が展開されている。竹村論文独特の微細なエピソードを積み重ねて全体図を描く論法が、ここでも冴えている。垂直交叉は危険であるうえ、神戸線のダイヤを制限するし、南北乗り続ける客の割合から見れば撤廃が筋だが、見物人としては惜しい。

　母親の発案だろうが、白鶴美術館に家族で行った写真が残っている。これは1920年代の阪神間在住の大実業家の社会的貢献を表わすと、先ほどから手がかりにしている論文では述べられている。展示はつい数年前に半世紀ぶりに再訪し、初めて見たようなものだが、清瀬と山麓の風景は写真の姿そのままだった。妹が歩けるようになってすぐに、西宮の甲山や六甲の油コブシをハイキングした写真も、六甲山遊園地で従姉妹と集まった写真もある。母の下の三女が宝塚線石橋に嫁ぎ、従妹が生まれたので会いにいったこともある。こうして見ると、その二年ほどは阪急沿線にへばりついていたかのようだ。両親が子どもの足を配慮した結果の蓄積にすぎないが、竹村氏の「交通文化圏」の議論は、一人の幼児の記憶を理論づけるように思える。例外は父親の南海ホークス好きだったが、唯一家族で野球を観戦したのは、西宮北口駅前にあった西宮球場の阪急－南海戦だったから、やはり竹村理論は証明される。「中等学校野球の誕生」の著者は、この球場での私鉄二球団の試合をどのように阪神間の開発・レジャー・交通史のライフワークのなかで捉えるのか、一度うかがってみたい。

　著作集を再読しながら、母方の親戚、自分の芦屋時代をとめどなく思い出した。氏より三歳年上の母は、竹村家とは業種も家財も違うが、浪花の商家に育って案外似たような物質・精神的環境、広い意味の阪神間モダニズムを呼吸したと思えてならない。どれもこれも惜しがってばかりの後退症候をさらしてしまった拙文が、氏の学問的達成にふさわしくないことは百も承知し、お詫び申し上げる。各所にヒットとヒントを埋め込み、自由な連想の羽を広げさせてくれる竹村民郎さん。深い敬意と感謝と親しみを込めてそう呼びたい。

100年続いた歌劇団

岩崎 徹
（横浜市立大学准教授）

　私が初めて竹村民郎先生にお会いしたのは、国際日本文化研究センター（日文研）の共同研究「文明と身体」（牛村圭教授代表）にメンバーとして加えていただいた2009年のことだった。文学、歴史、社会学など多分野の専門家が参加する共同研究で、研究会はもちろん懇親会でも自然と周囲に集まって来る（より）若い研究者たちと楽しげに談笑し、あたたかく時に厳しいアドバイスを下さるのが、経済学者の竹村先生だ。
　英文学畑出身で演劇研究が専門の私は、研究会ではヴィクトリア朝の喜歌劇『ミカド』の日本における上演史について発表したが、竹村先生とお会いする時には宝塚について教えていただくことが多い。そこで、著作集Ⅲ『阪神間モダニズム再考』で先生がお書きになった宝塚関連の文章について若干のコメントをしたい。宝塚は私にも気になる存在ではあったものの、1999年に星組が『ウエストサイド物語』のリバイバル公演をした際に、シェイクスピアの原作とミュージカルの関係についてプログラムの解説を書いた程度で、ほとんど上演を見たこともなかった。それが、創立当初の宝塚と小林一三の関係を語る先生の論文を読むうちに、『ミカド』を始めとする「サヴォイ・オペラ」誕生の産婆役を果たしたヴィクトリア朝の興行師・実業家のリチャード・ドイリー・カートの姿がだぶってきた。
　処刑マニアのミカドが登場する『ミカド』は、明治中期以来たびたび日本上陸を阻まれ、第二次世界大戦敗戦1周年のタイミングで進駐軍兵士らにより皇居近くのアーニー・パイル劇場（旧東京宝塚劇場）でようやく上演されたが、この『ミカド』を含む1ダースあまりの「サヴォイ・オペラ」を世に送り出したのがドイリー・カートだ。彼は1879年にウィリアム・ギルバート作詞・台本、アー

サー・サリヴァン作曲の「サヴォイ・オペラ」を専門に上演するドイリー・カート歌劇団を結成した。これが以後100年以上続くことになる。1881年に世界初の全館電気照明の劇場サヴォイ劇場を建て、1889年には劇場に隣接するサヴォイ・ホテルを建てた。「サヴォイ・オペラ」はイギリス的ユーモアと風刺の効いたギルバートの台本・歌詞と軽快でときに甘美なサリヴァンの曲のコンビネーションが絶妙で、初演の際には数百回に及ぶ上演回数を記録し、初日には各界の名士が集まるようになった。とはいえ、ほとんど「サヴォイ・オペラ」のみをレパートリーとするドイリー・カート歌劇団が以後1世紀以上続くためには、独特の上演形態が必要だった。

ドイリー・カート歌劇団は、ロンドンでのシーズンをはさんで1年の大半をイギリス国内やアメリカなどの英語圏諸国を巡業する旅する歌劇団だった。巡業公演の生活は団員どうしの絆を強め、大家族的な雰囲気が生じた。経営もファミリー・ビジネス的に引き継がれ、創設者のリチャードから、秘書・助手でのちに夫人となったヘレンへ、そして、息子のルパート、孫娘のブリジェットへと継承された。団員の所属期間も長く、1909年から1934年まで看板スターだったヘンリー・リットンなどは、コーラス時代を含めると約半世紀もドイリー・カートで活動を続けた。同じレパートリーをこれだけ長期に渡って上演していると、歌舞伎の型にも似た演技・上演のスタイルができる。よくいえば、ぎこちなさのない安定した演技だが、悪くいえば、猪瀬直樹が『ミカドの肖像』で不当に強調したようにマンネリ化する危険がある。

しかし、ドイリー・カート流の演技をまねようとする観客がいるとしたらどうだろう。お手本は繰り返し見てこそ意味がある。じつはここに「サヴォイ・オペラ」受容の特殊性がある。ドイリー・カートはギルバートの死後50年が経過して著作権が切れた1961年までプロによる上演を独占するいっぽうで、アマチュアによる上演には楽譜を貸し出すなど協力的だった。その結果、日本風にいうなら学芸会の定番として定着し、「サヴォイ・オペラ」は劇場で見て楽しむだけでなく、学校などで自分たちで演じて楽しむ作品となったのだ。

私がそのことを実感したのは、2006年にイギリスの小都市バクストンで開かれた第13回国際ギルバート＆サリヴァン・フェスティバルに行ったときだった。このフェスティバルは、自称3代目ギルバート＆サリヴァン「熱狂者」のイアン・スミス氏（本業は経営コンサルタント）が4代目（息子）と共に1994年に始めたフェスティバルで、英米を始めとする英語圏諸国から集まったアマチュア

の上演団体が3週間に渡って競演する。往年のドイリー・カート歌劇団のスターを含むプロのフェスティバル・カンパニーもレパートリーから3本上演し、期間中はフリンジ・イベントとしてコンサート、レクチャー、ワークショップなども開かれる。観客席には中高年者が目立つものの、このようなフェスティバルが成立すること自体が、いまだに英米の主要大学、主要都市に「サヴォイ・オペラ」の定期上演をするアマチュア団体が数多くあることを物語っている。

さて、わが国で100年続いている唯一の「歌劇団」が宝塚だ。宝塚が生き延びてきた理由について竹村氏は示唆に富む見解を述べる。

> 敢えていうならば、「宝塚」が「関西」の伝統的大衆芸能の豊かな土壌から誕生したのみならず、「私鉄王」、阪急電鉄の経営者小林一三のエンターテイメントビジネスに対する明確な理念と「国民劇」創造にたいする先見性、そして宝塚音楽学校の優れた教育・研究と欧米直輸入のレビュー演出とが、生徒たちの夢に生きる心とプライドを高め、それがまた生徒同士の絆とモチベーションとを強めたともいえるだろう。[1]

歌劇団が100年続くのは並大抵のことではない。とくに新たなジャンルの創造を目指すとなれば、創設者によほどしっかりしたヴィジョンが必要だろう。小林一三のねらいは「従来、上流階級や知識人が独占していた歌劇を大衆化しただけでなく、伝統的な歌舞伎、日本舞踊などにかわって、市民大衆、なかでも女性たちが低料金で短時間のお手軽な余暇が楽しめる『民主的』なレジャー」[2]を提供することだったという。また、台本も自ら書ける小林だからこそ実業家の余技に留まらなかったのだろう。宝塚音楽歌劇学校も作って校長を務めた。

ドイリー・カートもオペレッタの作曲や演奏の指揮の経験が役に立った。1870年ごろすでにウェストエンドで売れっ子劇作家だったギルバートと、かつて万博会場だったクリスタル・パレスで華々しくデビューして以来、クラシック界で将来を期待されていた作曲家サリヴァンのコンビの将来性を見抜いた。家族で楽しめる健全娯楽路線を追求した点も小林の方針に通じる。宝塚音楽歌劇学校

---

1 竹村民郎著作集III『阪神間モダニズム再考』、196頁。
2 同前、366頁。

のような養成所こそ作らなかったが、前述のような形での学校教育との接点がある。

　ドイリー・カート歌劇団は、ハロルド・ウィルソン元首相率いる存続キャンペーンもむなしく、財政難のため1982年に解散した。1988年に再結成されるも、2003年から10年間の活動休止を余儀なくされる情況で往年の勢いはない。しかし、プロムナード・コンサートやイングリッシュ・ナショナル・オペラなどでも時おり上演されている「サヴォイ・オペラ」に対するイギリス人の愛着は深い。オッフェンバックやヨハン・シュトラウスのオペレッタにひけをとらない国産の第一級のエンターテイメント作品として、外国のオペラのみをありがたがるインテリの軽蔑をよそに、生命を保ち続けることだろう。

　「サヴォイ・オペラ」は日本のオペレッタ上演史の主流とは言えないものの、大正時代の浅草オペラでは『軍艦ピナフォア』がたびたび上演されたし、第二次大戦後、1980年代まで長門美保歌劇団が上演した『ミカド』は、2001年に秩父市制50周年の文化事業として制作された「秩父版」が前述のフェスティバルでも絶賛された。さらにいうなら、レパートリーの中には、王女が隣国の王子との婚約を破棄して創設した女子大に女装した王子らが潜入するという、宝塚に上演してもらいたいような作品『アイダ姫』もある。

　日本のミュージカルを一貫して追求してきたともいえる宝塚は、小林一三の「清く正しく美しく」をモットーに、レビューと大階段の伝統を守りつつ、オリジナル作品とフレッシュな入団者によって新陳代謝を図りながら新たな一世紀に確かな一歩を踏みだしたようだ。竹村先生がタカラジェンヌやそのファンに注ぐ眼差しはじつにあたたかい。ご自身の100周年に向って邁進される竹村先生に心より著作集完結のお祝いを申し上げ、今後ともあたたかく時に厳しいご指導をお願いしたい。

竹村民郎先生の「阪神間モダニズム論」

宮本 又郎

（大阪大学名誉教授）

　竹村民郎先生の著作集全5巻が刊行完結となった。長年にわたる先生の学問的営為がこのような形で集大成されたことは、わが国の社会経済史、社会史、都市史、思想史等々多くの学界にとって大きな喜びである。関連学界は将来にわたって莫大な裨益を受けることになるであろう。

　先生と私の接点の場は社会経済史学会と経営史学会であるが、先生の学風はこの両学会でも異彩を放っている。経済や経営の領域を超える広く、奥行きの深い視野、ユニークなテーマ設定、丹念、執拗な史料・文献調査、そして深い思索。潤いのある文章で綴られるその論考はことごとく創見に満ちている。ここに竹村史学の魅力があり、到底敵わないという羨望が私にはある。

　ご夫人を亡くされて、日常生活の有りようが大きく変わられたに違いないと思われるなかで、多くの書き下ろし論文を含む大部の著作集の完成に専心された先生の学究姿勢にも深い感銘を覚える。我々は、先生からご研究の成果ばかりではなく、研究者としての不屈の、そして瑞々しい精神にも学ばねばならないと思う。

　というわけで、竹村先生の論考に批評を書くのは大変おこがましいのだが、ご指名であるので、あえて先生の「阪神間モダニズム論」について一文を書かせて頂くことにした。

　著作集Ⅲ『阪神間モダニズム再考』に収められた論考を読むと、阪神間モダニズムに対する竹村先生のアンビヴァレントな想いを感じる。先生は平生釟三郎、住友友純、武藤山治、伊藤忠兵衛、安宅彌吉、野村徳七、嘉納治兵衛などの実業家グループとその夫人たちによる地域コミュニティ創造活動を「従来の実業家にない構想力と自由な知性」を持った人々によってなされた「郊外移住者の立場を超え、とにかく村民との共通の生活体験をもとにして（た）生活改革」「ブル

ジョア・エリートや中産上層・中産階層の健康な郊外住宅地という『民主的』な居住空間に対する憧れや共感への欲求を育てあげ、阪神間における『郊外・交通文化圏』構築の方向を示した」として評価されている[1]。

　これらの実業家たちの社会文化活動をこれだけ幅広く、丹念に調査された事例を私は知らない。私などは、経営行動の側面に重心をおいて実業家の研究を進めてきたが、彼らの企業家特性、思想を知るためには、こうした非経済活動にも目を向けなければならないことを改めて教えられた。夫人たちの社交クラブ「木曜会」の記録を発掘され、その奢侈的消費のもつ意味を論じられていることも興味深い。この種の記録は経済史・経営史の研究では無視されがちであるが、アカデミックな素材とされたことに竹村史学の面白さがある。

　同時に、実業家たちや賀川豊彦、貴志康一らの行動を追う筆致は、次々と湧き出る先生の着想、洞察のプロセスをそのままの姿で伝えているかのごとくで、読む者を倦ませない。丹念な調査を踏まえての思索を文章で綴られるとき、それは先生にとって至福の時間であったろう。またご生家が船場の商家であり、いま阪神間にお住まいの先生にとって、阪神間に居を構えた大阪の実業家は共感を覚える存在だったのであろう。

　このように肯定的評価、共感を覚えられながらも、先生は阪神間モダニズムに対して批判的な眼も向けられている。「エベネザー・ハワードによる田園都市運動の疑似日本版」「ハワードの田園都市運動のコンセプトは労働者のための安価で美しい自然環境をもつ住宅を与えると同時に、その生活を安定させる工場地域（職住接近）を形成することであった。言い換えれば、バランスのとれた都市と農村の複合的結合であった。これに対して、住吉村のそれは、田園趣味と『共働互助』の精神にもとづく、独立自営の村づくりに公共心を発揮して参加するというものであった。だから彼らにあっては、居村改善運動は日本産業組合中央会（1904 年成立）の流れをくむ地域改革の域を一歩も出ていないという結果を示した」[2]。

　また、日本の田園都市構想（とくに 1907 年刊の内務省地方局有志による『田園都市』）については、ハワードの『明日の田園都市』に大きな影響を与えたラ

1　竹村民郎著作集Ⅲ、13 頁。
2　同上、12-13 頁。

スキンの人道主義経済学とモリスの社会主義的思想がまったく捨象されているとし、日本の田園都市構想はハワードの「疑似版」であったと評価されている。

　私は、実業家グループの地域コミュニティ創造運動によってモダンな生活文化圏が創り出され、生活革命のシナリオが提案された、しかし、それは19世紀末イギリスのハワードの田園都市構想とは疑似のものであった、という竹村評価は概ね説得的だと思う。しかし、先生のさらなる教示を得たい点もいくつか残った。

　第一は、阪神間モダニズムを評価するとき、比較のベンチマークを19世紀末産業革命後のロンドンに措くことの意味である。周知のようにハワードの「田園都市」（原語は garden city なので、正確には「庭園都市」）は産業革命後のロンドンの深刻な都市問題、労働問題の解決を背景として提唱された。つまり、産業革命によって膨張し、荒廃するようになった都市の成長を抑制するため、人口を3万人に制限し、各戸にいくらかの庭園を付し、職住近接で、住民の自治を基本とする自立都市、というのがハワードの描いた「田園都市」であった[3]。このように「ハワード」が産業革命後の都市救済策であったのに対し、1907年内務省の「田園都市」構想は、産業革命初期における都市への人口流出に苦しむ農村を都会的にして、青年を農村に引き留めようとする農村救済策（職住近接）の色彩が強かったと考えられる。さらに下って、阪神間モダニズムが展開するようになったのは、産業革命進行中の時期であり、ここでは居住地狭隘な産業都市大阪や神戸の人口を郊外に移し、電車などの交通機関によって毎日通勤させる、つまり分離された職と住の場を補完させあうことによって、二つの地域によって一つの都市機能を満たすことが構想されたのである。

　また、ハワードの「田園都市」は「自立都市」で、基幹となる産業と農業をもち、それ自体で循環系をもつ都市という構想であったが、3万人規模の都市でこれが可能であったかについては疑問が多く、イギリスをはじめその後の世界のニュータウンでは20万人以上の郊外ベッドタウン（職住分離）がむしろ基本となったとの評価もある[4]。

　このように、「ハワード」と「内務省」あるいは「阪神間」はそれぞれ産業革命進展の局面を異にしており、したがって政策課題も異なっていたこと、地理的

3　E. ハワード著・長素連訳『明日の田園都市』鹿島出版社、1968年。
4　東英紀・風見正三・橘裕子・村上暁信『「明日の田園都市」への誘い』彰国社、2001年。

環境に大きな相違があったこと、「ハワード」構想のフィージビリティに疑問があることなどを考えると、「ハワード・モデル」からの距離で阪神モダニズムを評価することについて、私などは慎重な立場を表明したくなるのである

　第二もこれに関連することで、「モダニズム」の意味についてである。国際日本文化研究センターでの竹村先生らの共同研究の成果である竹村民郎・鈴木貞美編『関西モダニズム再考』(思文閣出版、2008年)において、鈴木貞美氏は様々な「モダニズム」の定義を紹介しておられる。社会科学的な意味における定義としてどれが適切なのか、私には分からなかったが、「モダン（近代）」が「プリ・モダン（前近代）」と対置されるタームであることは確かなようだ。

　とすれば、地域モダニズムの研究は、他国の、あるいは理念型としてのモダニズムとの比較研究とともに、その地域の「プリ・モダン」から「モダン」への動態的プロセスにも大きな関心を払うべきではないかと思うのだが、失礼ながら碩学の竹村先生にして、そのあたりの目配りにやや不足があった気がする。先の『関西モダニズム再考』はユニークにして力作揃いの読み応えある論文集だが、ここでも、残念ながら「プリ・モダン」を視野に入れた考察はあまりない。

　なぜこのようなことを言うのかというと、実業家グループの地域コミュニティ創造活動と伝統的村落やそこに住んできた人々との関係はどのようなものであったのか、それが、前近代から近代への歴史の流れのなかでの「阪神モダニズム」の意義を考える上できわめて重要と思うからである。これについては次のような評価がある。

　「千何年かの長い歴史のなかで無変化に近いような生活をしてきた村々が、大正昭和の時代の伸展の大きな渦に巻き込まれて大都市生活圏内に入って来たとき、最初はその静かな環境がまず都会人の気に入られて……（彼らは）土地の人になりきった生活をしようとつとめたからそこには美しい交際があった。それがそのうちだんだん都会よりの移住者を増すにつれ、文化人の交際圏だけを作るようになり、……純粋な農村の姿が一つ消え二つ消えて交際も対立に代わっていくようになった。……この村の至るところは土地会社や建築業者に買い占められて……もうこうなると、どうやら都市の勝利らしい」[5]。

　ここに語られているのは、変わりゆく農村へのノスタルジアかもしれない、原

5　渡辺久雄『甲東村──変貌する都市近郊農村の記録』葛城書店、1942年。

住民の都会人への羨望かもしれない。しかし、そうしたものとの相克、対立、あるいは協調のなかで阪神間モダニズムが形成されていったことは確かであろう。大阪や神戸の市中から阪神間へ移住してきた人々やかれらのコミュニティは、伝統的な村落やそこに住む人々と断絶した存在、いわば「落下傘部隊」ではなかったか。実業家たちの肝煎りで作られた学校や病院、そして美術館などの文化施設は、地域住民の公共財だったのか、あるいは落下傘部隊のクラブ財（準公共財）に過ぎなかったのか、等々は阪神間モダニズムの「深度」を測る上で重要な問いかけだと思う。

　そのように考えるとき、社会経済史の世界で仕事をしてきた私には、摂津地方を含む畿内農村が先進農業地帯として、かつて盛行をしめした農業史・農村史研究の主対象となった地域であり、研究蓄積もきわめて豊かであることがすぐさま想起される。地主制に主たる関心があったこれらの研究とズレがあることは確かではあるが、まったく無関係というわけではない。前近代の先進農村地域におけるモダニズムの形成過程を既往の農村史研究と接合しつつ追究する、社会経済史的観点からすれば、これが「竹村阪神モダニズム論」を引き継ぐ一つの視座になるのではないだろうか、と思った。

　著作集の完結をお祝いする書物への寄稿としてはいささか礼を失する一文となってしまった。しかし、寛容なる先生はいつものようにお許し下さると思い、あえて思うところを述べさせて頂いた。先生の益々のご壮健とご健筆をお祈りする次第である。

「生活」へのまなざし

原 宏一
(思文閣出版取締役)

　竹村民郎先生とは、竹村先生と鈴木貞美先生の共編にかかる『関西モダニズム再考』(2008年、思文閣出版) 以来のおつきあいである。

　本書は、国際日本文化研究センターの共同研究を基にしたもので、その経緯については、著作集第三巻に収められた「「阪神間(関西)モダニズム」と私の立場」に詳しいが、関西モダニズムについて「建築史、美術史、社会学、歴史学(社会史)、文化人類学、情報文化論、科学史、文学、芸術学等のあらゆるジャンルの第一線の研究者がワッと集まって」行った学際的な共同研究であった。

　学際研究は焦点や問題意識が拡散しやすい。ましてや「モダニズム」自体意味が一定していない。本書では、冒頭に竹村先生の「「阪神間モダニズム」の社会的基調」(著作集第三巻所収)、掉尾に鈴木先生の「モダニズムと伝統、もしくは「近代の超克」とは何か」を配し、概念を整理している。

　私自身、それまでは「阪神間モダニズム」というと小林一三の阪急文化の印象が強く、その奥深い世界のほんの表面しか知らなかった。本書刊行時に広報誌掲載用に行った竹村先生と鈴木先生へのインタビューでも、最初に「モダニズム」とは何ですか？と聞いたぐらいだ。そのインタビューの通奏低音となって現れてきたのは、「阪神間モダニズム」における、伝統的なものと新しいものを組み合わせた知恵の先進性といったものであった。

　先生のご研究はしかし、決して美化はしない。一生活者やブルジョアの子弟、実業家にいたるまで、時代のなまの姿をあきらかにする。先進性を示しつつも、理想と実際、政治・経済との苦闘、限界がありのままに描かれる。その根底にあるのは、「生活」へのまなざしであろう。女性について多く論述されるのも当然である。

本書が刊行されてから7年。たった7年だが、われわれをとりまく環境は大きく変わった。日本の社会・政治は大きな変化を体験し、世界のなかでの日本の位置も変わってきた。先生は本書に収められた「「阪神モダニズム」における大衆文化の位相――宝塚少女歌劇と手塚治虫の漫画に関連して」（著作集第三巻所収）で「日本はソフト大国になりつつあるといわれている」とお書きだが、7年後の今、日本はソフト大国になったのか。言い切るのに躊躇するのはまさに私達出版人の責任でもある。

　先生が明らかにされた、阪神モダニズムを担った実業家達の、戦時統制経済下での挫折を思うにつけ、現在の暗雲立ちこめる世界と日本の前途を想起してしまう。

　しかしそれでは何も進まない。このようなときこそ、先生のなされた研究から学ぶことが大きいはずだ。やはりそこから始めるしかない。先生はこうもお書きになっている。

　「もう遅いと思わずに、」「関西モダンの魅力を、もう一度つたえてみよう。」
（「「阪神間（関西）モダニズム」と私の立場」）

阪神間モダニズムとカナモジカイ

安田 敏朗
（一橋大学大学院言語社会研究科准教授）

　第Ⅲ巻におさめられた「「阪神間モダニズム」の社会的基調」の内容はおおよそ以下のようになるだろうか。1900年代から、関西の実業家が静謐な住環境を求めて兵庫県武庫郡住吉村などの宅地開発をおこなう。居住者たちは社交クラブなどをつうじて自発的にネットワークを形成する（たとえばコープこうべにつながる灘購買組合など）。こうした活動が、鉄道網が発達し、通勤地域としての大都市の郊外が開発、拡大され労働者が余暇をたのしむためさまざまな施設が建設されていくなかで形成された「阪神間モダニズム」と総称される社会・文化的な生活スタイルの「社会的基調」をなしていった、と。

　居住者ネットワークを形成した錚々たる実業家の顔ぶれ（17-18頁）をみて、気づいたことがある。平生釟三郎（東京海上保険専務取締役、1866－1945）と伊藤忠兵衛（伊藤忠合名会社代表社員、1886－1973）がご近所さんだったということに（肩書きは引用元にしたがう）。平生と伊藤はカナモジカイの初期中核メンバーだが、それ以外にも接点はあったことになる。いや逆に、ご近所さんだからこそカナモジカイに関わっていったのだろうか。

　そう思って調べてみると、1920年11月に仮名文字協会（1923年からカナモジカイ）を設立した山下芳太郎（1871－1923）は住友合資会社理事であり住吉村に隣接する武庫郡精道村山芦屋に住んでいた。山下は外交官などとしての海外経験から日本語の機械化を痛感し、カナタイプライターの開発や横書きに適したカタカナ活字の考案などに、本業のかたわら精力的にかかわっていた。伊藤忠兵衛も、1909年から翌年にかけてのイギリス留学でタイプライターに衝撃をうけ、日本語をローマ字化しないと欧米にたちうちできないとの認識にいたり、ローマ字論者となって帰国していた。本業で接点がなかったとは考えにくい伊藤と山下であ

るが、1920年の正月二日に日本語の表記問題で一日中議論し、翌日も「山芦屋の天神さん」で議論をつづけてついに伊藤はカナモジ論者になったという[1]。そして伊藤は仮名文字協会評議員（のちにカナモジカイ理事）となった。正月早々なにをしているのだ、と思わないでもないが、伊藤と山下がご近所同士で親しくしていたことがうかがいしれる。山下は、すべての職を辞してカナモジ運動に余生をつぎこもうとした矢先、病にたおれ、精道村の自宅で息をひきとった。臨終にたちあったのは伊藤忠兵衛と星野行則（1870－1960）であった。星野も住吉村在住で当時は加島銀行常務取締役。フレドリック・テイラーの主著を1913年に『学理的事業管理法』として翻訳した人物である。労働者を効率よく科学的に管理する、という能率の思想を紹介したことになるのだが、それに関連して日本語表記についても関心をもち、職場が大阪で住まいも近い山下と親しくなったようである。

　また、平生八三郎は、本業のかたわら、あたらしい住宅地の子弟のための教育施設の設置運営にかかわり、それを甲南学園に結実させ、あるいは患者の立場にたつという理念のもとに甲南病院をつくるなど社会事業にも力を入れた人物であった（2.26事件後に組閣された広田弘毅内閣で文部大臣）。平生と山下とは高等商業学校（現・一橋大学）の同窓で旧知の間柄であり、カナモジ論にも接していたようだが、山下没後の1924年に突如として近所の伊藤の自宅にあらわれ、山下の主張に賛同したのでカナモジカイの理事にするよう20歳年下の伊藤に頼みこんでいる[2]。平生は漢字学習の時間を外国語学習にふりわけよ、という点を強調している。こうした実業家たちの脳裏には、能率あるいは競争といった時代のキーワードがあったのであろう。

　また、カナモジカイ機関誌『カナ ノ ヒカリ』の編集を担当するなど事務方をながくつとめた稲垣伊之助は甲南小学校の教員であり、山下とも親しかったのだが、山下没後のカナモジカイを支えるために伊藤忠兵衛の斡旋もあり甲南学園を辞職、専従となっている。

　平生の日記には住吉村の社交クラブ「観音林倶楽部」でおこなわれたカナモジカイ理事会に伊藤、星野、稲垣があつまったことが記されている[3]ように、住吉

1　『私の履歴書　経済人1』日本経済新聞社、1980年、380頁。
2　『伊藤忠兵衛翁回想録』伊藤忠商事株式会社、1974年、329-330頁。
3　『平生釟三郎日記　第六巻』甲南学園、2012年、227-228頁（1924年6月26日付）。

村に出現した実業家たちの住宅地は、カナモジカイにとって重要な場所であった（このときの理事は四名。平生、伊藤、星野で残り一名は日向利兵衛だった）。

　ふりかえると、カナモジカイが阪神間モダニズムの文脈で論じられることは、これまでなかった。そこで注意して資料をみてみると、理事の星野行則が銀行員でありながら国字改良という「高尚な趣味」をもち、カタカナ横書きの「ハイカラな」本（『恐ルベキ亜米利加　厄介ナル欧羅巴』非売品、1922年）を刊行した、などと揶揄まじりに評されてもおり[4]、ある種の「モダン」さをもっていたということもわかる。また、のちにテイラー協会日本支部長をつとめることになる上野陽一（1883-1957）は、星野と親しく、住吉村の住人ではなかったものの、いまでいう経営コンサルタント業を、大阪の中山太陽堂などを対象におこなうなどしていた。中山太陽堂の経営者の弟が社長をつとめるプラトン社はモダニズム出版社とも位置づけられているが[5]、上野もここから『能率学者の旅日記』（1925年）を刊行している。

　星野や上野だけではないが「科学的管理法」を重視し、平生のように労資協調路線を重視した経営者[6]にとってみれば、効率的に労働させ、鉄道沿線の郊外につくられた余暇を過ごす施設などで鋭気を養わせ、ふたたび効率的、能率的に労働に従事させるためのひとつの要具としてのカナモジ運動という側面がまったくなかったとはいいきれない。

　もちろん、労資協調路線は平生ばかりではなく国家全体としての方針であった。頻発する労働争議をまのあたりにした政府と財界とが、事業主と労働者の協調をはかるための融和策として「協調会」を設立したのは1919年のことである。こうした大きな流れの一環に、実業家中心のカナモジカイの運動を位置づけることは、ローマ字運動がより「高尚な」学理に流れていっていることを比べてみても、妥当なのではなかろうか。

　いいかえれば、テイラー主義にもとづく産業合理化が総動員体制への地ならし

4　NY生「銀行界人物月旦（三）　加島銀行常務　星野行則氏論」『銀行論叢』2巻1号、1924年1月、149-151頁。
5　小野高裕・西村美香・明尾圭造『モダニズム出版社の光芒——プラトン社の一九二〇年代』淡交社、2000年。
6　安西敏三編『現代日本と平生釟三郎』晃洋書房、2015年など参照。

をおこなったという竹村の議論[7]とあわせて考えたとき、1930-40年代に時局にぴったりと寄りそっていったカナモジカイの活動も理解が容易になる、ということである。1938年に財団法人化し、1944年末に改選・再選された役員は、下村宏（貴族院議員、日本放送協会会長）を会長にいただき、理事長を星野行則、常務理事を松坂忠則、理事21名、監事4名、評議員97名というかつてない大規模なものになっていく。役員は国会議員、大学教授、大政翼賛会総務、産業実業界からなど多岐にわたっている[8]。

さて、カナモジカイをめぐるこれまでの研究では、1960年の梅棹忠夫のルポが一定の水準を満たしているものと思われる。梅棹は「大阪で発生したカナモジ運動は、誇らかな町人の運動」であり「いわば陽気に、そして常識的に、運動を展開していた」とした[9]。ただ、ここまで登場したカナモジカイ関係者はすべて大阪出身ではないので、「大阪の陽気さ」で片づけようとするのには京都人・梅棹のある種の意図があるのかもしれない。ともあれ「経営合理化、事務機械化を遂行するうえに、利潤追求以外のどれほどの哲学があるかは疑わしい」[10]という指摘もあり、「大阪のブルジョワジー」の運動であることがもつ問題が明示されている点で、カナモジカイの本質をついたルポになっている。

しかしながら、「阪神間モダニズム」という要素をからませ、テイラー主義のいきついた先を考えあわせてみれば、こうした評価はやや一面的になるだろう。このときに梅棹に資料を提供したのが、大阪とも住吉村とも関係のない松坂忠則（当時カナモジカイ理事長）だったこととも関係があるだろうけれども。

漢字を障害とみなし廃止をめざす、現在も存在するカナモジカイの主張の是非を問うことはこの分量ではむずかしい。ただ、カナモジカイの主張の根拠となるものは、おそらく時代時代の要請をみすえ、それに応じようとするなかからでてきたものであるように思われる。近代日本言語史からみれば、カナモジカイは日本語の表記改良をめざす団体のひとつにすぎない、という見方がされてしまうの

---

7 「一九二〇-三〇年代、帝国の危機における天皇主義サンディカリズムの形成――産業合理化運動と産官軍連繫に関連して」、著作集第Ⅳ巻。
8 「財団法人 カナモジカイ 新役員名簿」『カナノヒカリ』279号、1945年2月、6-8頁。
9 梅棹忠夫「事務革命――日本探検（第五回）」『中央公論』75巻11号、1960年10月、135-136頁。
10 同前、136頁。

であるが、いまさらながら、よりひろい視点でとらえなおすことの重要さに気づかされたのが、竹村のこの論考であった。

　以上の話は、神戸元町、芦屋など「社会的基調」の現場付近で竹村さんと杯を重ねつつ考えたことをまとめてみたものである。などと書くととてもエラそうで、ヨッパライの考えることは所詮この程度、ということにもなるのだが、竹村さんとのお酒はいつも楽しく教えられることばかりである。はじめてお会いしてから三年ほどしか経っていないのであるが、日本植民地下朝鮮での中学時代の話をきちんとうかがっておかねばならない、と思いつつ毎度はたせないでいるのは、灘の銘酒と明石鯛のせい——正確にいえば、目の前にあると杯と箸がついついすすんでしまう、自分のせい——である。

阪神間モダニズムの再々考
来し方と行く末

前川 洋一郎
（老舗ジャーナリスト／老舗学研究会共同代表）

1. はじめに

　竹村大兄の大著「著作集Ⅲ　阪神間モダニズム再考」を拝読して、中途半端で無責任な感想・提言であるが、仲間入りしたくお許し下さい。

　執筆の動機は、第一に、大著は人文科学の立場で阪神間文化を鳥瞰している。筆者の亡父母が大正から昭和の初めに過したのが神戸・魚崎であり、筆者自身が魚崎・六甲台で高校大学を過し、現在は住吉に居住しており、感慨せまる郷愁がある。

　第二に、最近不動産の広告にやたら「阪神間モダニズム」の文字が登場する。何を訴求したいのか、意味不明の無責任な表現に驚くばかりである。

　第三に、地元に残る学校、ミュージアム、お屋敷の素晴らしさと共に、街の美しさ、住民の品の良さに感嘆する。

　先行研究は、建築史、美術史、文化史、郷土史の立場にたつものが多い。マクロ経済や企業経営史など社会科学からのアプローチが少ない。残念乍、竹村大兄の積み重ねた研究の深さと永年にわたる志の高さには、到底追いつけない。

　関西の政官財学のVIPは大阪沈没、関西低迷と叫ぶ前に、阪神間モダニズムを奥深く勉強すれば、取り組むべき方向がはっきりとみえてくる。是非おすすめしたいものである。

2. 阪神間モダニズムの来し方とおさらい

　①阪神とは、大阪と神戸のことであり、阪神間とはその中間帯（東灘、芦屋、西宮―別名「甲南」）が狭義である。一方、周辺を含む阪神地方（含む宝塚、川西、伊丹、尼崎）が広義である。

②阪神間モダニズムとは、阪神間のライフスタイル＋阪神間発の近代化の総合的表現である。大阪なにわ船場の老舗文化＋港神戸のハイカラ西洋文化の融合昇華が母体である。単純な欧米模倣ではない。シンボリックなイメージものではない。

③大阪商人の別荘郊外住宅地としての発展と、港町神戸の洋風文化の浸透があり、大正デモクラシー（民主・大衆化）と大正モダニズム（洋風・近代化）をバックとして生まれた、明治末から昭和はじめの近代ライフスタイルを「阪神間モダニズム」と後づけしたのである。その中身は、住宅建築、生活様式、美術、文学、娯楽、スポーツ、茶道、写真、社交、公共物、ホテル、消費、学校、病院……全ゆる面で当時日本の最先端である。今もその品性と文化性は住民の互助努力によって保たれている。

3. 阪神間モダニズムの発生と現場

①大大阪の成立と郊外化

大大阪とは、面積・人口ともに日本一で、市民の所得収入が全国平均の2倍以上となり、「東洋一の商工地」といわれた大正14年から昭和7年までの大阪全体のイメージのことである。

関東大震災後の供給基地としての活況と私鉄、地下鉄、市電市バスの発展、そして、御堂筋、築港、大阪城など、ハードインフラの整備が見聞される。

市場、病院、職安、住宅、市民館、民生委員、産院、託児所、宿泊所、大阪商科大などのソフトサービス面の充実も高く評価されていた。

こうした政策と近世以来の船場商法がミックスして大大阪へと発展した。その発展で住宅地不足、公害による環境悪化、そして私鉄の沿線開発の三つが重なり、人口の郊外移動は急速にすすんだのである。

阪神間への、資産家、中流家庭の移動が阪神間モダニズムの導火線となった。戦中の大空襲で、船場の生活文化は一層阪神間シフトがすすんだのである。

②港神戸の東への重心移動

港神戸は、関東大震災の頃日本一の港となった。戦後には株式会社神戸といわれるほどの巧みな公共政策で街づくりに成功した。

ハイカラ、おしゃれの言葉がぴったりの文化都市で、日本有数の住みよい、住み続けたい、行ってみたい、よそ者歓迎の都市である。

歴史的に、須磨―兵庫―新開地―神戸―元町―三宮へと街の重心が移動しており、益々生活・教育面の阪神間への依存は大きくなっていく。

結果、大阪と神戸がサンドイッチにして興隆してきた阪神間で、モダニズムが大きく百花繚乱するのである。

③阪神間の成立と共通点

その端緒は、御影・住吉ではじまったお屋敷街であり、火付け役となる大正から昭和にかけての阪神地方財閥の誕生を看過できない。大大阪と港神戸からえられる富を阪神間に移転し、それが文化となったのである。

大大阪の煤煙をきらってきたから、工業振興に力が入らないし、宅地の狭い神戸から移住してきたから、庭付戸建て住宅をのぞんだ。

全国屈指の所得水準で、高い街の品格をのぞんでおり、通勤通学消費は大阪・神戸に依存する高級住宅都市群となったのである。

阪神間の共通点は、
- 一、中世近世までは農漁業で低所得地域、交通・産業は、西国街道と港そして酒造業
- 二、近代からは、山と坂と海の町で、国鉄、阪神、阪急、バスの充実した高所得地域
- 三、昭和以降は、都会の混沌と公害から逃げてきた住民が中心で、産業に無関心、街の品格に神経質
- 四、私学多く、教育文化レベルが高く、戦後も阪神間モダニズムを引きづる高級住宅地

4. 阪神間モダニズムの総括と行く末

①大阪と神戸のサンドイッチによる成立と功績

日本でもまれな広域な文化サロン地域を産んだ阪神間モダニズムの功績は、
- 一、郊外リゾート文化の誕生と社交サロンやクラブ活動が活発なコミュニティの成立
- 二、職住遊分離による専業主婦の女性文化の誕生（男性企業家の大阪神戸の財界活動との分離）
- 三、大阪船場のだんさん文化と神戸のハイカラ文化の融合による新しい阪神間文化の誕生

四、富裕層の相互協力のメセナ・フィランソロピィによる地域インフラサービスの充実（ミュージアム、病院、生協……）
　　五、良質私学の開学により、ぼんぼん文化、お嬢さま文化の醸成と文化継承者の育成

②大阪と神戸の衰退による危機と今日の課題

　戦前の神戸は阪神大風水害にあい、大阪は公害問題で悩まされ、戦時中は共に大空襲にあった。戦時下の中央統制と重化学工業化の遅れ、そして戦後のメディアの中央発信、業界団体の東京集結、それが企業本社の東京シフトを促したのである。

　大阪は、万国博で盛り返しを図ったが、新幹線のストロー効果と工場等立地制限法による工場や大学の府下・地方移転と職住分離が進行した。バブルショック、リーマンショックをへて、中小企業がメインの都市となった。

　階層も上がいなくなり中と下の格差が拡大、市民が気を許している間に、湾岸開発、大阪五輪騒ぎで財政悪化、上方文化のローカル化、食文化のBC級化が進行し、関西空港も頑張らねばならず、大阪の統治力は低下し、「もうかりまっか」文化の残りかすとなり、都市イメージは低落したのである。

　神戸はポートピア博で盛り返しを図ったが、港湾依存産業が弱体化し、とんがりのないファッション町となり、「かっこよい」文化の燃えかすとなった。

　そこへ阪神大震災がおそい、神戸空港、六甲山手開発のツケがのこり、人口減少と加齢化に悩んでいる。

　そこで大阪は「大阪都構想」を議論し、神戸は医療産業を柱として「新まちづくりビジョン」をかかげている。

　阪神間は今だ日本有数の高級住宅地であるが、大阪と神戸の引き手の衰退で、モダニズム創出と維持のエネルギーが枯渇しかけている。東京一極集中の影響もあるが、今や阪神間はモダニズム遺産をうまく活用して、生き延びている文化地域といえる。

　今日の課題は、
　　一、モダニズムの第三～四世代の高齢化と世代交替
　　二、働き手の東京移住と大阪神戸の沈下による富裕層の減少
　　三、六甲アイランド、南芦屋浜の活用と、西宮北口への過度集中の心配
　　四、お屋敷の壊滅、ミニマンションの増加に対する街イメージ品格の維持

③行く末と提言

　関西を語る時に、京阪奈学研都市、関西空港、大阪では大阪五輪の後遺症（大阪湾の三島）を忘れて梅北とカジノが話題になる。しかし南低北高が進行し、ミナミの凋落、船場の中抜けが心配である。

　神戸は従来の西低東高が一層進んでいる。三宮再開発で楔を打とうとしているが、HAT、六甲アイランド、芦屋浜の開発成果をかりとる前に、重心が西宮北口へ飛び越しつつあるように思える。

　関西州、関西広域行政や大阪都構想が議論されているが、筆者は、思い切って、旧摂津の国の復活を提言する。大阪府を解体し、堺、和泉は和歌山県に、河内は奈良県に、兵庫県を分割して、神戸市とその他にわける。新しい摂津県は高槻、茨木、池田、豊中、大阪市内（船場）、阪神間の宝塚、川西、伊丹、尼崎、西宮、芦屋、そして神戸市で構成する。

　話題の二重行政は解決するし、東京をライバルとせず、京都、摂津、兵庫、奈良で独自性を発揮すればよい。

　摂津県の中心は西宮か千里丘陵がよいのではないか！　この摂津国復活の「大阪神間構想」はいかがでしょうか！　関西の各所でも聞かれる説である。

　竹村大兄の阪神間モダニズムを勉強して、行き着いた先がこれである。

5.　おわりに

　大阪は大大阪のあと、上昇志向を放棄し懐古自虐趣味におちいった。食い倒れ、食い道楽と自他ともに認める食文化が、BC級の粉もん文化に主座をとられつつある。上方伝統芸能も歌舞伎、文楽、舞、能狂言が、吉本中心の大衆エンタメに浸食されている。

　神戸は株式会社神戸市の挫折、神戸空港の負い目が残り、神戸発、神戸初といわれるベンチャー・オリジナルの誕生が少なくなっている。東アジアにおける神戸港のウエイト低下は残念である。

　阪神間の人材は、三世四世にかわり、東京へ移りつつある。かわるアントレプレナーがでてこない。阪神間には起業創業のマグマ、イノベーションがなくなったのか。

　今一度、大阪神戸、阪神間の人々は「阪神間モダニズム」を勉強してはどうであろうか。アンチ東京や東西複眼にこだわっている内に、世の中はかわってし

まったのである。努々(ゆめゆめ)東京の「と」も意識することなかれ、まさに竹村大兄の論文は、その為の貴重な「師」である。

以上

関西モダニズムと向日町

高木 博志
(京都大学人文科学研究所教授)

　竹村民郎氏の著作集Ⅲ『阪神間モダニズム再考』を読ませていただいた。
　私の本籍地はJR大阪駅北側の旧本荘村豊崎である。1925年生まれの父やその弟たちが、1930年代に母親に連れられて阪急百貨店の大食堂に行ったり、浜寺海水浴場へと揃って電車に乗った話を聞いた。能勢電鉄沿線の平野が母親の実家で、よく遊びに行き松茸を食べたという。なるほど竹村氏が指摘するように、浜寺は男性本位の遊興施設は廃された、「清潔な家族主義」の場であったことが著作からわかった。日中戦争で戦時色が強くなるまでの、1920～30年代の関西モダニズム、大衆文化、すなわち竹村氏のいう「人文的世界」を、父と七人兄弟姉妹は一身に受けて育った。父の実家は、幕末から明治にかけての土地集積で豊かな農家となり、昭和戦前期には豊崎周辺の工業化、都市化とともに多くの家作ももっていた。祖父は京都帝国大学医学部出身の医師であり、北野中学の同期には中津の寺の画家・佐伯祐三がいたし、刑法学者・滝川幸辰(ゆきとき)の主治医であったという。淀川のすぐ南に大きな屋敷があり、淀川を隔てた木川村や浜村の旧家とも姻戚関係があった。明治後期の淀川改修前の中津川(後の淀川)は、対岸がすぐであり、簡単に渡しで行き来したという。大塩の乱のうわさや幕末の蒸気船を堤防で見た話を曾祖母は語ったという。私の祖母の実家は、能勢の平野で日本最初のサイダー、平野水を作った家。神戸租界の人力車夫であった高祖父は、イギリス人を客に乗せて能勢の天然炭酸を紹介し、共同で事業をはじめた立志伝中の人である。大正初年に、祖母は京都府立第一高女を、妹と共に寄宿して卒業している。省線に隣接する建物疎開と大阪大空襲をへて、戦後の混乱の中で、豊崎にあった家族は没落し四散してしまった。私は吹田市内を転々として育ったが、その生活圏が阪急沿線にあり、休日にゆく百貨店が梅田の阪急、阪神であったことも、父

親の生い立ちと阪急「交通文化圏」に由来すると思う。

　竹村氏の阪神間モダニズム論で印象的だったのは、日本の大衆社会状況を、関西が牽引したという点である。また阪急「交通文化圏」が、宝塚少女歌劇や温泉、ハワードの田園都市構想をうけた郊外住宅設計、そして余暇には自然と親しむハイキングなど、1920年代の先進的なモダニズムとしてあったことが魅力的である。しかも阪急沿線には、南海や京阪や大軌（のちの近鉄）などの沿線には不可欠であった、労働者余暇の対象であった遊郭は立地しなかった（させなかった）。

　竹村氏が紹介する、木曜会の加賀正太郎夫人も通った茨木カンツリー倶楽部は、私が編纂する『新編茨木市史』でもとりあげた。加賀正太郎が蘭を育て三川合流を見下ろす大山崎山荘は、民芸運動のパトロンであった山本為三郎の民芸コレクションが展示されておりよく足を運ぶが、心安らぐ美術館である。それらは関西モダニズム論で重要な場であった。

＊

　私は竹村氏の仕事を受けて、居住する京都府旧乙訓郡で、古くからの町場である向日町を、関西モダニズムの事例として付け加えたい[1]。その際、2014年に向日市文化資料館で行われた特別展「昭和の向日町と文人」の図録に素材を取った。

　1928年11月の昭和天皇の大礼に合わせて、淡路－西院間に新京阪鉄道が開通、東向日町駅と西向日町駅ができた。

　竹村氏が論じるように、1920年代に、モダニズム、大量消費社会が現れた。その一方で、明治以来の欧米文化の輸入だけではなく、日本やアジアの独自な文化への模索が始まった時期でもあった。民衆の生活や日常品にも美を発見していった。白樺派の印象派受容から始まった柳宗悦が、次第に民芸運動へと脱皮していった軌跡は象徴的であろう。関東大震災後の1924年に、柳は京都に移住し吉田山西麓に住み、1927年には上賀茂民芸協団をつくった。関東大震災を契機として、柳の他にも、谷崎潤一郎や岸田劉生らも京都に移住し、新たな文化交流がもたらされた。また村上華岳や土田麦僊らが1918年に、文展に対抗して自由な創作を尊重する国画創作協会を結成し、1928年には奈良県安堵村に帰郷していた富本憲吉らが国画創作協会工芸部を新設した。

　1927年に朝鮮に渡った陶芸家の河合卯之助が、朝鮮南部の公州に近い鶏龍

1　図録『20世紀のむこうまち』向日市文化資料館、2002年。

山でみたのは、力強い飛び魚文であり、刷毛目の技法であった。すでに柳は、1924年、ソウルに「朝鮮民族美術館」を開設していた。卯之助は朝鮮から帰るとすぐに、京都近郊に鶏龍山と「同じ土質の地を見出し、向日窯の開拓」へと向かった。そして1928年、卯之助は「向日町の茶畑と、竹藪と、柿や、梅の林の地を求めて、竹を伐り拓いて窯を築き、茶畑を入口にして、なるべく柿や、梅を保存して、家を建てた」[2]。押葉文様も向日町の自然がもたらした産物である。豊かな自然に囲まれた生活に、自作の陶器と、夫人の手づくりの料理とがあいまって、向日町寺戸には、魯山人の星岡茶寮のごとく文化サロンが形づくられた。吉川英治、歌人の川田順、陶芸の富本憲吉・近藤悠三、版画の川西英、未完の乙訓郡史を執筆した井川定慶、美術史家の中井宗太郎、正倉院事務長の和田軍一など、多彩な交流があった。戦後に「天平の会」を主催した東大寺観音院住職・上司海雲も向日窯の常連であった。

　新京阪開通を見越して交通の便が良くなることも、1928年に河合卯之助が向日町に移住した理由であった。そして1929年から、植野と鶏冠井にまたがる約3万坪の土地が平均10円で買収され竹藪が切り開かれ、新京阪電鉄による西向日住宅の開発と分譲がはじまった。円形の噴水公園を中心に規則正しく区画されたモダンな住宅は、まさに大正期の阪急「交通文化圏」を嚆矢とする郊外住宅開発の一つであった。街路には、白秋の詩のごとくアカシア並木やモダンに花だけが豪奢に咲くソメイヨシノが続き、旧村の広がる向日町地域ではじめての上水道が整った。1926年に分譲開始された噴水を中心に放射状に広がる阪急千里線の千里山が、西向日住宅の直近のイメージとなった。千里山から西向日に引越してきた世帯もあった。1937年に西向日住宅に茅葺山荘を建てた、清朝考証学を引き継ぐ中国文学者・狩野直喜は、1940年のナチスのパリ占領のとき、「パリは陥落しても、フランス文化は滅ばず」と言い放った[3]。京都の市域でも、大正期には大京都へと都市計画が進むなかで、北白川・下鴨、南禅寺下河原などが郊外住宅として開発された。

　ダンテ『神曲』の翻訳者であり、ウィリアム・ブレイクを研究する英文学者の寿岳文章・しず夫妻が、章子・潤姉弟を連れて西向日住宅の民芸風の家に引っ越

2　河合紀編『河合卯之助遺文』用美社、1983年。
3　宮本ヱイ子『京都フランス事始め』駿河台出版社、1986年。

してきたのは 1933 年 6 月である。寿岳文章は、関西学院大学で盲人の学友岩橋武夫の妹静子と知り合う。1919 年末から翌春に、兄武夫のエスペラントのつながりで、岩橋家は、盲目のロシア亡命詩人エロシェンコの滞在を受け入れた。真宗寺院に生まれた寿岳は、卒業論文に、白樺派の柳宗悦によるブレイクに関する著作を読み、芸術を信仰で結ぶブレイクの研究を通して柳と親交を重ねてゆく。1927 年に京都恩賜博物館（現・京都国立博物館）で、寿岳が柳とともにブレイク展を開催した時、神戸から「毎日のように会場にあらわれ、日の暮れるまで」ブレイクに魅せられていたのが、仏教に題材を採り静謐な日本画を描いた村上華岳であった[4]。寿岳文章は、河合卯之助と親交があり、寿岳邸には、柳をはじめ芹沢銈介、河井寬次郎、バーナード・リーチなどの芸術家や学者が訪れ、同人誌『ブレイクとホヰットマン』を定期刊行した。アジア・太平洋戦争下においては、夫妻で和紙の調査にのめりこみ、紙漉村を巡って、手彩飾の向日庵本を作った。柳宗悦は寿岳を尊敬した。

　そのほかにも、水上勉の『櫻守』のモデルとなり、御母衣(みぼろ)ダムに沈む荘川桜をはじめ全国のヤマザクラや枝垂れ桜など日本固有種の桜の保護に尽くした笹部新太郎が、1935 年に向日町に桜苗圃もつくるのも、河合卯之助の紹介によった。また伝統医薬学の研究をおこない、椿の研究や美術品の収集に打ち込んだ渡邊武も、河合卯之助と親交があった。渡邊は、1941 年に武田薬品工業研究所に入社して、その後、西向日住宅に住み、関学に通う寿岳と新京阪で車中をよく共にした。

　西向日住宅に代表される郊外住宅は、モダニズムの文脈でだけ語られがちである。しかし向日町で昭和初期に花開いた文化は、欧米の教養をもった文化人や知識人が、日本やアジアの独自な文化にも目を向け、身近な民衆の日常の美に目を向けたものだった。彼らは、向日町の自然や営みの中で、朝鮮の陶芸や民芸に感化されつつ陶芸を制作し、ブレイクに宗教と芸術の融合をみて、紙漉の研究や手彩飾の制作にとりくみ、日本古来の伝統種の桜を苗圃で培養し、椿に表現された日本美術を追究した。そうしたモダニズムとともにある伝統文化への模索が、昭和初期の最先端の芸術や学問であったように思う。

　竹村民郎氏の政治史・経済史、そして社会運動史の骨太な基礎のもとに展開される大衆社会やモダニズムの議論を、自分なりに受け止めてゆきたい。

4　寿岳文章訳『ブレイク詩集』岩波文庫、2013 年。

『阪神間モダニズム再考』を読んで

瀧井 一博
(国際日本文化研究センター教授)

　不明を恥じるが、竹村先生のことは存じ上げなかった。2007年に国際日本文化研究センター（日文研）に採用されてから、日文研のホームページなどでこれまでの共同研究会の一覧を瞥見して、多くの研究会に参加されていることを知った。「日本のモダニズム——関西を中心とした学際的研究」と題した研究班では、その成果を鈴木貞美先生（日文研名誉教授）との共編で『関西モダニズム再考』（思文閣出版）として刊行されている。

　それまで前の職場のある神戸市西区に住んでいた私は、日文研への転職を機に、阪神間の西宮に引っ越した。妻が神戸大学で働いているので、そちらに居住地を合わせたのであるが、それとは別に、「関西で住むなら阪神間」というミーハーな意識もあった。そのようななか、前記の共同研究会を知った。早速、『関西モダニズム再考』を買い求め、興味深く一読した。谷崎潤一郎の『細雪』などを通じて、戦前のこの地域に豊かな文化の蓄積と開花があったことはうすうす知っていたが、この本にはその実態と多岐にわたる展開が縷々論述されており、まことに興趣尽きなかった。

　そういうわけで、竹村先生の名前は鮮明に脳裏に刻まれたが、面識を得たのはほんの数年前である。確か鈴木先生の高弟で舟橋聖一の研究で瞠目すべき成果をあげられた石川肇さんが日文研のコモンルームかレストランで紹介してくださったように記憶している。「あなたがタキイさんか」と声かけていただき、何でも拙著をすでに読んでくださっていたそうで、しきりに激励の言葉をかけていただいた。私は、風貌と弁舌から、立川談志師匠からお褒めにあずかっているようで、ただただ恐縮した。

　ちょうどハーバード大学に在外研究に出かけることが決まったころで、かつて

ハーバードに滞在されていたことのある先生から、色々とアドバイスを頂戴した。先生はドイツとも研究生活上ゆかりがあり、もともとドイツ屋であった私とはその点でも話が合った。そのようなひょんな縁がもとで、浩瀚な著作集のご恵与も賜った。ここでは、そのなかでも、第三巻の『阪神間モダニズム再考』の読後感を記し、先生の謹呈論集への寄稿の責をふさがせていただきたい。

　この本には、まさに長年阪神間に住み慣わし、この地域のモダニズムという文化の形を体得し体現したかと思われる先生の学殖というものが、横溢している。阪神間の住人初等生である私は、ページをめくるたびに、いま生息している地の随所で、いかに先人たちの思想と実践の現れとしての文化事業が多彩に展開されていたかということを次々に発見し、愉悦を味わった。しかし、このように書いては、本書の価値を貶めることになりかねない。単なるお国自慢や自治体史の補論のように捉えられかねないからである。本書には、確かに、宝塚歌劇、ゴルフクラブ、高校野球、手塚漫画など阪神間に花開いた目くるめく文化活動の様々な位相が次から次へと紹介され、さながら近現代日本の余暇レジャー史の一大パノラマを眼前にするがごとくである。だが、本書の意義はそれにとどまらない。ここには、そのような文化事業の数々を可能にした歴史的社会的背景への考察とその理論化の萌芽が認められる。私の問題関心から、それを以下の三点にまとめてみたい。

　第一は、マックス・ヴェーバー批判である。周知のようにマックス・ヴェーバーは、『プロテスタンティズムの倫理と資本主義の精神』のなかで、西洋における資本主義の成立の精神的要因として、奢侈を禁欲し勤労を旨とするプロテスタンティズムの倫理が絶えず利殖を生み続ける資本主義下の人間の心性と生活態度を生み出したことを論じた。ヴェーバーのこの議論は、彼の同時代人であるヴェルナー・ゾンバルトの学説を論破しようとして生み出された。ゾンバルトは、資本主義の生成における贅沢や嗜好品を求める経済活動の重要性に注目した。生産よりも消費のほうに、ゾンバルトは注目した。両者の議論の妥当性について論じる準備は筆者にはないが、ヴェーバーの議論がプロテスタンティズムの倫理が社会的な規律化をもたらし、人間の精神を拘束する鉄の檻と化すというペシミスティックな帰結をもたらしたとすれば、ゾンバルトの議論はそのような制度化の外縁で展開される人間文化の"遊び"の側面に力点を置いたものといえよう。竹村先生の視野も、そのような人間性の不可欠の構成要素である"遊び"を経済学や学問一般のなかに復権させようという問題意識の所産なのではなかろうか。

第二は、アントルプルヌールシップの評価である。言わずと知れたことだが、戦前の阪神間は有為な実業家の宝庫であった。商都大阪の息吹きが健在で、その喧騒を逃れるかのように、当の経営者たちは阪神間に居住して魅力的な郊外文化、田園都市を形成した。本書を紐解くと、小林一三、平生釟三郎、武藤山治、伊藤忠兵衛、嘉納治兵衛、広岡久右衛門、水野利八などなど綺羅星のような企業家群像が展開される。かつて日文研の研究会で野中郁次郎先生から聞いたことであるが、一流のアントルプルナーとは、単に利潤を生みだすだけではなく、人々のライフスタイルを作り変える存在であり、その意味で文化の創造者なのである。スティーブ・ジョブスは、まさにそのようなアントルプルナーだった。翻って本書を読めば、地域に密着した企業家が、土地を切り開き、人々を呼び込み、郊外型生活というライフスタイルを作り出していったことが知られる。彼らはまさに、文化を創り出した真のアントルプルナーだったといえる。

　第三は、政治の役割である。本書において望蜀とすべきは、民と官ならびに政とのつながりが見えにくいことである。もちろん、著者がそのことに無頓着なわけではない。そのことは、「一九三一年、浜口内閣の崩壊後、自由通商の旗幟は鮮明さを失っていった。この時期平生とその同志たちの実業家による地域コミュニティ改革が、国家戦略の転換と結びついた政党政治路線とかかわることによりどのように変わっていったかは、一九三〇年代におけるブルジョアリベラリズムの性格や、「阪神間モダニズム」の潮流の変化を展望するうえでの基本的な問題となる」[1]と重要な問題提起としてあることからうかがえる。

　本書の企業家たちはいずれに"つなげる"人々だった。自分の事業を様々なかたちに展開させることで文化を生み出し、人々をつなげてきたのである。彼らが作り出したネットワークのなかで、政治はどのように関与していたのだろうか。実は私は、政治のひとつの存在意義は、まさに"つなげる"ことにあるのではないかと思案している。ローカルのなかに逼塞している知や文化をすくい出し、それらを国家的地平でつなぎ合わせることに政治のひとつの役割があるのではないかとの想念である。竹村先生は政治史にも造詣が深い。そのような問題関心から、著作集の他の巻を精読していきたい。

1　「「阪神間モダニズム」の社会的基調」竹村民郎著作集弟Ⅲ巻、75頁。

半世紀に及ぶおつきあい

村上雅盈
（歴史教育研究家むうさん）

　1966年だったと思いますが、東京教育大の大塚史学会学生部会が紀元節復活反対運動のひとつの取組として講演会を企画し、その講師の一人として竹村先生をお呼びしました。この講演会で私は初めて先生を知ったのです。
　日本史が好きでそのテストの点数がよかったことが主な理由で、私は史学科に入学して高校の日本史の先生になることを夢見るようになりました。一浪して運良く合格しましたが、史学科学生としてはきわめて呑気な動機で入学した私ですから、歴史学の現状についてはド素人でした。
　そんなわけですから、当時の私は何も知りませんでしたが、先生は『職場の歴史』や『現代史の方法』などが語るように、国民的歴史学の創造を真剣に模索する若手研究者の一人だったのです。
　紀元節復活反対運動は歴史学のあり方の質が問われているわけで、その講演会の講師を選ぶ際に、先生に講師を依頼した学生部会の担当者の眼力に敬服いたします。
　その講演会が終わって、たまたま帰りが同じように中央線の武蔵小金井駅下車ということで一緒に帰ることになりました。もし、帰る方向が異なっていたら、その後、今のような長いおつきあいをいただくことにはならなかったと思うと、不思議なというか運命的な出会いでした。電車のなかでいろいろな会話を交わし、知己を得ました。そのようなご縁で、たしか卒業論文を読んでいただき、何カ所か評価されたことを記憶しています。
　大学院に入ってから、先生や大学院先輩の伊藤晃さんの共同研究会の末席に参加させていただきました。しかし、不勉強なただ元気のいい反帝・反スタ気味の学生にすぎなかった私には、先生や伊藤さんたちがマルクス学の新しい地平を追

求しているなどとはちっとも理解できていませんでした。だが、私は研究会の後の飲み会になると俄然張切り、ほろ酔い気分で先生と一緒の帰路をたどるときの会話でますます意気投合していきました。

　1968年（？）だったと思いますが、その年の夏休みに、どんな経緯だったか覚えていませんが、先生と一緒に瀬戸内海に浮かぶ私の田舎（父母の郷里）因島へ旅行をしました。因島北部の白滝山に登ったとき、私が村上水軍の見張り役になったつもりで眼下の海路を見張っていると、先生は西のかなたを眺めながら、「……天草四郎の眼が光る」と一句捻りました。瀬戸内海の島の頂きから西方を眺め、その眺望のなかに天草四郎の眼の輝きを感知するこの人に、私はスケールの大きなヒューマニティーを感じました。自由を求める名もなき人々への心からの連帯の表明です。これが私にとって、先生との長いおつきあいの原点だったと、今でも覚えています。

　さて、帰路、私は尾道で先生と別れました。私は倉敷によって結婚したいと思って交際している女性の両親に会って、その許可を求める予定があったのです。一緒に帰るものと思っていた先生は、ホームに立って手を振っている私を見て、車窓の中で呆然としていました。でも、この私の行動が一つの刺激となって、先生は由紀子さんと一緒になられたと聞いています。

　その後、私は念願が叶って都立高校の社会科の教師になりました。授業の準備・担任業務や生活指導などの校務・野球部顧問などの日々の仕事に「熱血教師」振りを発揮して頑張っていましたが、先生の住居と近いこともあって、月に二回は先生のところに伺っていろいろな歴史学の話を聞かせてもらったり、ヘボ将棋を指したことを覚えています。

　この時期のエピソードの一つを紹介しましょう。先生がアメリカの大学に長期留学することになり、由紀子さんと一緒に日本を旅立ちました。半年ぐらいたってから、先生から大学の外国人同僚に煎餅というものを理解させたいから、小平で有名な田村の煎餅を送ってくれという手紙が来ました。外国に小包など送ったことがない私は苦労してこの依頼を達成しました。

　先生が埼玉県の鶴ヶ島に転居されるとき、私は免許を取ったばかりだったのですが、途中初めて高速道路を運転してお母様と由紀子さんを小平から鶴ヶ島まで送りました。私はハラハラドキドキしながら初めての高速道路を運転していた

のですが、ふとバックミラーを見ると、後部座席でにこにこしているお二人の笑顔が映っていました。今でも鮮明に想い出します。そんな訳で、鶴ヶ島にも月に一回は車で片道一時間半をかけて出かけていき、歴史学の話を伺ったりヘボ将棋を指しました。

　先生が芦屋に移られてからは、倉敷の近くの早島に連れ合いの実家があったので、盆暮れの帰省に付き合って帰るとき、時間に余裕があれば途中で芦屋に寄り、由紀子さんの手料理をいただきながら先生との歓談を楽しみました。

　長いおつきあいの原点は、先生の大きなヒューマニティーへの共感と、とにかく意気投合したことです。

　そんなわけで、このたびの三元社による先生の著作集出版についても、少しお手伝いをさせていただきました。Ⅲ巻に収録されている「木曜会記録」の原本は芦屋で先生が保管していたものですが、一目見てこれは世に出す必要があると思いました。墨書草書体が殆どで、しかも記録者が次々に変わり字の癖も変わるのでそのリライトは大変でしたが、変体仮名からおさらいをして、半年ぐらいかけて仕上げました。そんなお手伝いができて嬉しかったです。

『独占と兵器生産』が書かれた時代

伊藤 晃
（日本近代史研究者）

　竹村民郎氏がまとまった著作をはじめて世に問うたのは『独占と兵器生産』（勁草書房）で、1971年のことだ。その内容（今回の著作集では第四巻と第五巻に分けて収められている）が書かれたのは60年代の半ばから70年代の初頭。まだ学生だった私が竹村氏と知りあったのはちょうどそのころで、だからこの本は氏の多くの著作のなかでもことになつかしく、そこに示された基本思想にはいまも共感を禁じ得ないものがある。

　だが、私がこんにちまで竹村氏を現代史研究の大先達としてそのあとを追ってきたのは、たんに私情からのことではない。それは時代にかかわることなのだ。1960年代は、日本のマルクス主義、またマルクス主義歴史学にとって、重大な転換期であったのである。

　戦前以来日本近代史研究は、マルクス主義の影響下で枠組を作ったといってよいが、そこには重大な理論的弱点があった。それは一口にいうと、経済決定論である。

　本来マルクス主義歴史学の核心は、現実社会の歴史を全体として構造的にとらえる方法論であって、それはマルクスが、社会・経済的な現実のなかにおかれた人間集団が、そこでの矛盾を意識し、戦い抜く歴史的実践過程・変革過程の理論を作ろうとしたことから来る。そこでマルクス主義歴史学は、そうした人間集団の意志的行動が展開されるイデオロギー過程・政治過程を総体としてとらえうる、そうした歴史学として登場したはずであった。

　ところがマルクス思想が「マルクス主義」に定式化される過程のどこかで、変革の理論が、すべてを経済過程から解釈する理論におきかえられた。この、すべてを経済過程の反映としてとらえる決定論あるいは宿命論は、人間の意志的行動

を歴史的に理解する上でも無力を露呈したのであった。このことは、1950年代の日本でも、マルクス主義歴史学は人間を描けない、政治過程をとらえられない、という批判を流行させた。「人間」を観念のなかに閉じこめるのでなければ、それにどう答えればよかったか。

　ちょうどそのころ、決定論的マルクス主義を領導してきたスターリン主義が批判されはじめた。それは近代史学の問題としていえば、ことに、20世紀資本主義の生産体系や支配方式をとらえられない化石化した理論を抜け出さなければならないということだ。

　さらに、たまたまこのころの日本では、マルクス主義歴史学は、戦後日本共産党の影響下での政治主義的独善・興奮の「憑き」が落ちたような状態であった。若い歴史学徒の思想は揺れていた。私が59年に大学に入ったところ、上級生たちに「政治の季節は終りだ。本当の勉強に戻るときだ」という空気があって、アカデミックな口調で議論をしていたことを思い出す。

　いずれにせよ反省期だったのだ。しかしこの「反省」は実に重いものであって、多くの人はマルクス主義の根本的立て直しという課題に耐えられず、10年程たってみたら、知識人世界にあふれていたマルクス主義者たちのかなり多数が、反省ついでにマルクス主義から「卒業」したようであった。永遠性をとりもどしたような現代資本主義の大変容、それがまた70年前後大激動期に入る。資本主義の危機の単純な解釈学であったスターリン流からの脱出はよいとして、この時代に対応するという、見とおしもつかないような仕事に一生を賭ける人は少なかったから、多くの人が自己の思想を別の軌道に転轍したのだ。かくて70年前後はかなり大きな転向時代である。

　もっとも学者の世界も、既成の支配力に未練を残す利益集団が思いきり悪く居残るところだから、マルクス主義歴史学はその後も一大勢力として存在したようにみえる。しかしその「マルクス主義」の多くは、具合の悪いところにあれこれの修正を密輸入しながら道具として使う、といったものであったような気がする。

　竹村氏が『独占と兵器生産』を書いたのはこういう時期なのだ。マルクス主義が批判を支えきれずに後退するとき、批判に正面から立ち向かって、この本は、社会を一つの全体として構造的にとらえる方法を模索し、そこにマルクス主義歴史学の基礎をすえ直そうとした。当時「大正デモクラシー」期研究は本格化し、竹村氏と同年輩の人たちの大著がいくつも出たが、そのなかでこの本の強烈な方法論意識、その闘志は、きわめて詳細な実証と共に私たちをとらえた。

いま詳細な実証といったが、この点での竹村氏の特色は、史料の有力な集積場所に腰をすえるに止まらず、古書店を実によく歩きまわることであった。在野の埃くさい雰囲気を、『独占と兵器生産』を読む人は感じとれるはずだ。そのころ、東京中の古本屋の主人や番頭で竹村氏の顔を知らないものは、ほとんどいなかったのではないだろうか。

　もう一つ、マルクス主義再生への竹村氏の執念が、グラムシ思想の研究によって力づけられていたことも、いっておかなければならない。当時グラムシ思想の紹介と研究が始まったことは、日本マルクス主義史における重大事件であった。石堂清倫・前野良・中村丈夫・上杉聰彦・竹内良知といった人びとが先導者であり、マルクス主義歴史学者のあいだでも関心を示す人はかなり見うけられた。しかしグラムシの「実践の哲学」は、日本マルクス主義者の伝統的思考とは異質性がずいぶん大きく、従って難解で、これに食いついていくにはちょっとした忍耐力を要した。そこで小ブームは何年かでいったん静まったのだが、その間に簡単には「卒業」してしまわない人も少しはいて、竹村氏は明らかにその一人であった。私も当時、グラムシ思想が示唆するところにマルクス主義の再生があると信じた一人であったから、この点でも竹村氏は「この学生、話せばわかる」と思ったかもしれない。

　ともかく、こうして『独占と兵器生産』は生れた。

　この本は、19世紀の鉄道主導型蓄積に対する、20世紀列強における兵器生産主導型蓄積、それへ向かっての帝国主義日本の再生産軌道の修正を考察の基礎におく。そうした選択に国家と社会を引きこんでいくヘゲモニー構造創出の主体を「ヴェルサイユ派」（原敬や幣原喜重郎、とくに高橋是清）と名づけてくわしく分析した。この派は明治期日本への批判勢力なのだが、一面、天皇制下の民族融和・国家の指導性を前提としての旧派批判であり、また、東アジアにおける日本の独自な軍事的プレゼンスと親米・英の国際協調主義との矛盾を解決できず、結局旧派、天皇制官僚勢力をふり切れなかった、と竹村氏は見る。この1920年代の新・旧勢力の対立を、中国大陸への独自な進出路線と高度軍事国家の方向へ揚棄しようとする一派（田中義一や森恪ら）は竹村氏によって「新ヴェルサイユ派」と名づけられる。

　明治期に絶対主義天皇制なるものが成立するとし、新時代におけるこれへの対抗として「大正デモクラシー」を見る、というのが、伝統的なマルクス主義歴史学の見方で、これがアカデミズムの主流派になっていた。この見方では、「大正

デモクラシー」は絶対主義天皇制の進展としての「天皇制ファシズム」に敗北し、さらに1945年敗戦によって天皇制ファシズムが否定されて「戦後民主主義」が成立する、と続いていく。

　竹村氏の、「大正デモクラシー」なるものそれ自体が対立構造であり、その対立が30年代の政治諸潮流の対抗を生み出すという見方は、上記の支配的学説への鋭い批判であった。それを延長すれば、おそらく、30年代の支配構造を構成した各部分が戦後体制に移行して、「戦後民主主義」を深い対立の構造として作り出す、という見方になるはずで、これは「戦後民主主義」対「逆コース」という支配的見方への批判になるであろう。

　たとえば竹村氏は一貫して、マルクスの重要概念として暴力の問題を強調しているが、これは私の見るところでは、「戦後民主主義」が過去の戦争と無縁な顔をしながら、実は暴力を本質的契機として含んでいること、たんなる「逆コース」というに止まらないそういう現実の研究を怠ったがために、70年前後、浅薄な暴力論が観念の世界で横行する、という事態が生じたことへの批判に発しているのだ。

　そういうわけで、私は、『独占と兵器生産』を、日本近代史研究史の基本的な里程標の一つに数えているのだが、しかし実際にはこの本は、そういう大きさにふさわしい扱いを受けないままこんにちまで来ているように見える。私は学界の人間ではないから、私の知らないところで氏の業績が高い評価を受けているというのなら、それは大変うれしいことだが。もう一つ、竹村氏にとっての不幸は、いわゆるポスト・モダンの方法論的分散状況の影響もあって、若い人たちには本書などは歯に堅すぎるかもしれないことだ。

　ここしばらく私たちは、竹村氏とともに、変革の理論としてのマルクス思想、「実践の哲学」としてのグラムシ思想の示唆するところを深く研究しながら、現代日本の根源的批判につながる歴史研究を、それぞれにつづけていくほかないだろう。打開の道が、私たちの世代が生きているあいだに見えてくるかどうかは、私にはまったくわからない。

「1920年代における天皇制内務官僚の役割について——植民地朝鮮支配に関連して」をめぐって

松田 利彦
（国際日本文化研究センター教授・総合研究大学院大学教授）

　韓国「併合」以後の植民地期の朝鮮をおもな研究対象としている私は、竹村先生の著作のさほどよい読者とはいえず、その謦咳に接したのも実はごく最近のことである。ただ、先生の著作のなかには私の研究が大いに恩恵を被ったものもある。ここでは、とりわけ印象に残っている一編として、「1920年代における天皇制内務官僚の役割について——植民地朝鮮支配に関連して」（著作集第Ⅴ巻、所収）について少し語りたい。

　この論文は、1919年、植民地朝鮮における最大の抗日運動となった3・1運動が起こった後、統治体制の立て直しにあたった内務官僚・水野錬太郎を論ずるものである。3・1運動当時の首相原敬は、従来の「武断統治」を「文化政治」に転換させるべく、前内務大臣の水野を朝鮮総督府政務総監に任命した。竹村論文は、水野が総督府の高級官僚の顔ぶれを一新させ、警察機構の強化につとめたことを論じ、さらに在満朝鮮人問題や経済政策に言及する。ついで、水野を含む内務官僚が政界に占めた位置を俯瞰している。すなわち、水野を床次竹次郎－田中義一につらなる「反動的軍国主義的＝警察国家的」な政友会反主流派の系統と規定し、高橋是清－横田千之助らの政友会主流の「ヴェルサイユ派」（英米協調路線）に対抗する存在と位置づけている。

　もとより、竹村論文の描く見取り図には検討の余地も残っていよう。たとえば、内務官僚を「反動的軍国主義的」とする位置づけには、1920年代の内務省社会局による労働組合法案策定の試みや、治安維持法制定過程における内務官僚と司法官僚の思惑の違いなどを考慮した場合には、異なる見方も可能だろう。

　しかし、そういった細部の問題点を超えて、この論文にはじめて接した当時の、目を見開かされるような思いは忘れがたい。それは何より、内務官僚という政策

実務担当者の視点から朝鮮植民地統治を掘り起こそうという視点である。この論文に限らず、たとえば、「1920-30年代、帝国の危機における天皇主義サンディカリズムの形成——産業合理化運動と産官軍連繋に関連して」（著作集第IV巻、所収）における吉野信次や岸信介に対する分析にもあらわれているように、竹村氏の諸論文には、朝鮮や「満洲国」などの日本植民地の支配における官僚の役割に着目したという点で先駆的な意義をもつものがある。「1920年代における天皇制内務官僚の役割について」が書かれたのは1970年代初めだが、私が植民地朝鮮史研究に手を染めはじめた1980年代後半においても、植民地官僚はまっとうな研究対象とは見なされていなかった。大学院生の頃、竹村論文にも名まえの出ている丸山鶴吉（朝鮮総督府警務局事務官、後に同警務局長）の思想と行動についてある研究会で発表したところ、「日本人の官僚が朝鮮で汗水流してがんばったなどという研究をして何の意味があるのか」と、ある在日朝鮮人の長老研究者から叱責を受けたことがある。抗日運動こそが朝鮮史研究で明らかにされるべき歴史であると考えられていた時代であったし、韓国・朝鮮人の立場にたてばそのような考え方がもつ意味も十分にわかる。ただ、だからといって、日本人支配者についての研究が排除されるべきではなく、むしろ抗日運動を含めた朝鮮人の歴史と相補的に明らかにされていかなければ植民地期の歴史を立体的に構築することはできないのではないか、というのが当時私が内心いだいた気持ちだった。そのような私にとって、竹村先生のこの論文は、数少ない導きの糸となった研究の一つだった。

　さて、前出の丸山についての研究は、その後、拙著『日本の朝鮮植民地支配と警察——1905～1945年』（校倉書房、2009年）に取りいれた。この本では、植民地期朝鮮の警察機構の変遷を追いながら総督府官僚の果たした役割にも光を当てたつもりであるが、その発想を支えてくれたのが竹村先生の論文だったわけである。また、私が現在の職場の国際日本文化研究センターで最初に共同研究を主宰したとき、テーマに選んだのは「日本の朝鮮・台湾支配と植民地官僚」だった。この共同研究会の成果（松田・やまだあつし編著『日本の朝鮮・台湾支配と植民地官僚』思文閣出版、2009年）と前後して、この分野では、岡本真希子『植民地官僚の政治史——朝鮮・台湾総督府と帝国日本』（三元社、2008年）や李炯植『朝鮮総督府官僚の統治構想』（吉川弘文館、2013年）などの研究書が相次いで刊行され、ちょっとした「植民地官僚研究ブーム」が訪れている。竹村先生のまいた種がこんなところで育っているのだとお伝えすることで、私の責をふさぎたい。

戦後日本社会と植民地主義国家

磯前 順一
(国際日本文化研究センター・教授)

　日本帝国の敗北から七十年の歳月が過ぎようとしている。昭和四年に生まれた竹村民郎氏は西欧マルクス主義の可能性を近代日本社会に模索するなかで、廃娼運動研究、天皇主義サンディカリズム論、植民地主義論、戦争と兵器論など、意欲的な研究成果を次々と生み出してきた。旧弊的なマルクス＝レーニン主義が破綻したなかで、竹村氏が提供してきた研究の視座からすれば、戦後から現在にいたる日本社会はどのように見えるのであろうか。それを自分なりに考えるのが拙稿の課題である。
　たしかに天皇の人間宣言、平和憲法の公布、続く占領の終わりと国際社会への復帰といった一連の動きの中で、人びとは焼け野原になった貧しさのかなたにばら色の希望を見出そうと懸命に生きた。1956年には「もはや戦後ではない」という経済白書が発表され、敗戦という狭義の「戦後」が終わり、戦前の体制と決別したという意味での広義の「戦後」が新たに始まったと人びとは理解するようになる。
　今日、パワースポットとして若い女性たちの人気を集める明治神宮や伊勢神宮は、戦後は一転して単一民族国家の文化的象徴としての天皇制を支持し、日本人らしい「民族伝統」として神道を宣布する戦略を打ち出している。天皇家や閣僚がこの両神宮を参拝に訪れる機会も少なくないが、いわゆる左翼的知識人も含めて、それを政教分離に違反すると批判する声は聞かれない。そして、今では頻繁に訪れる外国の研究者や観光客とのあいだで、互いの宗教伝統を尊重しましょうといった素朴な多文化主義的なエールが交換される。しかし、そもそも純粋な「民族宗教」が存在するのかといった根源的な問いはあらかじめ退けられている。
　それと対照的に、総理大臣による靖国神社の参拝は、国内外から大きな批判を

浴びてきた。とくにA級戦犯の合祀以来、侵略戦争でもあった先の戦争を日本政府が肯定するのかという疑念を引き起こしてきた。スピリチュアルブームの若い世代をもってしても、そうした戦争の記憶を感じて、死者の慰霊施設である靖国に気軽に足を運ぶのは困難なようである。しかし、この靖国を取り巻く状況こそが、戦後の日本社会の「症候」を端的に示している。A級戦犯のみに戦争犯罪を負わせて、国民国家の象徴に転じた天皇とともに国民は無垢な存在に転じる。そうすることで戦争の加害者から被害者の立場に身を置き換える。靖国神社を逸脱した国家主義者の立場に追いやりながらも、彼らを通して歪んだかたちでしか、戦後の日本社会は戦没者を追悼することができなかった。

しかも、靖国には戦中期の帝国臣民の兵士達が、それが台湾出身であれ朝鮮半島出身であれ、故人や遺族の意志を無視して英霊として祀られている。彼らは戦前から続く日本帝国につきまとう死霊たちであり、そうした帝国の抱えこんだ問題がいまだ解決されていないこと、単一民族国家を装った戦後日本の社会のなかにもこうした帝国の棄民たちが含まれてきたことを、それを忘れようとする「日本人」に突きつけてきた。おそらく、今日叫ばれている「戦後の見直し」や「戦後の終焉」といった言葉は、こうした戦後社会の捩れた幻想がもはやこれ以上維持できなくなった危機感に由来する。

2011年の東日本大震災とは、そうした戦後の虚妄が暴露された出来事であった。以降、戦後日本社会を推進してきた「リベラル民主主義」と「高度経済成長」の価値の見直しが明確に唱えられるようになる。戦後にアメリカから移植された民主主義はその名のとおり、大衆に対して平等に開かれたものであったのか。高度経済成長は、すべての日本の居住者に対して平等に幸福をもたらすものだったか。戦後日本社会を支えてきた、社会中間層に優しい社会という理念への疑念が強まってきた。

消費税のアップ、円切り下げ、刻々と迫るTPPへの参加、原発再稼働への方針転換、実質的な改憲、米国の安全保障体制への軍事参加。これら現在の自民党政権の方針は、アメリカという帝国主義を通して圧力をかけるグローバル資本主義とトランスナショナル大企業に、日本社会が呑み込まれていることを示している。そして先の民主党政権時の、沖縄からの基地移転、原発廃止、緊縮財政、官僚批判といった諸政策の失敗は、日本がアメリカから一定の距離を置いた政策を行うことがいかに困難であるかというポスト植民地状況を露見させるものとなった。

こうした状況のもとでは、国民国家は最終的な主権の担い手にはなりえない。それは帝国の宗主国であるアメリカとて同じである。日本の原子力政策は米国の肝いりで、アジア・太平洋戦争を終結させた原子力爆弾を、高度経済成長を推進する平和のエネルギーに転換させてきた。しかし、この原発政策を推進させるためには、大都市と地方の埋めがたい格差の存在が前提とされてきた。原発推進は資本主義の高度経済成長による格差拡大とあいまって、落ちこぼれていった地域を資本主義の中に最低層として組み込むシステムであった。原発の再処理の問題が云々されているが、資本が自己増殖を目的とするものであり、その結末を考えないのであれば、最終処理の問題が真剣に論議されないのも、この社会の主体が資本そのものであり、国民でも支配層でもないことが分かる。

　近代以降、自己増殖する資本の動きがつねに社会を動かし、不平等な格差を拡大してきた。だがここにきて、資本の自己増殖を実現化するために必要とされる政治体制が異なってきた。国民国家を単位とする資本主義ではなくなり、国家を超えるグローバル資本主義が新しい形態の社会を求めている。すでに日本の国家も財政は破綻している。国家は自らをもはや支えることができない。米国という帝国、そしてトランスナショナル大企業によって、その代理人としてかろうじて生きながらえているに過ぎない。だとするならば安倍政権が、アメリカの植民地国家として日本社会を再定義し、中間層や底辺層を切り捨てることで、トランスナショナル大企業の草刈場になることを選択したのも、支配層が生き延びる現実的な選択肢の一つなのだろう。

　では、こうした現状に対して日本の国民が抵抗し切れないでいるのは、政府のイデオロギーに国民が欺かれているためであろうか。自国の産業を潰すTPPにせよ、トランスナショナル大企業が日本から離れていったら、国家の税収や国民の労働機会はどうなるか。原発であれば、それがなくなったとき、常なる経済成長を前提とする資本主義経済が破綻をきたすのではないか。改憲することで、東アジア全体で高まりつつあるナショナリズムに現実的な対応ができるのではないか。

　そうした怯えが国民をして政府の方針にはっきりノーと言明することをためらわせている。自分を取り巻く状況で何が起きているのかが明瞭に把握できないからこそ、人々は現実から目をそむけてナルシシスティックな幻想に閉じこもろうとする。そこに、かつて西川長夫が懸念した「ポピュリズム」が跋扈する土壌が腐敗する。こうした市井の人びとの不安をしっかり受け止められなければ、いか

なる批判的言辞も社会で孤立するばかりだろう。啓蒙的知識人の限界である。このときにナショナリズムが新たな形をとって蘇生する。それはかつてのような国民国家を支えるというよりも、トランスナショナルな資本の動きを下支えする帝国のイデオロギーとして機能する。

　経済格差が拡大し、多くの国民に負担が過剰に課される時、それに耐えるためには、それでも自分たちは同じ民族国家の一員なのだという、幻想としての国民国家のシェルターが必要とされる。社会・経済的に切り捨てられたがゆえに、そうした現実に向き合わないで済むように、人々の不安を吸収するクッション装置として国民国家は再活用されていく。集団的自衛権が合法化されてしまった以上、米国とともにする軍事行動によって日本国民から死者も出ることも容易に想像がつく。その死者を追悼する施設として靖国神社が積極的に再利用される。一方で、明治神宮では天皇夫妻のまなざしのもと結婚という生殖行為が寿がれ、トランスナショナルなネオ・ナショナリズムによって国民の生命が囲い込まれていく。

　しかし、戦後の日本社会は「戦後」という名の通り、戦争から解放された状況に本当にたどり着いていたのだろうか。戦後民主主義の限界が露わになり、平和憲法という理念が否定されようとする現在、果たして「戦後」の平和が人類にとって本来的状態であったのかどうか疑問が呈せられる。たしかに戦後の日本社会は戦争を体験することはなかった。しかし東アジアの旧植民地に目を向ければ、冷戦下の状況で南北に分裂させられた朝鮮半島や、中国本土との緊張関係にさらされる台湾にはいまだ戦後が訪れることはない。日本国家に復帰した沖縄もまた日本本土の平和と引き換えに、米軍に基地を提供してきた。日本帝国の大都市部が米国の安全保障の傘下で戦後を謳歌するかたわらで、旧内地から厄介払いされた軍事力と経済的矛盾は、旧植民地に勃発する諸々の戦争として、あるいは国内の辺縁地域に押し付けられた基地や原発として旧日本帝国の諸地域に再帰してきたのである。

　西欧マルクス主義の流れを汲む1990年代の国民国家論とは、国民国家という自己完結した「主体の死」を告げるものであった。ただし、それでも主体は謎めいた他者のまなざしから逃れ出ることはできない。帝国主義の外部としての国民国家など存在しないことを深く認識した時に、戦後はどのように「超克」されうるのであうか。すくなくとも、グローバル資本主義の作る植民地主義国家の内部に胎内回帰することではない。その外部のユートピアを実体として夢想することで、素朴な幻想に浸ることももはや出来ないだろう。1940年代という「戦前」

を反復しつつある状況ゆえに、失敗に終わった言説「近代の超克」を繰り返してはならないのだ。

　酒井直樹や西川長夫がすでに指摘しているように、戦後の日本社会はアメリカの植民地主義国家なのだ。政治的に国家として独立しても、依然として政治・経済的そして文化的に宗主国と植民地といった関係から自由になれない。こうした外部に脱出することのできなさが「ポスト」植民地主義と呼び表される状況なのである。だからこそ、外部でも内部でもない「外部性」を内部に深く穿つ「超克」の実践が緊急の課題として必要とされる。そのとき「「戦後」の超克」という問題設定は日本だけでなく、同様に過剰な民族主義に同化されてきた韓国、新たな帝国の宗主国意識に憑依された米国や中国などへ、「複数のポスト戦争」状況の批判的検討を促すものとなるだろう。だからこそ、戦後日本の生み出してきた幻想を乗り越えて、冷戦の産物の域を出なかった被害者としての戦争放棄の思想を、戦禍と貧困に苦しむ世界各地の人々にむけて普遍的な思想へと鍛え直す時なのだ。

　竹村が説くように、戦争とは平和の状態からの一時的な逸脱ではない。むしろ資本の自己増殖運動がもたらす不可避のカタストロフィーとして捉えられるべきである。戦争を資本主義社会の本質とする出発点に立つことでこそ、他者に犠牲を強いる一国平和主義ではなく、植民地の記憶という負の歴史を含めて、世界全体に共有される平和主義へと、日本の戦争体験は深められていくべきであろう。そこで廃娼運動や大正文化をはじめとして、人間の愚かさを凝視する竹村の一連の研究も継承されていかなければならない。

竹村民郎先生へ

鈴木 貞美
（国際日本文化研究センター名誉教授）

　竹村先生の大部の著作集全5巻は、のしかかる厚く重い扉に穴をうがち、そこから血路を拓いてゆくような険しい知的格闘を長年、続けてこられた努力の結晶です。とりわけ著作集第Ⅳ巻「帝国主義と兵器産業」第1部、20世紀前半の国際＝国内資本主義の展開過程に、軍需＝兵器産業のはたした役割を組み込んだお仕事は、他の追随を許すものではないと拝察いたします。世界資本主義の展開には、とくにレーニンのいわゆる帝国主義戦争＝植民地再分割戦争の時代においては、戦争の果たす役割が決定的であることなど誰でも口にすることですが、それを日本の政治＝経済分析に組み込んだ仕事は誰もなしえませんでした。先生が、その理論的な弱点をレーニン帝国主義論そのものがもっていること、それがエンゲルスによる『資本論』の編集過程に発することを明らかにしたうえで、着実な解明に取りくんでこられたことには頭がさがります。もちろん、それは一端にすぎません。先生のそのようなお仕事が、第2次世界大戦後の日本の左翼運動が辿った極めて特殊な屈折に満ちた軌跡のなかでなされてきたこと、それをいささかなりとも実感しうるのは、今日、ごくわずかな人間になってしまっていると思います。

　日文研での共同研究には、博文館『太陽』の総合的研究のころから親しくおつきあいいただき、数かずの思い出がありますが、とりわけ「関西モダニズム」をめぐっては先生に主役を演じていただきましたし、ラスキンの再評価のシンポジウムなども先生の提言によって開催し、その後のわたしの研究の大きな糧になりました。ここに深い感謝の念を記すとともに、懇親会の折など、きら星のごとき論客たちとの交流の様子など貴重なお話を度たびうかがいながら、酒の席とはいえ、聞き流してしまったことも多々あったと思います。失礼の段、お許し願いた

いと改めてお詫びするしかありません。

　わたしなどがマルクス主義の勉強をはじめた 1960 年代後半には、マルクスとエンゲルスのちがいやレーニン型社会主義建設についての疑問など、いわずもがなの前提になっていました。その後のルカーチやグラムシ、またルフェーブルなどの理論も横並びのものとして眺めてきましたし、日本の戸坂潤、梯明秀、三木清らの仕事の水準の高さもよく感じておりました。が、そうなるまでのご苦労の数かずについて、また、その後のフランスや、イギリスのいわゆるニュー・レフト系などの評価についてなども、もっとうかがっておけばよかったと悔いるばかりです。

　小生のライフ・ワーク、『近代の超克――その戦前、戦中、戦後』では、マルクスの思想をエンゲルス流階級闘争主義から解き放つことを提言するにいたりました。それこそが、わたしなりにようやく到りついた「リターン・マルクス」の出発点とでもいえばよいでしょうか。日本の階級闘争主義は、公害問題や大衆社会論が扱えなかった、いや、問題にすることすら忌避し、批判する傾向すらあったことを、先生なら、よくご存じのはずです。だが、そこに到りつくだけで、出来の悪いわたしの脳髄は悲鳴をあげ、あとは下り坂をゆっくり降りてゆくばかりですが、その過程でも、カール・マルクスが構想していた学の体系を根本的に編み替える技術史などにも手を伸ばすことになると思います。わたしが人文学徒の道を歩んできたことには、基底体制還元主義への強い反発が手伝ってもいます。が、政治＝経済も人間の技術的実践のひとつの領域であることなどもちろんですから、今後とも先生のお仕事を参照してゆく所存です。それゆえ、この機会に、先生の著作集第Ⅳ巻第 1 部につき、質問をふたつ、させていただきたいと思います。

　第一に、勝手な感想を申し上げることになりますが、先生の著作集第Ⅳ巻第 1 部中「産軍連携の諸結果――わが国における兵器生産体系・合理化の特質」の章に、わたしは深く感じ入りました。日本が日中戦争、そして対米英戦争に進むために不可欠であった産＝軍連携のシステムの構築にとって、田中義一内閣が果たした役割が結節点的意味をもっていたこと、そして田中義一が総力戦体制の構築を考えていたことも、極東軍事裁判の記録などまで参照しながら、明らかにしておられます。田中義一内閣といえば、1920 年、日本が国際連盟の常任理事国になり、いわゆる幣原外交によって国際協調路線を歩んでいた時期、1927〜28 年に蔣介石国民革命軍の北伐に伴う各地の混乱に際して、在留邦人保護を目

的に山東出兵を行い、1928 年 5 月の第 3 次出兵は済南事件を起こしたことなどが、1928 年 3・15 共産党弾圧とともに、まず頭に浮びます。その山東出兵について、蒋介石が日本に敵意を抱いたきっかけと自ら語るようになり、それが極東軍事裁判で、山東出兵をもって日本の戦争への「共同意思」の出発点とみなされる理由のひとつになります。そして、それはワシントン体制を崩そうとする日本の意志の表れとアメリカは見なしました。2011 年、済南で事件の記念碑の脇に立ち、わたしはそれを確信するに到りましたが、まさに、この時期に、いわば戦争マシーンの構築も軌道が確立されたことになります。

　竹村先生は、その章の最後を、宇垣一成が田中義一から離反し、軍縮に進み、帝国陸軍のなかに矛盾が露呈してくること、下剋上の風潮も起こってくることにふれたのち、次のように締め括っておられます。「一九二七年五月、第一次山東出兵直後、田中－森格の線によって開催された東方会議のなかに、太平洋戦争への道はまっすぐに通じていたのである」と。

　東方会議で田中義一が満蒙の権益を守り抜く決意を世界に示し、その裏に米英を敵にまわした世界戦争さえ辞さない彼の決意があったことは、つとに知られていますが、1928 年の張作霖爆殺事件に対する態度変更が昭和天皇の叱責を買い、退陣、そして 1930 年に浜口雄幸がロンドン軍縮条約を締結、批准したことも周知のことです。戦争マシーンの構築路線が固められても、そのマシーンが運転手を選び、走る先まで決めるわけではないことなど、先生には釈迦に説法でしょう。この最後の一文、雄弁なレトリックに筆がすべっただけか、それとも、ここには極東軍事裁判史観の影が射しているのか、後輩にはいささか、気になるところです。

　もうひとつ、著作集第Ⅳ巻第 1 部中「1920－30 年代、帝国の危機と天皇主義サンディカリズム」は、20 世紀前半の世界資本主義における基幹産業の合理化と科学的管理システムの構築（テーラー・システムおよびフォード・システムの導入）と、それがいわゆる統制経済や計画経済に展開してゆく過程を明示し、日本におけるその進展、とくに産＝官＝軍提携体制構築との絡みを明らかにしたもので、特筆すべき先生の功績のひとつと拝察いたします。この「天皇主義サンディカリズム」は、産業現場と天皇崇拝による国家全体主義とを結びつける役割をはたす思想を指す語であり、イタリアのファシズム、ドイツのナチズムの進展と比較しうるものとして考察なさっておられると思います。マルクス主義と競合して展開した労働者運動としては、アナルコ・サンディカリズムに対し、行政と

結びついた「国家サンディカリズム」の一種といいうるものを想定なさっておいでと推測がはたらきます。ヨーロッパの場合、それが国家全体主義に傾くとファシズム類型になり、ソ連成立後の国際情勢においては、これらを横並びにして、どれも20世紀型国家社会主義と規定しうると愚考いたします。

「天皇主義サンディカリズム」は、戦時期の日本の思想を漠然と指して「ファシズム」ないし「天皇制ファシズム」という用語が飛びかってきたこと、あるいは「国家独占資本主義」という労農派－社会党協会派系の段階規定ともに曖昧であることに対し、オルタナティヴとして提案なさってきたものといってよいと思います。が、いま、それらの議論を先生のお仕事を参照しつつ検討する紙幅はありません。今度のご論考では、その媒介役を果たした人物として安岡正篤に焦点をあてておられますが、彼の思想内容はインチキきわまりなく、「黒幕」というより、トリモチのような役割をはたしたとすべき人物ではないでしょうか。戦後も、歴代自民党首脳が言辞の粉飾に、彼の古典儒学の「知恵」を借りたという程度ではないかと想っています。

むしろ、ここでは、ソ連の集団農場制やナチスが「血と大地」のスローガンを掲げ、自作農に軸足をおいて伸長したことなどと比較し、日本の場合、農作物商品の生産現場としての農村の地域共同体の再組織化の問題が不可避に問われるのではないか、とわたしなりに提言してきた問題にふれておきます。しかし、それでは、「サンディカリズム」という呼称がそぐわなくなります。日本型「組合主義」と規定すると、農商務省による産業組合の奨励や各種農村青年団体の展開、賀川豊彦、高畠素之、新居格らの消費組合運動、学者では蝋山政道ら、政党では浅沼稲次郎や加藤勘十ら日本労農党のいわゆる中間派、社会大衆党内組合主義、そして何よりも近衛文麿の国民精神総動員運動の提唱に応えて開始された農村勤労奉仕運動に直結し、また戦後には農協や漁協、総評内組合主義、いわゆる左派社会党の基盤などにまでつながる大きなうねりが浮上してくるやに思われます。これらの研究こそ、竹村先生のご研究と提言の有効性を受けとめ、拡大発展をはかりうる方向ではないかと愚考する次第です。

末筆ながら、先生の一層のご活躍を祈念するとともに、ご拝眉の機会が増えますことを心より願っていることを申しそえておきたいと存じます。

陽明学者安岡正篤論

大谷 敏夫
（鹿児島大学名誉教授）

　竹村先生との出会いは、私が2013年秋、主催者伊東貴之氏の「日文研」に招かれて、「清代政治思想史研究の課題」と題して研究報告をした時であった。前列三番の当りに、年輩の研究者をみかけたが、私の話を熱心に聞いておられ、最後の質問の際に、私に清初の思想家、顧炎武がモットーとしている管子「牧民篇」にある「礼義廉恥は国の四維」という言葉の意味について、その内容をより深く説明してほしいということであった。この対話が契機となり、その年の暮れに、先生が自ら報告された「天皇主義サンディカリズムと安岡正篤の日本主義」に関する会にも招かれ、そこで御高説を直接伺うことができた。

　この頃私は三元社公刊の先生の著作集を寄贈して頂き、特にその第四巻『帝国主義と兵器生産』第一部所収の「一九二〇－三〇年代、帝国の危機における天皇主義サンディカリズムの形成」、なかでも第4章「天皇主義サンディカリズムと安岡正篤の日本主義」に関心をもち、その文を通読して、先生の意図される内容にふれることができた。私は先生が若年から日本の近現代史研究に邁進され、その間に研究された項目をみると、庶民の目からその時代に展開された様々な現象をわかり易く論じられてきたその研究姿勢に共感する。

　この時代鎖国日本が欧米列強の市場を求める強硬なやり方に対して、開国して国際世界の中にその位置を獲得する為に、帝国主義列強の仲間入りをしたのは事実であり、このため近隣のアジア諸国、特に朝鮮・中国に多大な迷惑をかけたことは謝罪に値することである。この近現代史をどのように把握し、そこから得られた教訓を現代から更に未来につなげていく為にも、この間の日本の歩みを決して等閑視はできないであろう。特に第一次世界大戦から第二次世界大戦に至る期間、日本の歩んだ道を検証することが求められている。

先生が生れたのは、1929年であるが、この時期は世界恐慌により、不況の波は日本にもおしよせてきた。先生は第四巻序説「現代資本主義の諸傾向と変革主体形成の課題」で、この1920～30年代の時代を論じられているが、ここでのべておられることに関して、若干私見をのべよう。

　先生はこの時期、安岡正篤が参加した「国維会」と、この会で提唱した「天子論」について論じられている。安岡は当初日本主義による国家改造を計画して設立された「猶存社」の会員となり、そこで北一輝・大川周明等を知ったが、彼自身は陽明学の研究を行っていた。この安岡が1927年「金雞学院」を創設し、29年に会報二号にのせた文に、「国民として民族精神や国体を明きらめ、人類として王道を学ぶべき道業が必要です」とのべた点につき、「安岡の主張は「民族精神」「国体」の明徴と、個人の「心術」の陶冶との統一的把握ということであり」[1]云々、と解釈されている。更に1932年、安岡は『満蒙統治の王道的原則』を刊行し、その中で、「皇軍は覇道であってはならず王道であること、満蒙新国家が日本の誘掖（導き助ける）の下に蘇生せんとしていること、これに対して日本の志士仁人は富に皇道に遵って、道徳を以て化教し、おのづから利用厚生の実を挙げ、満蒙三千万の民衆を悦服せしめることを本意とすること」（一部要約）をあげ、この文には、日本が満洲に兵を動かしたのは、実は本意でないという含みがうかがえるとのべている[2]。

　この文の基本にある王道と覇道という語は、中国古来から儒学の基本的命題である王覇論として伝来してきたものであり、近代になってからも、孫文が1924年11月、神戸での「大アジア主義」に関する講演の中で、日本が今後、西洋覇道の手先になるか、あるいは東洋王道の干城になるか、それは諸君達日本国民が慎重に考慮すべきことであるとのべているように、日本がアジアの被圧迫民族の盟主としての活躍を訴えるものであった。当時イギリスはインド、ビルマの独立運動に対して弾圧し、フランスもベトナム支配を遂行していた点を取りあげ、これを帝国主義政策と非難する一方で、日本が朝鮮を保護国から植民地として、その独立を奪った点をあげ、日本が西欧列強と同様な政策を進めていることに猛省を促した文である。孫文は日本の侵略政策を批判しつつも、同じアジア人種であ

1　竹村民郎著作集IV、277頁。
2　同上、280頁。

るという連帯感をもっていた。

　この講演の3年後に安岡は金雞学院を創設し、ここで王道をとき、更にその5年後に満蒙統治の王道的原則を明らかにした。その中で皇軍の行動に対して、覇道でなく王道であることを提示していたのは、孫文の講演の主張に合致させる意図もあったのではないか。前述の『満蒙統治の王道的原則』の中に、日本の志士仁人に道徳と利用厚生の実をあげることを期待するのは、この用語が中国古典にある「正徳利用、厚生惟和」によっているものであり、人民の生活を豊かにするため、商工業を盛んにし、それによって民の生活を安定させることを意味し、清末中国では、この標語が企業活動の倫理にもなっていたのである。安岡はこの言葉の意味を理解し、日本の志士で仁の徳をもった人々に、この利用厚生の道の実現を要請したものと思われる。

　また1932年結成の「国維会」名称の根拠となった管子「牧民篇」の「四維張らずんば、国すなわち滅亡す」という語は、明末清初の経世学者顧炎武が取りあげ、「礼義廉恥は国の四維」とのべて、国の行政にとって最も重要な思想であるとしたものである。先生はこの用語の意味を説明され、礼は国家が成立活動してゆくために必要な組織秩序とのべておられるが[3]、これは礼治のことであろう。また義は『論語』「里仁篇」にある「君子は義に喩り、小民は利に喩る」という句に由来しており、りっぱな人は道理に敏感であるが、そうでない人は利益に敏感であるということである。それが宋以後、義利双行をとく学派もでてきて、利を肯定的にとらえる思想となり、それが清末に盛んになった。また清末の経世学者包世臣は、孔孟の名句に基づいて恥の定義をなし、人が恥を失えば利に趣いて堕落し、人が恥をもてば、仁義の心が生じるとのべ、官も士（文人）も民もみな廉恥の心をもつ必要があるという。

　先生が「廉」とは「義」にあたって利己心を忘れることをいうのであるとのべておられるが[4]、この「廉」は「恥」と連動している言葉であり、心の正しい人は、欲がなく恥を知っているということであろう。安岡が当時の政治家・軍人・企業家に求めたものは、この四維を実行することにあったと思われる。先生は安岡が国維会に求めたのは、その綱領にある「人材を結成し、国維の更張を期す」こと

3　同上、279頁。
4　同上。

にあり、国維会メンバーとして「新官僚」とよばれた一群の内務官僚や荒木貞夫・小磯国昭等の軍事官僚、また 1934 年 7 月に成立した岡田啓介内閣の内大臣牧野伸顕等をあげている[5]。

ところでこの安岡が国家主義の核心をなす天皇の概念を明確にするために刊行した「天子論」の問題であるが、先生はこれについて儒学的教養とカントの哲学を用いて権威づけたものであり、それはカントののべた市民的国家の市民の利用ではなく、万世一系の天皇之を統治すというものであり、ここに限界がある。ここから「国民政治意識の最高次の中心は天子」とされることとなり、この天皇主義を支える思想がサンディカリズムといわれる。すなわち万世一系の天皇が国家的シンボルとして君臨し、他面では天皇の「受任機関」に帝国議会・内閣・元老・内大臣・枢密院・軍部・官僚等による協定にもとづいて国策が執行されたとされる。

周知の如く、この時期を天皇制ファシズムと規定する研究が主流であるが、先生は敢てこの立場を取らないで、天皇主義サンディカリズムといわれる点については、前記第四巻第一部の論文にのべられている。用語の使用はともかくとしても、ここに書いてある内容には同意できる。特にこの時期「経済国策の革新」をこころざした郷誠之助についてのべておられる点である[6]。すなわち 1930 年代、産業合理化運動を推進した郷と、第一次世界大戦後の社会的頽廃に象徴される危機克服として日本主義を掲げた安岡等と共に、今なにをなすべきかについての認識は共通していたし、更に 1932 年 5 月の斉藤内閣の商工大臣となった中島久万吉は、郷－安岡と志を同じくし、産業合理化が消費の増大に結びつくというかたちでの厚生経済を考えていた実業家であったという。更に郷や中島らは、労資協調を目的とした協調会の創立者であり、この両者と安岡の日本精神とが結びついて、「労資融合」の精神が生れ、これが「道義国家の完成」であったとされる。そして結論として、日本の明治以後の西洋模倣の時代にあって、日本的なものが失われていく中で、安岡の王道の思想が民族の自覚として浸透しつつあったとみてよいとのべられる。

以上私は先生の著作を読む中で、1920 ～ 30 年代にあって陽明学者安岡正篤が

5 　同上。
6 　同上、216 頁以下。

提唱した日本精神の内容について多々学ぶものがあった。先生の研究は網羅的に資料を読み、丹念に分析され、自らの視点を構築されてきたと思う。その場合今までの学説を無視することなく、それを研究した上で、自己の学説を提唱するという方法論である。先生が明治以後の日本の精神史を論ずる時に、安岡の研究が必須であると考えられ、安岡が依拠してきた陽明学について関心をもたれ、そこから中国の伝統的思想である儒学・史学を学習された。その一方で明治以降の日本に大きな影響を与えた欧米の学説、特に歴史学の方法論としての唯物史観に基づく研究にも精通されており、本著にも精細に論じられている。

　先生の1920～30年代の研究は所謂ファシズム論、十五年史といわれる立場への批判もあろう。しかし私が共感するのは、この時期を検証し、後世にその事実を伝えておきたいという意欲である。私は「日文研」の会を契機に、時々先生と会って、当時をふりかえって話し合う機会をもった。京の酒宴で興にのるとなつかしい歌を歌う姿に青年のような面影をみるのである。最後に私は先生に南宋の詩人、陸游の詩の一節を贈る。

　編を開きて喜んで平生の友を見、水に照らして曩歳（のうさい）（往年）の人に非ざるに驚く。

安岡正篤の評価をめぐって

斎藤 成也

（国立遺伝学研究所教授）

　わたしが高校生だったころ、世界史の中国のところだったか、倫理社会の時間だったか忘れたが、王陽明のはじめた儒教の一派である陽明学というものがあると習った。そしてひとつだけ、陽明学のエッセンスというのだろうか、「知行合一」という言葉をおぼえた。これがけっこう気にいったのである。自転車通学のときに，ペダルを踏みながらぶつぶつと、チコウゴウイツ、チコウゴウイツと唱えては、カッコイイナーと思っていた。こんな記憶があったからか、竹村民郎先生が、国際日本文化研究センターの共同研究会で講演されたときに、安岡正篤に触れられて、けっこう評価されているように感じたのが、妙にこころに残った。安岡正篤は、陽明学の泰斗ということになっていたからである。

　竹村民郎著作集では、第Ⅳ巻『帝国主義と兵器生産』の 269 ～ 313 頁、「天皇主義サンディカリズムと安岡正篤の日本主義」において安岡正篤が触れられている。たとえば 275 頁では「ここで注意しなければならないことは、北と大川はともに安岡の学識と人物を高く評価していたことである。」とされている。北と大川は、北一輝と大川周明である。また 285 頁には「私はここで若くして北や上杉の思想的影響をうけた安岡の思想もまた、天皇主義サンディカリズムであると規定しておく。」とある。「天皇主義サンディカリズム」とは、竹村先生の提唱した概念だと思う。前半の「天皇主義」は、竹村先生のことばを私なりにまとめてみると、天皇を、国民的規模での共同幻想を一身に具現した日本統合の象徴と考えることであるようだ。一方、「サンディカリズム」は、284 ～ 285 頁の説明によれば、アナーキズム（無政府主義）の影響下にある労働運動の潮流であり、労働者階級の最高の組織形態を、政党ではなく労働組合（イタリア語でサンジカ）にもとめ、労働組合が経済的ゼネストなどによって生産管理を掌握することにより、

革命が実現できるとする考え方である。

　天皇と労働組合がどのように折り合うのか、私にはいまひとつよくわからない。しかし、天皇と無政府主義をむすびつける考え方は、雰囲気としては、キリストと自分達を直接結びつけようとしたアッシジの聖フランシスコのような思想と似かよっているのではなかろうか。だとしたら、結局五・一五事件や二・二六事件のような、武力による革命のたくらみから離れていた安岡正篤の判断も、なんとなく理解できるような気がする。これは、北一輝が二・二六事件のあとに逮捕され、獄中でつくった川柳「若殿に　兜取られて　負け戦」とも通じるところがあるのではなかろうか。この句の若殿とは誰なのか、いろいろ議論があるようだが、自分の死後に残そうとした句であるならば、北一輝より18歳年下だった、当時35歳の裕仁を意味していると考えてもいいだろう。結局、安岡正篤は天皇と、サンジカで象徴される一般民衆との結びつきを重視したが、北一輝はそれをいまひとつ認識していなかったと、竹村先生は言いたいのではないだろうか。

　一方、当時暗殺などの極端な方法に走ったグループからは、安岡正篤は唾棄すべき存在とみなされていたようだ。いくつかの例が「天皇主義サンディカリズムと安岡正篤の日本主義」にあげてあった。1945年の敗戦後も、安岡正篤が政官財界に隠然たる影響力を保持したことを考えれば、彼の考えた「知行合一」と、血盟団のメンバーなどが考えた「知行合一」は、方向性が異なっていたということであろう。政治的に重要だと思われる人物を何人か暗殺しても、別のだれかが取って代わるにすぎず、あまり意味がない場合が多いだろう。そうであれば、安岡正篤のある意味での「保身」は、当時の「天皇主義サンディカリズム」を正しく認識したものとして、現在からみれば容認できる態度ではなかろうか。竹村先生のご意見をお聞きしたいものである。

　最後に、竹村先生とのまじわりについてすこしふれたい。私は国立遺伝学研究所に二十数年勤務しているが、もともとは人類学を大学の理学部生物学科で学んだ。これは歴史も考古学も生物学も好きだった自分の、モラトリアム的な選択だったのである。このため、人文社会科学分野の研究者ともいろいろおつきあいがある。そのひとつが、総合地球環境学研究所でおこなわれたインダスプロジェクトへの参加である。プロジェクトのリーダーだった長田俊樹さんの紹介で、井上章一教授が主宰した国際日本文化研究センターの共同研究「人文諸学の科学史的研究」に参加した。私はおそらく理科系で唯一の参加者だったのではなかろうか。もっとも、井上教授ももとは工学部建築学科の出身だが。とにかく、この共

同研究会で、竹村先生にはじめてお会いしたのである。はずかしながら、それまでこの碩学のお名前に接したことがなかった。ところが、研究会で活発に発言する竹村先生をみて、ただものではないことがわかり、すぐにアマゾンでしらべて、中公新書『廃娼運動』、講談社新書『大正文化』、ハードカバーの分厚い『独占と兵器生産』を購入した。特に『大正文化』は、今から 100 年近い昔のことがいろいろと書いてあり、とても参考になった。この本で読んだ知識の一部は、最近刊行した『日本列島人の歴史』(岩波ジュニア新書、2015) にも取り入れさせていただいた。このような経緯があったからか、ある時分からぶ厚い竹村民郎著作集がつぎつぎと送られてくるようになったのである。

竹村史学の思想的出発

天皇主義サンディカリズムの問題に触れて

影浦 順子

(中部大学中部高等学術研究所(助教))

　「竹村民郎先生からお電話ありましたよ」と、大学の事務の方から伝言を受け取ったのは、2013年2月のことであった。突然の出来事に「本当に竹村先生ご本人からですか？」と何度も確認をしてしまったのは、著名な歴史家が一介の研究員に直接に連絡をくださることなどないだろうと疑ってしまったからにほかならない。半信半疑の面持ちで折り返しのお電話を差し上げたところ、竹村先生は「若い視点から書いてくれてどうもありがとう」と、竹村史学の入門的著作『大正文化 帝国のユートピア──世界史の転換期と大衆消費社会の形成』を、中部大学が刊行する総合雑誌『アリーナ』にて取り上げ書評したことに関して、真摯にお返事をくださったのであった。さらには、竹村先生に掲載のお知らせをしてくださったのが、立命館大学時代に、指導教官であった小島亮先生やゼミ生とともに、何度もお食事をご一緒させていただいた岩井忠熊先生だというのだから、あらためて身の引き締まる思いであった。

　学問を志す者に境界線はない──戦後知識人の公平な知的態度と心意気に深い感銘を受けながら、私は、この貴重な出会いをきっかけに、竹村先生の思想遍歴を、先生のお人柄と著作集をとおして学ぶという贅沢な機会を得たのであった。そのなかでもとくに竹村先生から、竹村史学の理論的基礎となる「天皇主義サンディカリズム」について深く学んで欲しい、とアドバイスいただいた理由は、日本帝国主義の危機におけるフォーディズム受容の問題を、若手世代の研究者が、理論的・実証的に継承しなくてはならない、という強いお気持ちがあったからこそではないかと考える。また個人的な事情としては、修士・博士課程のときから、日本マルクス主義の思想形成に影響を与え、金解禁論争で頭角を表すとともに、戦時下では革新官僚とも繋がりのあった経済評論家・高橋亀吉の研究を行ってき

た評者に対して、竹村史学の知見をもとに、高橋の思想的特徴を再検討して欲しい、という意図もあったのであろう。

したがって今回の書評では、『竹村民郎著作集』第Ⅳ巻・第Ⅴ巻に所収された諸論考を中心に、評者の観点から天皇主義サンディカリズムの内容について整理し、そのうえで、なぜこの概念が、既成の経済史・経済思想史の文脈では、統制経済や総力戦体制の推進者と理解されてきた高橋のような知識人およびその思想体系を再評価することにつながるのか、について少し考えてみたい。

まず関連する諸論考の内容を、以下簡単にまとめておこう。私見では、天皇主義サンディカリズムを実証的に検討した論文は、書き下ろしの「1920-30年代、帝国の危機における天皇主義サンディカリズム」を集大成版として、1）高橋是清財政の再評価に関するもの（「1920年代における経済政策転換とその条件」「資本の性格と立憲民主主義の位相」）、2）産軍連携の強化と産軍結合体制の成立に関するもの（「産軍連携の諸結果」「産軍連携の高度化における天皇主義サンディカリズム」）、3）天皇主義サンディカリズムを実践する知識人や軍部・行政官僚の思想に関するもの（「地主制の動揺と農林官僚」「農政における1920年代」）の3つの研究領域に大別することができると考える。そしてこれら個別の研究領域をつなぐ竹村氏のマクロな問題意識は、戦後歴史学の展開において特権的な権威をもっていた日本マルクス主義の「正統派」たる講座派マルクス主義の日本資本主義理解、とりわけ1920年代から30年代にかけての総力戦体制を「天皇制ファシズム」「日本ファシズム」と規定するような日本近代史の見方に対して根源的な批判を行うことにあったと言える。天皇主義サンディカリズムの独創性を、講座派との比較において正しく理解するためには、まず何よりも、竹村氏が、日本帝国主義の危機下における「天皇制のカリスマ化」を、政治社会の側から積極的に推進した政党内閣と軍部・行政官僚の政治構造を、講座派のように「絶対主義」の枠組みにとどまって議論するのではなく、現状打破を目的とした未来志向型の「ブルジョア的対応の所産」と積極的に評価したことが重要である。

具体的な歴史過程を確認してゆこう。竹村史学全体の導入を成す1）では、原敬内閣から高橋内閣にかけての高橋財政が、第一次世界大戦後のヴェルサイユ体制－国際連盟主義に立ったうえで、政党が主体となって、明治維新以降の日本資本主義の諸矛盾（農業経済の後進性、劣悪な労働環境、非合理な植民地政策など）を、「ブルジョア的に改革」「自由主義政策によって社会主義を体制内化」する開明的な構想を持っていたことが分析されている。そしてこの改革意義を、もっとも

迅速に理解し支持した社会階層として、竹村氏は、大正期に台頭する新実業家群や軍部・行政官僚の動向に注目をし、ここに成立した産・軍・政の連携関係を、「日本型産官軍結合体制」と名付けるとともに、最新の科学技術に基づく日本資本主義の自立化＝一流帝国主義化に強い関心を寄せる彼らが、次第に「兵器生産」を基軸とした合理的な生産体系と科学的な管理経営を導入・再編してゆく様子を追跡する。竹村氏の70年代の主要業績『独占と兵器生産――リベラリズムの経済構造』(1972年)と編著『経済学批判への契機』(1974年)が、レーニン『帝国主義論』の批判的考察をもとに、日本資本主義の帝国主義段階への移行期を、エンゲルス・レーニン主義による「金融資本」の集中過程からではなく、マルクスの戦争－暴力概念に基づく「兵器生産主導型蓄積」の生産過程として捉え直す重要性を、繰り返し主張している理由は、この議論を理論的に補強する目的からと整理できる。

　そして2)では、1)で確認した日本型産官軍結合体制の顕著な展開＝高度軍事国家の構築が、田中義一内閣のもとにおける学閥的軍閥の形成とそれに絡まる民営兵器の飛躍的な進展から検討されている。ここで留意したいことは、竹村氏が、中島飛行機製作所の創立過程に見られるような、大艦巨砲時代の終焉と雷撃戦時代の到来をいち早く予見した産官軍結合体制のイニシアティブを正当に評価する一方で、長期的展望から見ると、この結合体制が、労働者階級や大衆運動などの市民社会にたいして、「能動的な同意を慎重に組織」する実効性に欠けていたと主張している点にある。竹村氏は、日本帝国主義の危機に対応した日本的ブルジョアジーが、知的道徳的ヘゲモニーという点において、一貫して不安定さを際立たせていた事実を確認することをつうじて、政治社会と市民社会の均衡を回復するための新たなヘゲモニー装置・強力なイデオロギーとしての「天皇制のカリスマ化」の同時的形成・成熟・完成の過程を骨太に描きだすのである。さらには、「天皇制の真空化＝天皇宗教の創出」と呼ぶこの過程を、ドイツにおけるナチズムやイタリアにおけるファシズムなどと「同床異夢のイデオロギー」に比定することで、兵器生産主導型蓄積の生産過程が、20世紀初頭の資本主義諸国に同時発生的に起きたフォード主義やテーラー主義などと同質の「修正資本主義体制」であったのと同様に、天皇制のカリスマ化も、「日本帝国の幻想的共同性」が、サンディカリズム＝労働組合主義のごとく、下から進んで民主主義的に展開した「モダン的運動」に他ならなかったと整理するのである。こうした論点は、天皇制の重大な政治的役割を指摘しながらも、これを、特殊な上からの先導的役

割=「絶対主義的性格」の範疇で理解し、国民諸階層が現実に持っていた天皇制への民族的エネルギーを正しく議論できなかった講座派の天皇制ファシズム論に対する鋭いアンチテーゼとなっていたことは言うまでもない。

　そして3）では、このような天皇主義サンディカリズムの思想的根拠を示すものとして、北一輝、上杉慎吉、安岡正篤などの思想家の日本国家論、彼らから影響を受けた吉野信次、岸信介などの軍部・行政官僚の経済政策が検討され、彼らの日本改造計画が、天皇の神格化を、日本資本主義や民族意識を再統合するための政治的機能として利活用する構想をもっていたことが明らかにされる。竹村氏は、これら純粋に日本的な日本主義と結びついた「修正日本資本主義」を、マルクス主義に代わって台頭した究極的な社会革命の理論と位置づけ、1930年代以降に展開する民族国家日本の強度な統合力の思想的源泉を模索するのである。重要なことは、こうした思想体系が、軍部による独裁的権力を擁護するものではなく、国家権力の発動による日本資本主義の革新を目的とした日本的な近代思想のひとつであったと理解することにあるだろう。

　さて最後に、件の高橋亀吉について寸言しておきたい。私見では、上記の竹村史学の理論的枠組みを踏まえると、これまで一貫性がないと思われてきた高橋の経歴や言動に、高橋独自の日本資本主義に対する論理を発見することができると考える。順に確認しておこう。まず経済評論家である高橋にとって、第一義の経済的課題は、日本の金融・証券市場の発展とそれに結びつく新実業家群の創造的イノベーションを促進することにあったと言える。そのうえで高橋が、日本資本主義の宿痾と称すべき課題としたのは、同時代の日本マルクス主義と同様に、農業経済の後進性に代表されるような産業構造の「遅れ」に他ならなかった。しかし、こうした問題を、後発資本主義国の発展においては「通常・不可避の事態」と把握していた高橋は、国家権力を背景とした「上からの経済改革」（新平価金解禁論や産業合理化の推進など）によって日本資本主義の不均衡は是正できると考えていた。言い方を変えれば、高橋は、天皇主義サンディカリズムの思想体系と同様に、マルクス主義のような暴力的な革命理論を介さない方法で、日本資本主義の体制内変革は可能であると考え、そのもとで具体的な政策提言を展開していたのである。高橋が近衛新体制に参与する経緯は、こうした視点を持ってはじめて理解することができるだろう。ただし近衛新体制期に高橋が提起したマクロ経済政策とそれを実践する国家体制とは、高橋にとって、あくまで日本資本主義改良のための「過渡的」な権力構造として把握されていたことは留意しておきた

い。すなわち高橋経済理論の最終目的は、内在的問題を抱える「天皇制のカリスマ化」を維持・再生産することではなく、こうした民族的エネルギーに再統合されない軸足のしっかりとした国民経済を育成しながら、漸次的には、欧米資本主義諸国と同質の自由主義市場を日本社会に根付かせるさせることにあったと考える。いずれにしてもこれらの具体的な問題は、今後の評者の課題とし、竹村史学の将来的な発展へとつなげてゆきたい。

天皇主義サンディカリズムと国家神道

林 淳

（愛知学院大学教授）

　1930年代以後の日本国家の政治体制をファシズムで語ることを、竹村民郎がきびしく拒絶したことは、竹村の著作の読者であればよく知るところであろう。日本を対象にした近代史学では、戦前の政治体制についてファシズムが常用された時期があった。たとえば「天皇制ファシズム」、「日本のファシズム運動」などは、アカデミズムの内外で定着した語彙であった。そのもとは、スターリンによる「ファシズムとは、金融資本にあやつられる公然たる独裁的恐怖政治体制のことである」という定義があった。この定義を安易に日本に転用させてしまえば、1930年代以降の国体と結びついた「修正資本主義」の政治構造の本質を見抜くことができなくなると、竹村は警鐘を鳴らしつづけた。それではファシズム概念のどこが問題なのか。

　ファシズムは、言うまでもなくムッソリーニのファシスト党からくる。日本でも陸海軍の将校、民間右翼が、血盟団事件、五・一五事件、二・二六事件などの急進的な直接行動をひきおこし、政治の現状を転覆させようとした。首謀者のなかには、ファシスト党の運動に心酔していた人物がいたのも確かであった。しかしクーデターは成功することなく、収束していった。ファシスト党やナチスのような民間団体が、直接行動によって政権を奪取することは、日本ではなかった。権力を握ったのは、じわじわ勢力を伸張してきた軍部・行政官僚と財界主流派であった。クーデターが失敗した一つの原因は、天皇が持っていた、尖鋭的な直接行動を押さえる抑止力が働いたからであった。天皇には、勢力均衡をもたらす仕組みが秘められていた。竹村は、つぎのように書いている。

　私が天皇主義サンディカリズムの概念を考えた経緯には、日本における天

皇の国内的地位の独自的性格についての理解が深くかかわっているのである。[1]

　天皇主義サンディカリズムとは、竹村の造語である（と思う）。論文の中で、竹村は説明してはいるが、必ずしも十分な説明であるとはいえない。「農政における一九二〇年代――天皇主義サンディカリズム形成過程についての一視点」という、農政官僚の石黒忠篤の行動と理念を扱った長大な論文には、副題にある天皇主義サンディカリズムについて、説明はなく言及もされていない。竹村の頭脳のなかでは、石黒たちの農政の合理化の挫折は、1930年代の天皇主義サンディカリズムの形成につながる一里塚の出来事だったのであろう。しかし石黒と天皇主義サンディカリズムの連関性について、説明は十分ではない。竹村にとっては、1930年代の天皇主義サンディカリズムは疑いようもない確固たる概念になっており、あえて注記し説明を加えるまでもなかったと思われる。

　20世紀初頭に産業合理化を進める動きが、アメリカではじまり、世界を席巻した。それは、ヘンリー・フォード、フレデリク・テイラーによって考案された科学技術と労働を効率的に活用する生産の方式であった。それは、フォード主義、テイラー主義と呼ばれるようになる。

　1908年にヘンリー・フォードは、自動車工業において画期的なイノベーションを行なった。ガソリン自動車「モデルT」の生産であった。ベルトコンベアーを使った組立てラインがあり、流れ作業による機械の製造であった。部品は、標準化され部分化され、すべてが交換可能になった。フレデリック・テイラーは、労働者の作業量を科学的に計測し、それを実行するための制度改善を行なった。フォード主義、テイラー主義は、テクノクラート（技術官僚）によって推進されるテクノクラシー（技術官僚が管理する社会経済体制）であり、技術の合理的な効率を意図し、世界中に広まっていった。それは、ニュー・ディール政策のアメリカの諸機関にも、計画経済のソ連にも、ナチスドイツにも、イタリアのファシズム党にも同じように産業合理化運動として拡大していった。「ナチスは、フォード主義だ」という評価があるが、真実の一面をついていた。日本にも産業合理化運動は導入されて、産業、軍事、行政が一体化した「修正資本主義」が誕生する。

1　竹村民郎著作集IV、289頁。

それによって自由主義経済を批判し、国家が統制経済を実現していく。20世紀前半の先進国の産業合理化とテクノクラート支配の世界的な拡張を注視し、戦前日本がそうした潮流の一環に併呑されていたことを指摘したところに、竹村の歴史家としてスケールの大きさがある。

　それでは竹村のいう天皇主義サンディカリズムとは、どのようなものか。サンディカリズムとは、アナーキズムの影響下にあった労働組合の潮流のことであった。イタリアのサンディカリストは、鉄道労働者などを基礎にして直接行動を主張した。ムッソリーニの急進的なファシスト党ができると、サンディカリズムは、人々がファシズムへ渡っていく橋の役割をはたしたという。日本でいうと、北一輝、上杉慎吉、安岡正篤は、マルクス主義、自由主義経済を批判して現状を否定し、直接行動による天皇中心の急進的な国家改造を説いた。竹村は、彼らの思想内容を天皇主義サンディカリズムと呼ぶ。竹村の文章を繰り返し読んでみても、私には腑に落ちないところがある。ここでは、あえて誤解をおそれずに二つの疑問点を提出してみよう。

　第一に、天皇主義サンディカリズムに二つの異なる意味が重さなりあっているように思われる。

　　A　北、上杉、安岡の思想内容。
　　B　天皇が、諸勢力の競合や突出を抑止し、均衡回復の統合的機能をはたすこと。

Aは、尖鋭的な行動をおこし、国家社会を転覆させようとする急進的思想であるが、Bは、天皇の存在が急進的思想を抑止し社会に均衡をもたらす機能をあらわす。Bの存在が、Aのクーデターをいつも頓挫させる。竹村は、天皇主義サンディカリズムを、Aの意味に使っているのだが、その説明にあたってはBの意味でも使う。Bの天皇の機能の仕組みがあればこそ、ファシズムなどの西洋的な概念では解き明かせない要点であったはずである。天皇主義サンディカリズムをAの意味に限定し、Bについては別な概念を用意した方が、理解しやすかったように思われる。

　第二の疑問は、「天皇のカリスマ化」という竹村の言葉があるが、カリスマ化がどのように進むのかについて具体的な過程は述べられていない。産・軍・政連携の「修正資本主義」の形成と相即しながら天皇主義サンディカリズムは展開す

る。そこでは、天皇のカリスマ化が、「神託王権者」「天皇のカリスマ的、人気の立場」という表現で語られている。しかしどのようにして天皇はカリスマ化するのか。天皇像が、北、上杉、安岡などが抱いていた急進的な天皇崇拝を吸収し、彼らの活動が顕在化すればするほど、カリスマ化が進んだのであろうか。たしかにそのように読むことができる箇所は、つぎのようにある。

> 天皇は日本帝国の幻想的共同体を一身に具現した現人神となる。天皇―皇室は北―上杉―安岡（正篤）など天皇主義サンディカリズムを媒介して、みずからの宗教的権威を強化して、一方天皇―宮内庁―重臣グループとして、政党的政治にヘゲモニーを行使した。[2]

　天皇の宗教的権威が強化されるのは、北たちによる天皇主義サンディカリズムが媒介的に機能したからだ、と竹村は見ているようである。しかし竹村のコンテキストを敷衍していくと、つぎのように考えることもできる。さまざまな諸勢力が競い対抗しているなかで、天皇はそれらとは一線を画して超然としてなくてはならない。世俗の諸勢力から離脱して超然としていることによって、どの勢力とも等距離を保ちつつ、それ故にどの勢力からも幻想の投影対象になりうる空白のスクリーンになったとも解釈できる。竹村じしんは、前者の解答を出しながらも、後者を承認しているように読むこともできる。どちらに天皇のカリスマ化の要因があるのであろうか。このことは、ＡとＢの違いに対応している。つぎに私は、国家神道についての自説を展開したいと思う。

　国家神道研究においても、1930年代からの天皇の宗教的権威の上昇はこれまでも議論になってきた。この時期以降、権力は、つぎつぎと宗教団体の弾圧を行使した。1925年に施行された治安維持法には「国体若ハ政体ヲ変革シ又ハ私有財産制度ヲ否認スル」とあるように、社会主義、共産主義の運動への弾圧が最大の目的であった。しかし第二次大本教弾圧、天理本道弾圧、灯台社弾圧にも、治安維持法が適用された経緯がある。1941年には治安維持法改正案が出され、「国体ヲ否定又ハ神宮若ハ皇室ノ尊厳ヲ冒涜」するような社会運動、類似宗教運動も、取締りの対象になった。かつては「国体を変革」する運動が弾圧されたが、「国

2　竹村民郎著作集Ⅳ、339頁。

体を否定」する団体、宗教運動も、弾圧されるようになった。権力は、少しであっても国民の間に異質・差異があることを許さず、天皇の光明のもとで生きる均質度の高い、国家神道を信奉した国民を求めた。国家が宗教弾圧に走ったのは、国家自らが自己を宗教に変容させて、内部から異質な分子を排斥しようとしたためであった。ゆえにキリスト教であろうと仏教であろうと教派神道、類似宗教であろうと、弾圧の対象になる可能性は常にあった。弾圧を逃れた唯一の例外は、国家神道であった。国家が、国民に皇室と神社への服従を強制的に求めることによって、宗教国家を現出させつつあった。「天皇が宗教化した」「天皇の宗教的権威の上昇」という言い方は十分ではない。国家の頂点には天皇という神格があり、国家神道の祭祀と崇拝を通じて、国民が身も心も天皇に捧げる宗教国家になった。靖国神社は、兵士やその家族が身も心も天皇に捧げた護国の聖地になった。

　技術と労働力を効率化させた産業合理化が、国民のエネルギーを効率的に調達する宗教国家に結びついた事例といえる。天皇が宗教化したわけでも、カリスマ化したわけでもなかった。国家が宗教化したのであった。産業合理化の行くつく先が宗教国家であったという近代史の逆転劇が、ここにはあった。

昭和モダニズムの気骨と火花
『竹村民郎著作集』の公刊に寄せて

伊東 貴之
(国際日本文化研究センター教授)

　あるいは、他の多くの読者も同様かも知れないが、筆者が、直接の面識や知遇を得る以前に、竹村民郎氏の御尊名を知ったのは、世評も高く、文字どおり洛陽の紙価を高からしめ、ロングセラーとなった、同氏の代表作の一つ、『廃娼運動——郭の女性はどう解放されたのか』(中公新書、1982年) によってであった[1]。竹村氏は、同書において、廃娼運動こそが、いわば近代日本の深い荒廃を最もラディカルに告発したと記されているが、氏の御専門の経済学や経済史などには、全くの門外漢でもある筆者は、著者はおそらく市民運動史などの研究者で、言葉の良質な意味における、リベラルな左翼の如きお立場の方かと、勝手に思い込んでいたものである。

　もっとも、同書もまた、一箇の廃品と化した女性たちへの深い同情と人道主義的な熱い情熱、近代日本の歪みに対する鋭い批判と告発の意識を、その脊柱に据えながらも、同時に、花柳界が持った文化としての側面にも眼を注ぎ、宮武外骨や九鬼周造、山本宣治といった人々による、むしろ性の自由な解放を模索した志向をも評価するなど、一筋縄では行かない多面性や幅の広さを見せており、思えば、こうした複雑さや懐の深さこそが、竹村氏の人と学問を貫く真骨頂なのではあるまいか。

　私事に亘って、甚だ恐縮ではあるが、筆者は、根っからの東京っ子で、5年ほど前に、京都の国際日本文化研究センター (日文研) に赴任した。日文研では、国内外の研究者との研究上の交流、親睦の意を籠めて、国際シンポジウムや学術

1　竹村民郎著作集第Ⅰ巻所収。

講演会、共同研究会など、さまざまな会合や催しの後に、懇親の場が設けられることが多いのだが、そうした場で、竹村民郎氏のお姿をよくお見掛けすることとなった。日文研の大先輩の先生方とも、ごくお親しいお話しぶりから、やはり筆者は、初めてっきり日文研を御退任なされた老先生かとさえ思ったものである。
　猛禽類のような鋭い炯眼とは裏腹な、軽妙洒脱で自在なお話しぶりから、竹村氏をよい意味での関西人特有の人証し（失礼！）のようなお方かと思い込んだのもまた、重ねての誤解であることが分かったのは、更に後のことである。そして、ある時、当の竹村氏御本人から、小生が主宰する共同研究会に加えて欲しいとのお申し出を承ったのだが、その折にもまた、一驚することになった。
　実は、中国思想史などを専門とする筆者は、2011（平成23）年度から2014（同26）年度に掛けて、「「心身／身心」と「環境」の哲学——東アジアの伝統的概念の再検討とその普遍化の試み」と題する共同研究会を通じて、朱子学などを中心とする東アジアの伝統的な諸概念の再検証に加えて、その現代的な意義の追求や検討のような試みを行っていた。その頃には、遅蒔きながら筆者も、竹村氏が、そのデビュー作でもある大著『独占と兵器生産——リベラリズムの経済構造』（勁草書房、1971年）などの多くの著作を通じて、夙に江湖に令聞の高い経済史家であることは、疾うに承知してはいたものの、そのお方が、古めかしい儒教思想などに関心を示されたり、お心を寄せられたりされることに対しては、率直に申し上げて、些かの違和感もあったことは、事実である[2]。
　その上、竹村氏のお申し出によれば、氏は目下、安岡正篤に大きな関心を寄せており、小生の共同研究会の席上でも、彼の天子論について、天皇主義サンディカリズムの視点から、私見を御報告なさりたいとの仰せであった。これには、またまた、恐縮を通り越して、思わず驚倒したことを告白しておきたい。
　やはり門外漢の筆者としては、その全貌を過不足なくお伝えするだけの能力を持ち合わせていないため、読者諸賢におかれては、委細に関しては、まずは、竹村氏御自身が、今般の著作集のために新たに書き下ろされ、第Ⅳ巻に収録された、御高論「一九二〇—三〇年代、帝国の危機における天皇主義サンディカリズムの形成——産業合理化運動と産官軍連携に関連して」を繙かれたい。

2　同書に関しては、著作集では、第Ⅳ巻『帝国主義と兵器生産』、第Ⅴ巻『リベラリズムの経済構造』にそれぞれ収録論文が分割して、収載されている。

また、更に御関心をお持ちの向きには、些か手前味噌になって、重ね重ね恐縮の至りではあるが、前述の共同研究会の報告論集として、来春の3月、この年度末には刊行予定の論文集『「心身／身心」と環境の哲学——東アジアの伝統思想を媒介に考える』(汲古書院)に収録予定の竹村氏の玉稿「二十世紀初頭、安岡正篤の日本主義における直接的行動主義——安岡正篤のベネデット・クローチェ訪問計画に留意して」に就いて看られることをお勧めしたい。門外漢ながら、序でに附言すれば、グラムシ・ルネッサンスに先駆けて、グラムシ思想をその根柢において深く体得し、活用された竹村氏が、今度は安岡正篤との関わりやグラムシ自身による批判を介してとは申せ、全くその思想的立場や肌合いを異にする、クローチェに着目されておられる点も、思想史的には、甚だ興味深いところである。
　加えて、この「天皇主義サンディカリズム」を中心とする、戦前期日本の経済史に関する竹村氏の卓見の学説史的な意味、取り分け、それが旧来型の講座派マルクス主義における「天皇制ファシズム論」とは、如何なる径庭があり、如何に画期的なものであるかについては、本著作集全体の書評として、氏とは御同業の新鋭でもある、影浦順子氏が実に正鵠を得た総括を行っており、是非とも、そちらを参看されたい[3]。
　経済学的な観点からの竹村説への評価は、影浦氏の卓抜な書評などに譲って、ここでは、むしろ筆者の専門とする中国哲学・思想史の立場から、予て安岡正篤に対して抱いていた印象などを少しく綴ってみたい。
　思えば、安岡正篤とは、摩訶不思議な人物、敢えて非礼を懼れずに申せば、些か不可解な男である。戦前期には、いわば草莽の国家主義的・農本主義的な青年運動に従事し、終戦の詔勅を起草するなど、右翼的な人物と見られながら、戦後も一貫して保守政界の領袖たちの指南役として、影の御意見番の立場を維持しつつ、自身は政治の表舞台には決して立たなかった男。財界人や読書界の一部に熱烈な信奉者がいる一方で、大学アカデミズムからは、中国や台湾などの新儒家のようには研究対象となることもなく、総じて素人芸的な門外漢の如く無視され続けながらも、例えば島田虔次氏のように、時にむしろリベラルな立場の専門家からも、その学識が高く評価されることもあった人物。剰えその晩節には、甚だ失

3　書評「竹村民郎著作集Ⅰ〜Ⅴ：「竹村史学」の思想遍歴を追求できる一大作品」、『週刊読書人』第3103号、2015年8月21日号。

礼ながら、マスコミでも著名であった女性占い師との老いらくの恋の話題を提供したことでも、世間的には記憶される人物…。

戦前のイデオロギーとは別に、あるいは、それとの関わりで、筆者などが、取り分け、些か奇異の感を懐いたのは、終戦の詔勅を起草するほどにも、深く戦前の政界や皇室の内懐に入り込みながら、それに先駆ける活動には、何処かしら在野的な気分が濃厚に漂っていること、戦後、安岡を師と仰いだのは、吉田茂や池田勇人、佐藤栄作ら、官僚出身の保守政治家であって、党人派などとは、やや一線を画していること、宏池会や経世会の名付け親と目されるように、彼に親炙したのは、自民党的には、むしろリベラル派と言っても良い人脈に連なる人々であったことなどである。

些か勇み足に陥らないことを願うが、前述の竹村氏の論攷などを拝読して、筆者は、こうした年来の謎に対して、一つの回答や見通しが与えられたような心地を覚え、大いに得心が参ったものである。すなわち、竹村氏のいわゆる「天皇主義サンディカリズム」が、統制経済や「日本型産官軍結合体制」、戦時体制論を支える理念的な支柱でもあり、当時の世界資本主義の危機に相逢しての、ケインズ主義やフォード主義をはじめとする、先進資本主義諸国が踵を接して同時代的に導入を試みた「修正資本主義」の潮流の一環として、また、その日本的な受容や展開の一形態として捉えられること、その意味では、敢えて誤解を懼れずに申せば、戦後の自民党政治の裡のむしろ社会民主主義的な要素にさえ連なっているという見立ても、強ち的外れとは言えないと思われたのである。

これに関連して、著作集を通じての竹村氏の主な論点は、むしろ政党や軍、行政官僚による「上からの改革」を再評価する視点にあると思われるが、翻って、初期の安岡が、都市の中間層やインテリ層、労働者などではなく、むしろやや伝統的な農村部の中堅層や知識層の自立に期待を籠めた点なども、善かれ悪しかれ、前者を下支えしつつ、補完するものとして、一面では、戦後の自民党の存立基盤とも、通底している部分を見逃すことは出来ない。在野での安岡の活動には、ある種の草の根民主主義とでも言おうか、何処か戦後保守政治の一時代を画した、田中派的な心情や気分さえ嗅ぎ取れるように感じられる。翻って、中国古典なり、安岡のような人物に親近感を有する政界人が、殆ど地を払ったことと、自民党政権自体が、アメリカン・グローバリズムの直中で、新自由主義的な性格を強めていることとは、存外、平仄が合っているやにも思われる。

更には、取り分け、戦前期の天皇制の問題をどう考えるかは、あらゆる歴史家

にとって、躓きの石ともなりかねない難題であるが、竹村氏の卓見に従うなら、それは飽くまでも、さまざまな要因の絡み合いから、特殊な「日本型修正資本主義」の諸問題を投影したものとは申せ、たんに封建制度の残滓や遺制でも、講座派が主張するような絶対主義的な政治体制でもなく、すぐれて「近代的な現象」であった、翻って見るなら、一過性的な現象に過ぎないと評することも可能であろう。やや穿った見方をするなら、天皇制の存立や存続を批判する論者の方が、動もすれば、その永続性を逆説的に補強しかねない事態に対する頂門の一針かも知れない。

　歴史に if はあり得ない訳ではあるが、もし「天皇制サンディカリズム」が有効に機能した場合、それはあるいは、時に「天皇機関説」に比擬されることすらある、儒教的な科挙官僚制にもとづく伝統中国の徳治主義による皇帝政治とも、何某か交差する部分もあるようにも思われ、錯覚かも知れないが、教条主義的な左翼とは袂を別つ竹村氏が、儒教の政治思想に親近感を懐かれた所以を垣間見たような思いにさえ、誘われる心地がする。また、中国近代で言えば、国民党と共産党との双生児的な体質やファシズムと戦時共産主義との類同性といった問題にも、相応の示唆を与え得るような着眼かと考えられる。

　その他、紙幅は最早、尽きているが、筆者が、竹村氏をてっきり関西人と誤認した理由の一つには、著作集の第Ⅲ巻『阪神間モダニズム再考』に収録されたような、関西伝統のポップカルチャー、マスカルチャーに対する深い造詣にある。しかるに、第Ⅱ巻『モダニズム日本と世界意識』所収の「中村真一郎と田端」を拝承して、竹村氏が生粋の江戸っ子であることにも、少しく驚くとともに、その卓越した学識は無論のこと、改めて氏の懐の深さ、芸域の広さに感じ入った次第である。若輩者の筆者などが、斯様に評するのは、甚だ僭越ではあるが、おそらく竹村氏を育んだのは、大正デモクラシーの最も良質な部分を素地としつつ、リベラリズムからマルキシズム、更には、アナーキズムさえ貪欲に消化された上での、昭和モダニズムを通過した気概であり、その気骨の結晶こそが、この著作集の華やぎとなっているものと思われる。

〈帝国〉時代の戦争とコミュニケーション
竹村民郎「マルクスにおける暴力-戦争概念」の余白に

水嶋 一憲
(大阪産業大学経済学部教授)

　竹村民郎「マルクスにおける暴力-戦争概念」(『竹村民郎著作集Ⅳ　帝国主義と兵器生産』所収)は、マルクスの諸著作(とりわけ、ラシャートル版『資本論』)の独創的かつ根源的な読解を踏まえながら、帝国主義以後の「戦争と世界企業誕生の連関」や、「資本の国際化の新段階(多国籍企業を見よ)における暴力の問題」について画期的な視点を呈示した、力のこもった「試論」である。その冒頭で竹村氏は挑発的な仕方でこう問題提起している、「一つのリヴァイアサンが世界の時空を徘徊している。──多国籍企業のリヴァイアサンが。このリヴァイアサンは国内＝国際的支配を目ざしつつ、一方で現代革命を流産させ、他方で未来の戦争を受胎する」、と。

　そして、「この現実」に肉薄するために、『経済学批判要綱』のマルクスの言葉を引きつつ、次のような──21世紀の今日においてもアクチュアルな意義を有する──段階論的規定が要請されるのである。すなわち、「マルクスが提起した「資本制的生産様式から結合された生産様式への過渡形態」の問題、そしてマルクスの経済学プランにおける「ブルジョア社会が国家をのりこえて拡進すること」、さらに『経済学批判要綱』第三巻における「資本は、富そのものの生産を、したがって生産力の普遍的発展を、資本の現存する諸前提のたえまない変革を、資本の再生産の前提として措定する」──かかる広い視野を十分に念頭におきながら、今後「世界企業」段階は慎重に規定されるべきである」、と。

　かかる要請と探究の指針にもとづき、いまから40年以上前に書かれたこの繊細かつ大胆な論考は、ポスト帝国主義のグローバルな現在、あるいはまた戦争法(安保法制)が日本で強行採決された今日の「世界の時空」のなかで、「資本の国際化の新段階における暴力の問題」をめぐる新たな思考と実践の試み(エッセイ)へと私たち

を再び呼び誘う潜勢力を宿した、文字通りの「試論(エッセイ)」として読み直されなければならないだろう。ここでは、そうした再読の試みの一つとして、竹村氏がきわめて早い時期に鋭敏にも嗅ぎあてられた資本主義の〈「世界企業」段階〉を、ポスト帝国主義のグローバル化時代における〈帝国〉段階として捉え直すアントニオ・ネグリとマイケル・ハートの作業を紹介しつつ、〈帝国〉時代の戦争とコミュニケーションの連関について簡単な考察を行うことにしたい。

　2000年に出版された『〈帝国〉』でネグリとハートは、冷戦終結後のグローバル化の過程で形成されつつある新たな権力形態を〈帝国〉と呼び、世界中で大きな反響を巻き起こした。一言でいえば、〈帝国〉とは──ある中心的な国家の主権とその拡張の論理にもとづく、かつての帝国主義とは異なり──、支配的な国民国家群をもその節点(ノード)として組み込んでしまうようなネットワーク状のグローバル権力のことである。現在の世界は、「二極化」(冷戦構造)でも「一極化」(アメリカや中国といった超大国をその中心とするようなグローバル帝国主義)でも「多極化」(支配的な国民国家群の支配する世界)でもなく、「無極化」すなわち多種多様な権力がネットワーク状に結びついたグローバル権力(支配的な国民国家群や、IMF・世界銀行・多国籍企業・諸種のNGOといった超国家的な政治的・経済的制度、グーグル・フェイスブック・アップル・アマゾン等のコンピュータ・ネットワークを基盤にした「世界企業」やメディア・コングロマリットといった一連の権力のあいだの、不均等ではあるが広範な協力関係にもとづくもの)の構築、つまりは、中心も外部もない〈帝国〉の形成へと「拡進」しつつある。

　それと同時にネグリとハートは、そのような〈帝国〉的権力に抗してグローバル民主主義の構成へと向かう多数多様な集団的主体を──17世紀オランダの哲学者スピノザが提示した異例の政治概念を受け継ぎつつ──、マルチチュードと名指した。さらに彼らは『〈帝国〉』から『マルチチュード』(2004年)にかけて、9・11の攻撃とその後の「テロとの戦争」の渦中で生じたグローバルな世界秩序の変化をきわめて的確に分析し、予見しながら、マルチチュードの概念をさらに練り上げていったのである。

　政治的な主体概念としてのマルチチュードは、まず一方で、単一のアイデンティティを指示する〈人民〉といった概念と区別され、またもう一方で、均質的かつ受動的な社会的力を指示する〈大衆〉といった概念と区別される。同じく階級概念としてのマルチチュードは、〈労働者階級〉という概念──これは狭義では工業労働者のみを含意し(ゆえにそこからは農業やサービス等、その他の部門に

従事する労働者は排除される)、広義では賃金労働者を含意する(ゆえにそこからは貧者や学生、不払いの家事労働に従事する女性など、賃金収入のないすべての人々は排除される)――と区別される。これらとは異なり、マルチチュードは、多種多様な社会的生産(物質的な財の生産のみならず、コミュニケーション、さまざまな関係性、生の形態といった非物質的なものの生産、換言すれば、「生政治的生産」をも含む)の担い手すべてを潜勢的に含み込んだ包括的な概念であり、さまざまの特異な差異からなる多数多様性を指示するとともに、そのように常に多数多様でありながらも共同で活動することのできるグローバル民主主義の構成主体を指し示す開かれた概念である、と言えるだろう。

ネグリとハートの〈帝国〉三部作(『〈帝国〉』・『マルチチュード』・『コモンウェルス』[2009年])が執筆された二一世紀最初のディケイドをとおして明らかになったことの一つは、ネットワーク状のグローバル権力(〈帝国〉)の形成へと向かう流れに逆らって企てられたアメリカ合衆国のクーデタ(「単独行動主義」や「アメリカ帝国主義」)が、軍事的にも経済的にも無残な失敗に終わった(イラク戦争の結末と金融危機が示すように)という事実であり、またそれが、たんにアメリカの失敗のみならず、単独行動主義そのものの破綻を明示するものでもあったという点だ。と同時に、単独行動主義とは正反対の立場から、〈帝国〉へと向かう動きに内側から敵対するマルチチュードの闘争の新たなサイクルが開始されているという事実にも、ますます大きな注目が集まりつつあるという点を併せて指摘しておかなければならないだろう。

このようにネグリとハートは、竹村氏がその論文の冒頭で召喚していた現代の「リヴァイアサン」(ホッブズに由来する概念)をグローバルなネットワーク状の〈帝国〉として再呈示し、その〈帝国〉に抗する多数多様な主体を――ポストフォーディズム時代の「生政治的生産」に従事する――「マルチチュード」(スピノザに由来する概念)として捉え直してみせたのである。では、同じく竹村氏が鋭く予示していた「未来の戦争」、すなわち、〈帝国〉時代の戦争は、今日、いかなるかたちをとっているのだろうか。端的にいって、〈帝国〉時代の戦争とは、地球規模での内戦、グローバルな戦争状態のことにほかならない。そこでは、国内／国外、平和／戦争、友／敵、善／悪といったかつての二元論が解体した世界のなかで、警察活動と軍事活動の区別が溶解し、一体となった仕方で、終わりなきグローバル内戦が繰り広げられているのである。

そしていうまでもなく、そうしたグローバル内戦は、竹村氏が先駆的に取り上

げた「兵器生産」をその不可欠の要素とするグローバル資本(「世界企業」)の動きと連動している。たとえば、近年のドローン開発が顕著に示すように、すでに現在の軍事テクノロジーは戦争・軍事介入・治安維持活動のあいだの境界線をかき消そうとしており、その傾向は今後ますます強まってゆくにちがいない。またさらに留意しておかなければならないのは、今後の「兵器生産」が、〈セキュリティ〉を共通の合言葉とする国家と「世界企業」(グーグルやフェイスブックを筆頭に)が連携しつつ実施する日常的な監視やビッグデータの分析を支えるアルゴリズムを組み込んだものへと向かいつつある、という点だ。私たちは、インターネットやSNS(ソーシャル・ネットワーキング・サーヴィス)を生み出したサイバネティックス技術が、軍事技術や兵器生産と密接に絡み合いながら発展してきたという側面をけっして軽視してはならないだろう。

このようにグローバルなネットワーク社会としての〈帝国〉においては、「拡進」し、遍在する資本とアルゴリズムの関係のなかで、軍事技術と情報コミュニケーション技術がこれまで以上に強く深く結びつくことになる。またそのとき、近代の民主主義や政治批判の土台となっていたコミュニケーション行為とその回路が——今日ではインターネット上のコミュニケーションが、フェイスブックやツィッターといった「世界企業」の所有するSNSのプラットフォームによって制御され、領有されていることからも明らかなように——、コミュニケーションそのものを資本主義の生産形態とする「コミュニケーション資本主義」(ジョディ・ディーン)のもとへ実質的に包摂されているという点に着目しなければならないだろう。

「マルクスにおける暴力―戦争概念」を発展的に継承しながら、〈帝国〉時代の戦争とコミュニケーションの諸編成に批判的に介入し、それらをマルチチュードの領有する共同のプラットフォームへと変容させることは果たして可能だろうか。その可能性を探るうえで私たちに必要なのは、21世紀的現実としての〈帝国〉にしっかりと立ち向かいつつも、『竹村民郎著作集』全五巻が切り拓き、耕してくれた豊穣な領野へと繰り返し立ち返ることであるに相違ない。

竹村先生との出会い

古川 誠
（関西大学社会学部准教授）

　竹村先生と初めて会ったのは、たしか2003年ごろだったと思う。
　井上章一さんが主宰している研究会で『性の用語集』という本を出版するという企画が持ちあがっていた時分のことである。
　その研究会では、性についてのあれやこれやを自由に報告しては皆で論じるということを長年続けてきた。それぞれの得意とする性の領域に関する言葉をあらためて検討し、用語集という形で刊行しようとしたのである。ふだん出席しているメンバーではフォローできない用語のうち二つを担当していただいたのが竹村先生だった。用語は「赤線」と「女衒」である。井上さんが日文研で知り合いだったのでお願いすることになったのであろう。会の方針として原稿だけ依頼することはせず、研究会に出席して報告してもらおうということになった。特に議論したわけではなく雰囲気的に自然にそうなったと記憶している。
　もちろん竹村先生は中公新書の『廃娼運動』の著者として、「赤線」と「女衒」を執筆するにふさわしい第一人者であった。主催する井上章一さんが一番年長という（その当時は）若いメンバーばかりであった研究会に、古希を越えた廃娼運動研究の重鎮が出席して報告するということで若干の緊張を感じたことをおぼえている。なにしろ自分より三十歳以上も年上なのだから。
　ところが初めて接した竹村先生の姿は、年齢を全く感じさせないエネルギッシュさで報告や質疑応答をこなすというものであった。重鎮感はかけらもない。その姿に驚くと同時に深い感銘をうけた。それは、単なる元気さとは異なる研究者としての本質を持った人間の姿がそこにあったからである。最初の研究会での竹村先生の印象は、頭の回転が速い人だということと、自分の考えに固執せず他の人に意見をもとめる人だなあというものであった。軽やかなのである。自説を

重々しく述べ、他に対してそれへの服従を暗黙のうちに強いるいわゆる重鎮風の性格とは正反対なのである。

　研究者や学者というものの本質を何におくのかという問いにはひとそれぞれの答えがあるだろう。私なりの答えのひとつは、思考が開かれているというものである。

　たとえば時間に対して思考が開かれているということを例にあげよう。それは現在の自分の考えはこれから先の時間において、発展したり拡大したりそして時には否定されてしまったりという永遠につづくプロセスの中の一瞬の点にすぎないという認識を常に意識しつづけるということである。自分のたどりついた考えに固着した瞬間に時間への思考の開きは消滅する。

　他者への思考の開きというものもある。もちろんそれは、他者の考えや自説への批判をうけとめることを意味する。それだけではなく、自分とは違う存在のもっている自分の知らない世界とその豊かさに好奇心をもち、今まで知らなかったことを自分の思考の中に投げこんで思考を活性化させ、溶かし、そうしてまた何らかの考えを作りあげていくというプロセスを楽しむことでもある。

　そして自分自身に対する思考の開きというものも存在するだろう。思考することと自己が存在することとの関わりを常に考えること、すなわち思考の倫理学とでもいうべき側面である。

　ここまでさまざまに述べてきたような思考が開いているその感じを、私は竹村先生から強くうけたのである。学者や研究者といってもそうした思考の開きを感じさせる人は多くはない。竹村先生は貴重な例外であったのだ。

　その時の研究会の基本的な方針は、性の用語のコトバとして出現のしかたや人々へ定着するプロセスに焦点をあてようというものであった。じつは竹村先生の最初の報告では、そうした基本方針がまだ共有されておらず、赤線や女衒の社会的実態の説明が中心だった。われわれ編者は内心これは困ったなと感じた。そしてせっかくお呼びした年長の竹村先生にそのずれをどのように説明するのかに気をもんだ。失礼にあたるのではと思ったのだ。しかし竹村先生はこちらからの報告への批判にあたるような指摘を全く気を悪くすることなく、一生懸命にそして虚心坦懐に聞いてくれたのである。その指摘をうけての再報告に対して、もういちどダメだしのような議論をして再々報告までお願いすることになった。それでも竹村先生は、若い人たちと混じって議論をするのは楽しいと口にして、そのやりとりを楽しんでいたのである。その柔軟さと新しい課題に挑戦することを軽

やかに楽しむ精神は、接しているこちらにも心が躍るような感じをもたらすものだった。

　勝手な想像であるが、この竹村先生の純粋さや柔軟さといった性格は幼少期に東京の田端で暮らしていたということが影響を与えているのではないだろうか。東京に暮らしたこともなく、田端へは一度も足を踏み入れたことのない私のような人間が言うのもおこがましいが、後に個人的に親しくさせていただいてからお聞きした竹村先生の子どもの頃のお話しや、小学校の同窓生であった近藤富枝さんとの対談などを読むと、田端というか瀧野川という地域の持っている独特の文化的な雰囲気が、リベラルで軽やかな人間性を育んだとしか思えない。そして武蔵野台地の東端という地勢的な特徴は、空の広がりを感じさせる明るさと世界を俯瞰する精神をもたらしたのではないだろうか。田端から少し西へ離れているが、同じ台地の縁辺に生まれ育った詩人の田村隆一と似たような雰囲気を竹村先生はまとっている気がしてならない。田村隆一は料理屋の息子として育ち深川の府立三商に通っていたという点で東京の下町の世界にも属しているのだが、しかし共通するのはカラッとした江戸ッ子とでもいうべき精神性である。私のような東北の農家出身の両親のもとで育った人間には、身につけようとしても身につけることのできない都会性がそれだ。竹村先生が芦屋に居をかまえていたというのは、その雰囲気からいってまさにぴったりだと思う。

　本の出版によって井上さんの研究会での竹村先生との接点はなくなった。しかしその後も日文研での研究会などでお会いする機会はあった。

　そのいつかの折りであったか、大文字の送り火をうちに見に来ませんかとお誘いをした。竹村先生もそれはぜひということで、そこから個人的なおつきあいが始まった。送り火の当日は、井上章一さんご夫妻と竹村先生をお招きしての会となった。日本酒とワインを飲み、あれやこれやと歓談して楽しい時間をすごした。妻や息子のことも大変気に入っていただいていろいろな話を聞かせてもらった。お呼びして二年目に来年はご夫婦でぜひおいで下さいとお願いしたのだが、奥さんの由紀子さんがご遠慮されていらっしゃらなかった。その年に由紀子さんがなくなられるという悲しい知らせが届いた。お亡くなりになったその年の送り火にもお誘いした。送り火が遠くでゆらめくのを見ながら慟哭なさっていた竹村先生にはかける言葉もなかった。私たちはお会いすることはなかった由紀子さんのご冥福を祈るしかできなかったのである。その後家庭の事情で送り火の会は中断しているが、ぜひまた竹村先生をお招きしたいと思う。

そうした個人的なつながりの中で、性の用語集の時とは違った竹村先生の世界を知ることになった。たとえば、私は1970年代に小学校の六年間を福島県の常磐炭鉱の地区で過ごしたのだが、竹村先生は同じいわき市の小名浜にある工場の組合へ関わりがありよく出かけていたそうである。同級生の半分が炭住にすんでいた自分の小学校の頃の労働者の世界と、竹村先生が調査や指導のため訪れていた港湾地区である小名浜の工場労働者の世界はまさに地続きであった。そこで同じ空気に接していた人と時間と場所を越えて出会うというのは人生にとってのひとつのよろこびである。

　常磐炭鉱は私が小学校の三年生のころに完全閉山となった。それと同時に同じ福島県の浜通りに完成しつつあったのが福島原発である。大学から京都に住み教員として大阪の大学で教える身となったが、両親はまだ福島県の郡山市に在住している。除染ということでその実家の庭の表面の土をはぎとったものをつめた巨大な袋は、福島の除染をした家々と同じように庭の下に埋められたままである。小学校の同級生や恩師はいわき市で身近に原発の被災者と生活している。この福島の現実を何とか考えようと、大学のゼミでは3・11以降の日本社会を考えるというテーマを設定し、学生たちを福島のあちこちにフィールドワークに行かせている。まさか福島の原発事故後の世界に取りくむこととなるとは考えていなかったが、そうしたミクロな社会学的なアプローチの背後にある原発という存在をどうとらえるのか、そして原発を推進する日本社会をどうとらえるのかということについて、竹村先生の「戦争の歴史的条件」[1]は教えられること大であった。エネルギー問題、電力問題としての原子力発電ではなく、「核」兵器生産の一端としての原子力の産業政策すなわち戦時体制のなかで原子力発電を考えるという指摘は十数年たった現在でこそ再考されるべき論考だと思う。

　労働者の問題そして原発の問題を語るときの竹村先生は、都会的な洒脱さとはうってかわって、きわめて先鋭的かつ論理的に権力を批判する熱い論客だったことは言うまでもない。

　ここまで個人的な思い出を中心にあれこれと書いてきた。最後となるが、私と竹村先生が直接面識を持つ前の最初の学問的な出会いについて触れておきたい。私の中心的な研究テーマは近代日本社会におけるセクシュアリティの変容である。

1　竹村民郎著作集第Ⅳ巻所収。

大学院時代からこのテーマに取りくんでいるのだが、竹村先生が1980年に出版された講談社現代新書の『大正文化』は、修士論文を執筆するにあたってセクシュアリティの変容にとって大きな意味を持つ日本社会の大衆社会化について理解するための最良の本であった。明治末から昭和初期にかけての日本社会の特徴とその変容について、これほど明確なイメージをあたえてくれる本はない。とりわけ社会史、文化史として大正時代を考えようとする研究者にとっては、そうした研究を切りひらいた本としてそしてそうした研究の古典としての価値は今でも燦然と輝いているといえよう。

著作集全5巻—竹村ワールドの展開

田坂 和美
（国際日本文化研究センター元非常勤職員）

　竹村民郎先生の著作集全5巻が東京・三元社より刊行されました。第Ⅰ巻2011年9月の刊行に始まり第Ⅴ巻2015年4月刊行まで、要した期間は4年。書き下ろしが5点含まれ、それだけで合計334頁、400字原稿用紙に換算すれば835枚ともなります。この間の先生のご苦労はなみたいていのことではなかったと思います。

1. 竹村先生との出会い、由紀子夫人のこと

　私が竹村先生と出会ったのは、日文研（国際日本文化研究センター）です。1999年10月から2008年3月まで、私はそこで非常勤職員として出版物の編集実務に携わっておりました。3月末に日文研を辞した私は、4月初め、田舎に帰省する朝に開いたPCのメールボックスに、日文研からのメールを見てドキリとしました。3月末出来上がった『日本研究』第37集と抜刷りをすぐ筆者の方々にお送りしたのですが、竹村先生の抜刷りの表紙のお名前が間違っていたというのです。帰省予定の変更もできず、急ぎ乗り込んだ新幹線のなかから先生のお宅に電話を差し上げました。奥さまが電話口にお出になり（この時が、由紀子夫人と会話した最初で最後でした。とてもよい印象が今も消えずに残っています）、先生に取り次いでくださいました。私はおわびを申し上げて、正しい文字を印刷して間違った部分に貼らせていただく、という対応策を述べましたが、先生は私の非を少しも責めることなく、自分で修正したから、その必要はないとおっしゃったのです。実はこの「事件」が、私の意識のなかでは、竹村先生との最初の出会いなのです。その時の論文「公衆衛生と『花苑都市』の形成――近代大阪における結核予防に関連して」は、今回この著作集Ⅲ『阪神間モダニズム再考』

第一部「阪神間モダニズムの社会的基調」のなかにぴったりと収まっています。

　この全5巻の著作集には、とびら裏に由紀子夫人への献辞が記されています。由紀子夫人は、2009年6月2日、半年ほどの闘病の末に亡くなられたのです。奥さまの突然の発病と闘病生活、その間の先生のご心情・ご苦労は想像を絶します。お亡くなりになってからもずっと、先生はお話のたびに涙声になられるのでした。由紀子夫人は生前、先生の論文にはすべて目を通され、将来きっとみなに理解されるようになる、と学会で孤立する先生を強く励ましてこられたそうです。悲嘆にくれ絶望感に陥ったなかで、先生は由紀子夫人の励ましのことばを思い起こし、奥さまに背中を押されるような心地で、気持ちを奮い立たされて必死でこのお仕事に取り組まれたものと思います。とびら裏の献辞は、先生の真実の心が刻印されたものです。

2. 著作集全5巻とその作成過程にかかわって

　Ⅰ『廃娼運動』、Ⅱ『モダニズム日本と世界意識』、Ⅲ『阪神間モダニズム再考』、Ⅳ『帝国主義と兵器生産』、Ⅴ『リベラリズムの経済構造』と、各巻が500頁を超える著作集。赤と黒基調のカバー地に浮かぶ白とグレーの端正な文字配置、グレーの帯、という意匠も、おしゃれな先生のセンスが生かされているのかなと思いました。各巻に適宜書き下ろしの論文（渾身の力をこめられた）を加えられたり、元版に加筆されたりして、各巻単位でみても、また5巻全体でみても、先生の問題意識と視点が貫かれ、一貫した竹村ワールドを構成していると思います。Ⅱ巻末の「あとがき」から、私は先生が、なぜモダニズム・阪神間モダニズムを問題にされるかがわかり、それが、Ⅳの『帝国主義と兵器生産』のテーマやⅤの『リベラリズムの経済構造』にも繋がっていると納得しました。

　しかし、私は先生の論文の内容について論評するにはとても力が及びませんので、この著作集作成過程のほんの一部に関わるエピソードなどを述べさせていただこうと思います。

　先生は、奥さまが亡くなられてほぼ1年後、寝食などの生活基盤を高齢者施設に移され、執筆などの仕事は元のご自宅でされるという生活をされていたようです。2010年6月2日の一周忌、稲賀繁美氏（日文研教授）の夫人真理さん（悲嘆の極みにあった竹村先生をよくお助けした。先生は彼女を真理ちゃんとよぶ）と二人で先生をお訪ねし、三人で奥さまのお参りをし、いくらか元気を回復された先生に芦屋の街を案内されたことがありました。著作集の校正の手助けを願い

たい、というお話があったのは、その頃だったかと思います。そのおよそ3年後にIV巻のなかの書き下ろし「一九二〇－三〇年代、帝国の危機における天皇主義サンディカリズムの形成」のゲラをお預かりしました。私が芦屋まで出向き、谷崎潤一郎記念館の前で出迎えていただいて、芦屋駅近くの喫茶店でゲラと資料を受け取ったのが最初だったように思います。拙宅に重い段ボール箱が三個か四個送られて来たりしたときは、少々驚きました。それは、天皇主義サンディカリズムの形成に関わる論文のための資料で、高橋是清などの1930年代出版の経済関係書や雑誌、テクノクラシーや「科学的管理」論についてヴェブレンやテーラーに関する著書やコピー、安岡正篤関係で『金雞会報』『国維』のコピーなどでした。私はそれらを机の周りにぐるりとおいて、精一杯、先生の論文との照合作業をしたのですが、論文を書くのもさりながら、この膨大な資料集めと、その資料と「格闘」する先生の大変さを思いました。その後も、執筆の途中で必要な資料が出てくると電話でその資料の「注文」がありました。私はそれを受けると、京都大学の有能なライブラリアン（職人的図書館人！）である友人M氏に検索とコピーを頼みました。彼はいつも快く引き受けてくれました。また、立命館大学図書館の友人たちにも大いに助けられました。

3. 「一九二〇－三〇年代、帝国の危機における天皇主義サンディカリズムの形成」

　この論文は直現在の時点（福島原発事故以後）に立って書かれ、「序」文で、戦争と平和についての研究という先生の生き方をかけたテーマにもとづき、問題意識が展開されています。この「序」をみることで、「帝国主義と兵器生産」というテーマへの繋がりが見えてきます。この「兵器生産」という問題こそ、原発問題を絡めて、現在の経済学の最先端の課題に挙げられるべきと思います。さて、「序」に続く1「思想運動としてのテクノクラシーとドイツ産業合理化運動の展開」、2「わが国における産業合理化運動と科学的管理法（フォード主義・テーラー主義）」、3「日満経済ブロック形成における産軍連携」において、日本の重化学工業化とフォード主義・テーラー主義の導入、労働争議、農村の惨状、岸信介ら経営技術官僚の役割などと興味深い展開がなされていますが、4「天皇主義サンディカリズムと安岡正篤の日本主義」については、特別に、「天皇制ファシズム」「日本型ファシズム」ということばが頭の片隅に既成のもののようにあった私には新鮮で、大いに考察（再考と言えないのは、もとよりよく考えたことが

なかったからです）を迫るものでした。

4.「柳田民俗学の軌跡」と「検証『国民のための歴史学』運動」

　Ⅴ「リベラリズムの経済構造」の第一部の中では特に「柳田民俗学の軌跡」に心引かれました。柳田民俗学に対する社会科学の立場からなされる批判と先生も立場は同じくしながらも、柳田に対する先生の視線には尊敬の念が感じられるのです。「補遺」の締めくくりで、「最近社会科学の理念を否定した次元で、社会と情念の相関を模索していく傾向が顕在化している。いわゆる日本的なものへの回帰現象もまたそのことと無関係ではない。かかる状況への異議申立てに起つ人々にとって、たとえば市民社会の問題をふまえつつ、柳田学の軌跡と社会科学との接点の問題を明瞭に把握することは積極的な意味を持つ」と。私もそのように思います。

　第二部「職場の歴史」をつくる運動のなかの「検証『国民のための歴史学』運動」には、その時期に社会的実践活動に与し、あるいは直接その場に居合わせて、自身の考えをもって誠実にことに当られた先生の強い思いが込められています。運動の混乱のなかで「挫折」し、心身を病み、命を落とし、という痛ましい事実があったことを忘却または無視してはならないと私も思います。先生はこのような重い問題を背負い、戦前コミンテルンの「三二年テーゼ」、戦後1946年の日本共産党「科学技術テーゼ」そして、「五一年綱領」問題、55年の「不徹底な自己批判」の六全協と、これらが歴史学をはじめとする学界や社会運動に及ぼした否定的影響について詳細に追及されています。当事者たちも実名で挙げられていますが、ありがちな暴露記事的下品さが感じられないのは、先生の学問的確信をもとに、傍観者としてではない、社会の民主的変革を望むという大きな課題意識を共有した者としての、真剣で痛切な問いかけになっているからではないでしょうか。

　先生は、私は遺書のつもりで書いた、とおっしゃっています。それほどに、先生は全身全霊、渾身の力を振って、由紀子夫人に背中を押されながら執筆をされたにちがいありません。各巻各章にも、個別に重要な課題提起もされています。先生には今後、これらの課題をさらに追究していっていただきたいと願います。

　〈最後に〉先生が日文研で大いに頼みとされていた当時の日本研究資料専門官西川慈子さんは現在病床にあります。本来なら彼女も喜んでこの文集にそのはつらつとした文章を寄せられたはずです。彼女の名前もここに記したいと思います。

竹村民郎著作集完結を祝って

庄野 満子

(竹村由紀子さま　友人)

　この度、竹村民郎著作集を完結され、心よりお祝い申し上げます。
　由紀子さまが、平成21年6月2日にご逝去されて、6年が過ぎました。
　竹村先生がこんなに膨大な著作集を、由紀子さまに捧げるためにまとめ上げられたことに深く感銘を受けました。
　由紀子さまもどんなにお喜びのことでしょう。
　彼女は先生の助手として、推敲など手伝っていたのだろうと思うと、いまさらながら彼女がまじめで、努力のかたまりだったことを思い出します。
　学生時代、彼女は目が悪かったので、いつも一番前の席に座り、授業に集中していました。控えめで、おとなしく、冷静で、揺るぎないご自分の意見を持っていらっしゃいました。
　昭和30年代、市電が通っていましたので、市電で通学する人も多くいました。私もそうでしたが、由紀子さまもお姉さまといつも一緒に通学されて、とても仲の良い姉妹でした。中学時代、体験入部でテニス部に入ったこともあるそうでした。運動は苦手だと思っていましたが、きっと体力向上を目指していたのでしょう。私はお琴の音に魅せられて箏曲部に入りました。そこで陳麗思さま（平成6年11月ご逝去）と一緒に文化祭に出たのもいい思い出になりました。入学時に全員油絵具のセットを購入し、油絵を描いていたことも、陳さまが中華同文で絵画の先生になったのも、由紀子さまがパステル画を描かれていたのもそんな土壌があったのかもしれません。
　また由紀子さまは、英語への憧憬も一方ならぬものがありました。中学1年、高校2年、3年と3年間同じクラスになりましたが、いつも英語に対する姿勢は真摯で、いつもこつこつと勉強していました。当時、隣に座っていた友人による

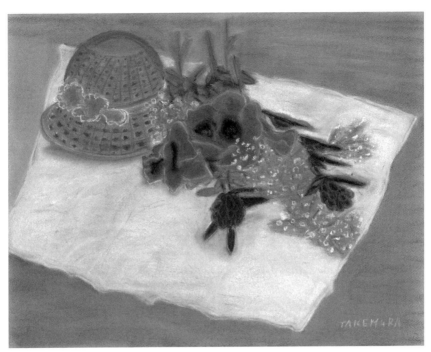

竹村由紀子さま作

と、珍しい鉛筆削りを使っていて、それがオルファのカッターナイフで「親戚のおじさまが開発した」のだと嬉しそうに説明してくれたそうです。私は英語教諭の資格を取りたかったので、旺文社の大学受験ラジオ講座を聴いていましたが、よく睡魔に襲われ眠ってしまいました。彼女はきちんと傾聴していたと思います。大学受験も挫折を味わう人が多い中で、甲南女子大学に入学されて良かったと思っていましたが、入学まもなくお父さま（鈑金工場経営）が亡くなられて中途退学されたのは本当に残念でした。でもそこで諦めることはありませんでした。軽井沢での一週間の語学研修に誘ってくれました。イギリス人の講師で、男女5人ずつ10人のグループで日本語は禁句でした。英語をブラッシュアップするはずでしたが、東京から来ていた三人の女子大生が関西弁に興味を持って、自分たちの部屋に入るとみんな日本語で話していたのを思い出します。

　はじめて、竹村先生にお会いしたのは、お二人の結婚式の前日でした。東京は修学旅行以来2度目でしたが、陳麗思さまと初めて新幹線に乗って東京に行き、彼女の新居となる小平団地に泊めていただきました。お姑さまとお母さまは姉妹

だそうで、お二人ともとても優しい方でした。校訓の和顔愛語を実践されているように、彼女が声を荒げることがなかったのも、優しいお母さまに育てられたからでしょう。先生も話しやすくユーモアのある方だったので、由紀子さまはきっとお幸せになるだろうと確信しました。

　翌日、帝国ホテルで羽仁進氏など著名な方々が列席する披露宴に招待していただき、和やかな楽しいひと時を過ごさせていただきました。18歳も年上の方と結婚を決めたのは、先生が博識で、どんな疑問にも答えてくださったからだと思いました。

　一度神戸に帰って来たとき、お母さまに言われたからとわざわざ美容院で髪をセットして会いに来てくれました。垂水の家に泊まり、義父と三人で明石に魚釣に行きました。父はお酒が好きだったので、いつもお酒ご持参で、その時も彼女に勧めると素直に盃を受けたので、飲めないと思っていた私には驚きでした。忘れていましたが、その時ゆで卵をしたつもりだったのにお水を入れずにセットしたようで、後に「あの時生卵だったね。」と言われたこともありました。私はドジが多かったようですが、彼女にはそんなところは思い浮かびません。結婚後もきちんと家事を終えてから、受験勉強をして、東洋英和短期大学に入学されたことを知らされた時、恩師をはじめ友人はみんな称賛しました。後押しされた先生やお姑さまのお蔭も忘れてはなりませんが、何よりも彼女の努力の賜物だと思いました。はじめはいろいろと悩みもあり、子宝に恵まれないこともありましたが、先生と共に海外研修で各国を訪問し、見聞を広めることができたのは本当に良かったとおっしゃっていました。私どもの会社の百周年の記念行事がストックフォルムであった時、出発前に色々とアドバイスをもらって心強く思ったのを覚えています。海外に行く時はいつも良き先導者でした。街中で老婦人が仲良く歩いているのを見ると、由紀子さまがいらっしゃったら、私達もこんな感じで時を過ごしているだろうなと思います。今まで良い思い出をいっぱい残してくださった由紀子さまに改めて感謝申し上げます。

　先生の著作集の理解は私にはおぼつかないのですが、由紀子さまを偲ぶよすがに致したいと思います。本当に有難うございました。

　先生が由紀子さまのことをいつまでも愛しく思われ、お元気でご活躍なさいますことを心よりお祈り申し上げます。

「国民のための歴史学」を考える
竹村民郎著作集から

井上 章一
（国際日本文化研究センター教授）

　歴史の本や論文を、私はよく読む。同じ書き手のものをおいかけることもないではない。そして、時に考えこまされる場合がある。たとえば、なぜ彼はこんな史観をたもちつづけたのだろうか、と。あるいは、あのころから彼が歴史の見方をかえだしたのは、どうしてかというように。

　そんな私の疑問に、政治的な裏話をしめしながら、こたえてくれる研究者がいる。彼は共産党の忠実な党員で、あの考えをあらためられなかったんだ。彼は党をやめたんだよ、ちょうどあのころに、それでああいう議論をしはじめたんじゃないか。とまあ、そういった説明をしてくれる事情通も、年輩の研究者に多いが、いなくはない。

　だが、共産党とのかかわりを学説史の読み解きにそえてくれる論文は、ほぼ絶無である。たいていの研究書は、いや概説書も、そのことにふれようとしない。どれもみな、口をとざしている。

　ただ、酒席などで、そういう話に接することは、ないでもない。ことの真相はこうなんだと、秘密をうちあけるかのようにつげられることも、ままある。なるほど、そういう事情があったのかと、それでこちらも納得したりする。ひとつかしこくなったようでうれしくはあるが、しかしこれはこまった状態だなとも思う。

　というのも、共産党の文化指導が歴史研究を左右した経緯は、あまり活字化されていない。書物や雑誌で歴史と接する人には、つたわりにくくなっている。学界で酒席をともにする人だけが、ひそかに先輩から口頭で伝承される。そういう隠微と言うしかない現状を、私はにがにがしくながめてきた。

　物理学や化学をはじめとする科学については、その裏面がしばしばしらべあげられる。国家の要請をはじめとする政治が、科学を左右する。企業献金もふくむ

資金繰りの都合で、テーマの設定がかえられる。そのからくりを、科学史の研究者たちは、ていねいにときほぐしてきた。

くらべて、歴史学は暗い学問だなあと、私は思っている。あるいは、史学史のことを非力だとなげくべきなのかもしれない。歴史学の学界でも、史学史の重要性をことあげする声は、よく聞こえてくる。ならば、もう一歩ふみこんで、歴史学の推移に共産党がおよぼした影響の数々も、きちんと書ききってもらいたい。

その点で、竹村民郎があらわした「検証『国民のための歴史学』運動」は、出色である。

1950年代前半のことであった。共産党の文化指導と深くかかわりあった歴史家たちは、急に古い神話などをもちあげるようになる。たとえば、ヤマトタケルのことを建国前史の英雄として、語りだした。石母田正や藤間生大らが。

この背後には、1950年代初頭における共産党の方針転換がある。占領軍を解放軍とは、じゅうらいそう位置づけてきたのだが、もう見ない。日本を植民地化しようとする帝国主義の軍隊だと、共産党はとらえなおしだした。そして、アメリカへの依存心をいだく当時の日本人に、自立の気構えをうえつけようとする。民族精神などを、あおりながら。

ヤマトタケルの「英雄時代」が高唱されたのはそのためである。共産党の新しい方針が、党にくみこまれた歴史家たちの言葉を、かりたてた。そう竹村は、当時の情勢を、生き証人のひとりとして喝破する。

のみならず、共産党の方向転換が、ソビエトからたきつけられていたことも見すごさない。コミンフォルムからはっぱをかけられて、新しい方向へ走りだしたことも、書きとめている。つまりは、ソビエトへの忠誠心、民族自立の情熱とは反対の心根が、裏面にあったことも。

1950年代初頭の人文諸学は、「英雄時代」をめぐる論争にわきたった。歴史学のみならず文学の学界もまきこまれている。民族の英雄が、ソビエトからのあとおしで語られだしたという分析は、あじわい深い。

竹村じしんは、民族の英雄像を記紀神話からひろいだすこういう時勢に、反感をいだいた。また、井上清をはじめ、背をむける歴史家も、すくなくなかったという。

なお、共産党は1950年代なかばになって、ふたたび方針をかえている。武装闘争にふみきった50年代以後のやりかたを、反省した。それ以後は、冒険的な

行動をおさえ、組織の温存をはかるようになる。

　石母田をはじめとする党の歴史家たちも、かつてのゆきすぎを申し訳けなげに、ふりかえりだした。だが、竹村はそれも不徹底であったという。問題のすりかえに終始していたと、批判する。後世の評価、小熊英二などのそれも、判断が甘いと言いきる。

　ちなみに、私はこの時、石母田が東大の佐藤進一へ歩みよったと、考える。それまでは実証主義者として小馬鹿にしてきたアカデミシャンへ、近づいたと見ている。政治的な局面での失敗を、学界遊泳でとりかえそうという下心もいだきながら。

　そして、佐藤とその一派も、いちおう石母田をうけいれたような気がする。この野合が、のちの歴史学へおよぼした影も、いずれは問題にしなければならないな。私は、そう考えている。

　石母田をはじめとする党の歴史家がしめした姿勢に、竹村はやりきれない感情をいだいた。つとめていた『歴史評論』の編集部も、そのせいでやめたという。

　「ために、彼らからひどく恨まれ、このあたりのことはここでは省略するが、それはひどい仕返しをうけた……」。

　この一文に、竹村は万感の想いをこめていよう。すべてはおしはかるしかないが、政治と学問のいちばん暗い部分を凝縮した一行だと思う。

　竹村の「検証『国民のための歴史学』運動」は、ひところの学界をしばったいわゆる「三二テーゼ」にも、言いおよぶ。コミンテルンが1932年にまとめた「日本に関するテーゼ」も、とりあげている。周知のように、このテーゼは当時の天皇制を絶対主義の体制として、とらえていた。

　1932年以後、多くのマルクス主義歴史家は、これをうけいれている。明治維新のことも、絶対王制の成立をあとおしした変革として、位置づけるようになった。

　敗戦後は、この見方が一般にもひろがりだす。マルクス主義史学以外のところにも、飛び火した。竹村は、武谷三男のような物理学者までこれをうけいれたことに、時代のいきおいを見ている。

　さきほど、井上清がソビエトにあおられた「英雄時代」論からそっぽをむいたと、のべた。だが、その井上も明治維新を絶対王制の成立期とする史観に、したがっている。基本的には「三二テーゼ」の枠組に、とどまった。それだけソビエ

トの、コミンテルンの権威は強かったということか。

しかし、1950年代のソビエト人研究者たちは、誰もこんな見方をしていない。ソビエトで書かれた日本近代史の本などを見れば、ことは一目瞭然である。たいていの研究者は、明治維新をブルジョワ革命の一例として、とらえている。ソビエトでは、日本に関する「三二テーゼ」など、とっくにお蔵入りをしていたのだと言うしかない。

井上は、この問題をめぐってソビエトの史家たちと、論争をくりひろげたこともある。そう、井上はソビエト史学の権威に、かならずしもなびいていなかった。彼がこだわったのは、古いソビエトが定式化したテーゼのほうだったのである。

いや、井上だけではない。明治維新で絶対王制ができたとする史観は、1970年代ごろまでたもたれた。ソビエトの史学界が早くにすてた考えを、日本の歴史学はずいぶんあとまで生きながらえさせている。

このことを、後世の我々は、どううけとめればよいのか。ざんねんながら、竹村はその手がかりを書いていない。こちらは、私たちが、いや私が考えていかなければならないなと思っている。

1930年代以後のソビエト史学を見ていて気づくことが、あとひとつある。あちらでは、日本に奴隷制の時代＝古代があったと、とらえてこなかった。奈良時代の蘇我氏や物部氏のことも、農奴制にのっかる封建領主として、位置づけている。つまりは、奈良時代を古代ではなく、中世としてえがいてきた。

このソビエトによる時代区分を、当時の歴史家は、マルキストもふくめ、しりぞけている。渡部義通以後の、たとえば石母田や藤間は相手にしなかった。あるいは、戦後日本の学界も。

「三二テーゼ」のほうは、つつしんでうけいれている。明治以後を絶対王制の時代に、してしまった。だが、奈良時代をソビエトにならって、封建時代＝中世にしようとはしていない。これは、いったいどういうことなのか。

私の率直な感想を言えば、日本の歴史学はソビエトに学ぼうとしてこなかった。敗戦後に共産党が親ソビエト的であった時代でも、そっぽをむいている。日本側がうやまったのは、「三二テーゼ」だけなのである。

どうして、あれだけがありがたがられたのか。竹村の貴重な論考を読んだあとの今も、そのことがわかならない。まだまだ、さぐらなければならないことどもは、たくさんのこっているようである。

竹村民郎先生の長生を祈る

長田 俊樹
(総合地球環境学研究所名誉教授)

1.

　竹村先生にはじめてお目にかかったのは日文研の共同研究会だったように記憶する。しかし、残念ながら、いつどこでお会いしたのかと突き詰めていっても、その最初は思い出せない。ただ、いつの間にか、ずいぶんと親しく会話を交わすようになった。私が鈴木貞美さんに楯突くような発言(犬の遠吠えのようなものだが)を繰り返していたが、それをお聞きになった竹村先生が、なかなか元気な奴がいると声をかけて下さるようになった。それが竹村先生と関わるようになった端緒だと理解している。それ以来、お目にかかるといろいろとお話しするようになった。ときには、ロナルド・ドアと昼食をする竹村先生に同席することもあったが、つねにその批判的精神にふれて、奮い立たされることが多い。その思いをもって、ここに著作集に感想文を寄せている。

　現在、竹村先生とは井上章一共同研究会でお目にかかることが多い。わたしは井上さんとは同学年だ。お互いまだ若かったころ、井上さんとよく話しあっていたことがある。それは次のようなシチュエーションを想定したときの自分の対処法、あるいは生き方についてである。具体的には、自分が書いた論文や著作に対するコメントへの対処法である。コメントには二つのタイプがあり、それぞれに対する反応がある。まず、コメントには問題の核心を付いた批判的な場合と問題から外れているが、ただひたすらに褒めたたえる場合の二つがある。それらコメントに対する反応をめぐって、二人で確認しあったことがある。

　若いときは前者をありがたいと受け止め、後者には問題の本質を見ていないと逆に腹が立ってくることもしばしばだ。ところが、年を取ってくると、反応がコロッと変わってしまう。前者をオレに刃向かう若造めが、と声高く反論したり、

ひどくなると俺の目の黒いうちはお前を研究者として認めないぞといった態度まで取るようになる。その逆に後者に対しては、ようわかってないようやけど、褒めているのだしそれでエエかと許してしまう。もっとずるがしこくなると、許すどころか、それを持ち上げて、自己正当化の道具として使うことまでやりかねない。「お互い年取ったら、そんな研究者だけにはならんよう気をつけなアカンなぁ」と、確認しあったのである。われわれも還暦を迎えた今、もう一度、このことを肝に銘じる必要がある。

　竹村先生は御年86歳である。その道の大御所である。ただ、「大御所」風はふかしていない。80半ば過ぎなのに、考え方はまだまだお若い。この竹村著作集に寄せられる多数の賛辞やおベンチャラよりも、きっと厳しく竹村民郎の本質を突くようなコメントの方を喜ばれるにちがいない。わたしの力不足から、本質をつけるかどうかはともかくとして、なるべく大絶賛とならないように検証していきたい。

2.

　宗教上の不幸は、一つには現実の不幸の表現であり、一つには現実の不幸に対する抗議である。宗教は、なやめるもののため息であり、心ある世界の心情であるとともに精神なき状態の精神である。それは民衆の阿片である[1]。

　民衆が宗教に頼らざる得ない状況を述べたマルクスの有名な一節である。これになぞらえていえば、こんな文言を思い浮かべる。

　マルクス主義唯物史観の不幸は、一つには歴史的事実の不幸の体系化であり、一つには歴史的事実の不幸に対する抗議である。マルクス主義唯物史観は、なやめるもののため息であり、心ある学問の信条であるとともに、精神なき状態の精神である。それは歴史家の阿片である。

　竹村民郎は16歳で終戦を迎えた。戦争中は軍国少年だったことは容易に推測できる[2]。そうした挫折を経て、戦後の大学人がこぞって経験していったように、その後はマルクス主義の洗礼をうける。しかし、その道も平坦ではない。共産党は1950年に国際派を除名し、山村工作隊として武装闘争をおこなうが、1955年

1　『マルクス・エンゲルス全集』第1巻、445頁。
2　竹村談によると、軍事教練がきらいだったので、軍国少年になれなかったという。

の六全協では国際派と和解し、武装闘争路線を止める。パルタイと一線を画していた学者たちも、マルクス主義的唯物史観に立った研究が必須とされ、理論武装を余儀なくされていった。

　そうした竹村の戦後歴史学体験を赤裸々に語った文章がある。それが「検証『国民のための歴史学』運動　『職場の歴史』をつくる運動に関連して」である。著作集のために書き下ろした力作だ。戦後の歴史学をいかに築き上げていくか、若き日の竹村の姿がそこに描かれている。民主主義科学者協会（民科）の歴史部会や『国民のための歴史学』運動に、直接関わってきた竹村の周りには、「敗戦後のいわゆる『啓蒙時代』におけるわが国の歴史学界において、『レジェンド』となった人々」が多くいた。

　そうした中においても、竹村の心意気は遺憾なく発揮され、ほぼ無給の『歴史評論』の編集をおこなう一方で、1950年代に出た『講座　歴史』全四巻では藤間生大からの執筆依頼を断り、井上清や石母田正、奈良本辰也らと『現代史の方法』（三一書房）を編集する。しかし、ここで挫折する。この『現代史の方法』は上巻だけで、下巻の出版にはこぎつけることができなかったのだ。そして、1960年代後半に、共産党から離党し「もはや歴史家たちが自らを反省し、統一の原理をもとめてフロントを形成する可能性は消滅してしまった」ため、ケインズの「原書精読に没頭したのである」。

3.

　パルタイ活動に挫折した竹村はそこで決して終わらない。そのエネルギーは決して衰えることはない。80年代に入って、『大正文化』（1980年、講談社新書）、『廃娼運動』（1982年、中公新書）と立て続けに新書本を出版する。「竹村民郎　業績一覧」をみてみると、1970年代の後半、一切の執筆がない時期がある。1975年に梅本克己追悼集に書いた「資本論の世界化と原罪－遺稿にふれて」と『現代の眼』に書いた「民主主義に未来はあるのか」以降、若干の書評を除けばほとんど沈黙を守っている。そして、80年代に再び復活したときには、そのテーマから「マルクス」や「資本論」が姿を消してしまい、いわば社会文化史に転向したようにすらみえる。

　しかし、竹村は転向したわけではない。マルクス主義的唯物史観を捨てたのではなく、人民戦線から大衆路線に衣替えしただけだ。著作集第5巻第一部に掲載された、1920年代に関する研究は「世界の帝国主義的対立の新段階との関連に

おいて分析する必要があ」り、それによって、「日本の帝国主義の本質把握をすすめることとなる」とパルタイ的大上段に構えつつも、その分析はあくまでも人物に中心をおいたものである。たとえば、朝鮮植民地での水野錬太郎など内務官僚や農政官僚石黒忠篤といった帝国主義の手先として、その掘り下げる価値もないとされても不思議ではない人々に焦点をあてる。一昔前の学生たち風にいえば、ゾーレンを問題とするのではなく、ザインに関心があったのだ。それが、『大正文化』や『廃娼運動』にも色濃く出ている。ある大正人の一日からはじまる『大正文化』には、マルクスや三二テーゼといった言葉はほとんど登場しない。

　竹村の連続性を示唆する兆候はバリバリの党員だった頃に書かれたものの中にある。竹村から直接うかがったのだが、服部之総に近い立場だったと述懐している。著作集 5 巻では「『三二テーゼ』の理論的枠組みに依拠した服部氏の『日本ファシズム論』は誤った見方である」(58 頁) と理論的には批判することを忘れないながらも、『原敬』での人物描写や『黒船前後』でみせた社会描写を現代風に受け継ぐことで、竹村は生きのびていったのだ。わたしはそう理解している。

4.

　昨年、社会現象にまでなった、ディズニー映画『アナと雪の女王』(原題はFrozen という凍りつく話しなのだが) の主題歌「ありのままで」が大好きだと著作集の最後に述べておられる。常に今に関心を寄せてきた竹村ならではの「あとがき」だ。わたしなどがこんなことを書けば、年寄りが若者にすり寄りやがって、と嘲笑されるのがオチだが、竹村にはよく似合っている。

　じつは、共同研究にご一緒していても、若い女性と話し込むのが大好きで、いつも驚かされる。あの若さの源泉はどこにあるのか。ところが、今から 35 年前に出版された『大正文化』の裏表紙をみて、愕然とするとともに、さもありなんと妙に納得させられたのである。それは、色眼鏡 (サングラスという代物ではない) をかけて、ドスをきかせつつも、にこやかにほほえむ、竹村が写っているのだ。そうか。この色気こそが若さの源泉なのだ。そう思うとともに、職がなくなって老けていくばかりの自分の行く末が哀れにみえてきたのである。

　そうだ。こんなことをしていてはいけない。竹村先生を見習わなくちゃ。

　万国の無職研究者よ！　団結せよ！

　無職だった日々を奥様の内助の功で乗り切ってこられた竹村先生にこの駄文を捧げ、ペンをおくこととする。

「大知識人の神話」を読んで

吉田（古川）優貴
（東京女子大学非常勤講師・明治学院大学社会学部付属研究所研究調査員）

　私が結婚前に住んでいた公営住宅の住民たちは今日も草取りで忙しい。私の母を含め70代以上の高齢かつ独居の住民が多いなか、自治会長を筆頭に早朝から夕暮れどきまでの間、毎日誰かが必ず草取りをしている。月に一度の土曜日が定例の清掃日となっているが、最近はその日に限らず草取りをしているらしい。
　母と私がその公営住宅に転入した日の翌日は清掃日であった。てっきり「引っ越してきたばかりだからいいわよ」（夫婦や親子で入居していても、清掃に出てくるのは女性たちばかりだ）と言われるのではないかと思いながら、一世帯から一人だけ参加することになっていた草取りに新参者二人で顔を出した。しかし、誰も止めなかった。止めるどころか、私たちに話しかける人は誰もいなかった。後に「高学歴なのに一緒に草取りをして、偉いわねぇ」と私に直接言ってくれた人がおり、あのとき参加しておいてよかったと胸を撫で下ろしたものだ。その住民たちの中には母の知り合いがおり、私たちが転入する前に、私が当時大学院生だったことを紹介がてら言って回っていたらしい。それが、他の住民たちの警戒心を強めることになったのだろう。
　大学院に在籍している＝高学歴である＝草取りなどには参加しないはず。この図式を、入居して早々にいくらか壊せたのだと思う。私自身は自分を高学歴だとは思っていない（学歴という言葉自体嫌いである）。学歴に高いも低いもない。私はただ、奨学金をやりくりしながらでも探究したいことがあり、大学院に入った。所定の単位をとり、論文を提出して博士の学位をとって修了しても、何年もの間（あるいは一生）、専任職に就けない。何度、全てをやめにしようと思ったことか。それでも、「大学院に在籍している」というだけで、草取りをきっかけにしなければ公営住宅のコミュニティの住民として認められないような現実が

あった。

　竹村先生の「大知識人の神話」[1]では、イタリアの「大知識人」クローチェの功績と限界がグラムシによるクローチェ論の緻密な分析を通して明解に描かれている。

  ただここで注意しなければならないことは、ヘゲモニーの見地からいって、クローチェは「世俗の法王」であったが、「しかし、クローチェの道徳はあまりにも知識人向きでありすぎるし、あまりにもルネッサンス型でありすぎて、民衆的なものになりえない」[2]ということである。
  われわれはいまクローチェの知的権威をその限定の面からみているのであるが、この関係をさらに深く求めていくならば、そこには彼の知的道徳的影響がほとんど及ばない広範な人民の諸領域を発見するものである。それは主として農民を中心とする膨大なる人民大衆である。[3]

　20世紀初頭の「大知識人」と「民衆」ないしは「人民大衆」との間にある大きな隔たり。しかし、「民衆」の中でも、さまざまな隔たりがある。一方がそうした隔たりを意識していなくても、他方からすればその隔たりは本質的に存在するものだ。

　学部学生時代の偶然の重なり合いから文化人類学という学問の世界に入り、博士課程でこれもまた特にこれといった確固たる理由もなくケニアでフィールドワーク——人類学では「実験室（ラボラトリー）」の対義語として「現地（フィールド）」という言葉を用い、そこでの調査を「現地調査（フィールドワーク）」と呼ぶ——を行った。ケニアと日本を約2年間往き来し、そろそろ博士論文の執筆に取りかかろうとした年に、公営住宅の空き部屋に当選したのだった。

　研究生活のなかで知り合った人たちと話しているとき、よく「実家はどこか」という話になる。その公営住宅は私が通っていた都内の大学院からさほど遠くないところにあった。研究で知り合った人たちからは実家住まいであることを羨ましがられたが、彼ら——そう、「彼ら」は私にとっては集団である——が言う実

1　「大知識人の神話」、竹村民郎著作集第Ⅴ巻『リベラリズムの経済構造』所収。
2　グラムシ『愛と思想と人間と——獄中からの手紙』合同出版、1962年、145頁。
3　前掲「大知識人の神話」、315頁。

家ではなかった。私の実家は、母の死と共に消失するのだ。その実家で、私は博士論文を書き上げ、博士課程を修了した。

清掃日は月に一度のはずが、ここ数年、特に草が生い茂る夏は毎日のように草取りをしているという。私からすれば、「（公営住宅であるがゆえに）いつもきれいでなければならない」という強迫観念に住民たちがつき合わされているように思える。公営住宅が、そしてその住民たちが周囲の人たちにどう思われるか、（誰も何とも思っていないかもしれないが）そういう思いが強いのではないかと。

年々、住民たちは老いを重ねていくが、植物の生の勢いは日ごとに増してゆく。住民たちが刈り取らねばならないのは雑草だけではない。花期が過ぎた一年草は雑草となり、刈らねばならない対象となる。種をつけた一年草はそこここに自らの遺伝子を残し、季節がめぐれば、美しい花が辺り一面に咲き乱れる。そしてまた雑草が増え、住民たちはまた一つ老いを重ねる。雑草は、刈れば刈るほど勢いを増してゆき、住民たちは一つまた一つと老いてゆくのだ。

私の母に言わせれば「雑草」もほかの草花と同じである。彼女は昭和天皇の「雑草という名前の草はない」という言葉をよく引く。本当はそのままにしておきたいらしい。しかし、「雑草」は季節ごとの「美しい」花々にとっては、邪魔な存在でしかない。公営住宅という一つのコミュニティそれ自体の秩序は共用部分の庭に象徴される、という意識がそこにはある。庭が雑然としているなら、そのコミュニティは無秩序だとみなされるという意識。「雑草」は雑草として刈り取らねばならない。コミュニティの庭はコミュニティの外の人たちに見える形でコントロールされなければならない。刈り取られた「雑草」の多くはそのままゴミになるが、一部は堆肥づくりの場所に積み上げられる。堆肥は、公営住宅の秩序を守る植物の栄養となり、花の美しさを地下から支えるのである。

＊＊＊

ある土曜日の朝、現在の住まいである旧公団の団地の一角で電話が鳴った。ここに白状するが、私は寝起きのぼんやりとした頭で電話口に出たのだった。めぐり合わせというものはあるもので、こちらが出した賀状への御返事で竹村先生もだいぶ以前に同じ団地にお住まいだったことが判明していた。その竹村先生の溌剌としたお声を聞き、一瞬にして目が覚めたのを今でも覚えている。国際日本文化研究センターでの共同研究に関するお尋ねだったのだが、話題は徐々に私の研究に関することへと移っていった。そして、こんなことを竹村先生はおっしゃった。「『者(しゃ)』の付く人たちだけの間で発表しても何にもならない。昨今は教授の用

意したベルトコンベアに若いのが乗っからないと、若いのはうまくいかない世の中になった。少しでもコンベアから外れるとベルが鳴って止まる」。そこで「私などはベルが鳴りっぱなしだ」と申し上げたところ、竹村先生は電話口で大きく笑っていらっしゃった。そして、先生ご自身が以前なさっていたというヨットの話をしてくださった。「ヨットは帆を海面すれすれまで倒すことで前に勢いよく進む。貴女にも思い切った御研究をしていただきたい」。先生は、若輩者の私に対してでもいつも敬語で、「あなた（私には『貴女』と聞こえる）」や「御研究」、さらには「先生」（!）などという表現をごく自然とお使いになり、甚だ恐縮の至りである。当時、博士論文を提出して学位を取ってから2年あまりがたとうとしていたが、研究の進捗状況はよかったとはとても言えず、大きな迷いが生じていた。博士論文自体、実験的なスタイルになりかけていたが、結局帆を倒し切ることができず中途半端な仕上がりとなってしまった。

　私が取り組んできたことは、約2年あまりにわたるフィールドワークに基づき、ケニアの聾の子供たちの経験世界を、彼らの経験に即して記述・考察することである。そして、彼らの経験世界から翻って、広く人間の経験世界を捉え直したい。聾の子供たちは、手話に限らず（声も含め）身体を自在に動かし、やりとりをする。ダンスをすることさえある。現代日本で生まれ育つと、「踊ろう」と思っても咄嗟には踊れない。しかしケニアの聾の子供たちは、いわば「即興的」に踊れてしまうのだ。そうした子供たちの身体経験を文字言語が未だ中心にある学術界においていかに表現するか。

　聾の人たちが用いる手話を言語として捉え、言語学的な見地から研究する人は少なからずいる。日欧米の言語中心主義的な世界からは長らく、「手話は言語ではない」と見なされ、手話自体も、手話を使う聾の人たちも冷遇されてきた。しかし、「手話は言語である」という主張もまた、言語中心主義に基づいているというよりほかはない。もちろん、この批判は「手話は言語である」と主張するとりわけ当事者の人たちからすれば見当違いなのかもしれない。だが、私が乗り越えたいのは言語と身体のヒエラルキー的関係そのものである。

　もう一つ乗り越えたいことは、アフリカ研究者として、また子供を研究対象としている者としての課題である。いわゆる「先進国」によるアフリカへの一般的なまなざしは今でも、（「未開」の状態からの）「開発」や「支援」という言葉に象徴されるようにパターナリズム的な様相を帯びている。アフリカ研究も、場合によっては同じパターナリズムに陥りかねない危険性が常にある。私の場合、さ

らに「子供」が研究対象である。しかし、ケニアでのフィールドワークを通して「子供」と「大人」の区別自体が自明のことではないことを経験的に知ることができた。私がケニアの都市部にある寄宿制初等聾学校で出会った「子供」たち——彼らのほとんどは農村部で生まれ育った——は、保護すなわち別の意味でのコントロールの対象でもなければ代弁者を必要とする対象でもなかった。周囲の「大人」が彼らの知恵と行動力に圧倒されることも少なくなかったくらいである。それらは、聾学校での生活を通してのみ育まれるものでもなく、ましてやいわゆる高等教育によって得られる類いのものでもない。村での日常生活で培われた、民衆の知恵と行動力をこれからも探究してゆきたいと考えている。

　ケニアのさまざまな聾(ろう)の子供の経験世界に約2年間というわずかな期間ながらも身を置いた者として、早いうちに研究成果を世に出さなければと思う。私はケニアの聾(ろう)の子供たちから多くを学んだ。彼らを前に私は文字通りの子供であり、未熟な学生であった。いま、博士論文の出版計画を進めているところだが、迷いが生じたときにはいつも思い出す。帆(セイル)をもっと倒そう。でも、倒れて沈んでしまってはダメだ。海面ギリギリまでだ。そして大きく前へ進みたい。それができるのは、きっと今しかない。

竹村民郎氏と戦後の民科運動・地団研のこと

金子 務
（大阪府立大名誉教授・科学史）

　竹村民郎という人は誠実な篤学の士であるが、野次馬精神も大いに持ち合わせた方である。日文研の共同研究でよくお会いした。最初は葉山の総研大での会合だったと思うが、じつに丁重に挨拶されて面食らった。私は前から東西の産業革命史に興味を持っていて、講座の中で竹村氏のお名前は十分知っていた。この目の前のおしゃれな紳士が容易にまた羽目を外し、賑やかに座を取り持ちながら、ベランメー調で熱弁をふるうこともすぐ知った。

　小生よりも四つ上の竹村氏は思春期を戦中から戦後にかけて過ごした世代で、旧制中学最後世代である私たち教科書墨消し・焼け跡派の青春よりも、その体験世界は多彩で変化に富んでいたろう。たとえば私が東大の駒場キャンパスに入った昭和27年は、理論優先の唯物弁証法ブームで、アッチコッチに立て看が立ちお客（新入生）の奪い合いをやっていた。西田哲学転向組の柳田謙十郎の『弁証法十講』とか、レーニン、エンゲルス、スターリンの諸論も読んだが、素朴唯物論と貧弱な科学知識が眼について閉口し、生来パルタイを信じない私はゲシュタルト心理学や実存主義に魅力を感じ、一方、尻ポケットにはいつも『盤渓禅師語録』や『歎異抄』があった。大学では「農村へ！」を合い言葉に、農村工作隊に加わる友人も出てきて、メーデーその他のデモにはお祭り感覚で私も参加はしたが、超然主義者であったろう。その点、竹村氏は社会運動に若くから飛び込んでいった人である。それだけでもこの私には敬服に値するが、その体験を批判的にふまえて、グラムシ研究や大正文化論、兵器産業と独占資本論、公娼制度や満州研究などなどに纏め上げていった。その業績はとても数え切れない。

　二人で会ってはあちこちに出歩いた。

　ある時、芦屋を案内していただいたお礼に、鎌倉や銀座を案内したが、銀座画

廊の月光荘に立ち寄った。私が大好きな美術や骨董にはあまり興味を示さない竹村氏が、この時にわかに元気づいて、女性店長に与謝野晶子と月光荘の話をしゃべり出し、書いたものを送るとまで約束しているではないか。後でその一文を読んだが、実によい文章で、本著作集にも収められている。愛妻を亡くし落ち込んでいる氏を誘って、公開中の吉野の秘仏・蔵王権現に会いに行った。このド迫力には「スゲー！」と感嘆しきりで、この時ばかりは無神論者の竹村氏も神妙に妻恋の祈りを捧げていた。

　外国にも出かけた。

　地中海クルーズでは、ナポリで赤いリュックを買って、しばらくそれは竹村氏の商標になった。船は噴煙を上げるストロンボリ火山を間近に見せてから、サルジニア島の南端をかすめた。展望デッキの長椅子で寡黙になった氏は、ポツリと私に、「グラムシの故郷だ」と言った。あァそうか、さぞや、島に降り立ちたかったことだろう。

　満州研究の一環で、中国東北部の高句麗の旧都・集安では、二人して朝早くホテルを抜けて、北朝鮮との境界を流れる鴨緑江に出た。向こう岸を自転車に乗ったシルエットが動いていた。見ると観光ボートがあるではないか。寝ぼけ顔のボート屋に二人で交渉して、煙突から煙を出している工場らしきものが見える境界ぎりぎりの川中の地点まで行って、引き返してもらった。いい経験だった。こんな話はいくらでもある。切りがあるまい。

　往復の車中や歩きながら、切れ切れに語る竹村氏の個人史が私には興味深かった。話題に上る共通の知人や友人もいろいろいた。井尻正二、武谷三男、荒正人、金光不二夫、服部学、安良城盛昭、等々の猛者連である。いずれも左翼の陣営だが、戦後の民科（民主主義科学者協会）運動といろいろな形で関わっていた。竹村氏は民科を歴研から眺め、科学技術思想に関心のある私は地団研を通して民科を見ていた。

　太閤検地の研究で日本史研究者を震撼させた（服部之聡氏はこれを安良城旋風と呼んだ）安良城盛昭氏とは、後年、大阪府大の同僚として私は親しくなったが、「オレは古代から現代までのオールラウンドプレイヤーだ」と豪語して、社会史研究の網野史観などに噛みついていた。いつも汚いシャツとサンダル履きで大学の記念行事にも現れて物議を醸していた安良城氏は、竹村氏より二歳上で、キャラクターも野人と紳士で全く違う。学問的姿勢も一方はスマートなグラムシ西欧派の竹村氏、もう一方は怪力の沖縄土着派の安良城氏という違いはあった。しか

し歴史研究では、方向はかなり違うが、ともに経済史を踏み越えて、天皇制に切り込み、差別の対象となった公娼制や部落問題を取り上げ、権威主義になった歴研批判にもたじろがず、という点では共通していた。私の尊敬する二人の先輩である。

　竹村氏の著作集には、いろいろ教えられた。検証「国民のための歴史学」運動（著作集第五巻）は、民科についての考えを整理するのに大いに役だった。民科の理念は、1946年の共産党のいわゆる科学・技術テーゼ（綱領「日本の科学・技術の欠陥と共産主義者の任務」）に等しい。この科学・技術テーゼは、戦前の講座派ないしコミンテルンの三二年テーゼにもとづいて武谷三男氏らによってまとめ上げられたもので、封建制の打破とか独占資本主義とかいっても、もう時代は新憲法と農地解放をすませ、歴史的事実のほうが理念の先を行っていたと思う。

　民科の広報担当は井尻正二氏であり、井尻氏は同時に牛来正夫氏とともに地団研のトップでもあった。井尻氏はにこやかな笑顔を絶やさず、筆が立つのでジャーナリズムの寵児であった。私は、1956〜7年の駆け出し記者時代に、『科学読売』の連載担当となって、その池袋のお宅によく伺った。この人が共産党科学技術部長井尻教祖として、民科や地団研でどれほど猛威をふるっていたかは竹村氏の記述に詳しい。

　民科や地団研は共産党の引き回しをもっとも先鋭に受けていたといえるだろう。草創期こそ、統一戦線と称して共産主義者を主軸にして自由主義に立つ人々も巻き込み、指導的物理学者の湯川・朝永両氏も加わっていた意味は大きい。しかし私はジャーナリストとして、1960年代に、親しくした俊秀たち、例えば物理学の渡邊慧氏や梅沢博臣氏が武谷氏らに追われ、地質学の都城秋穂氏も地団研を避けて、いずれも相次いでアメリカに去っていったのを目撃している。

　なにしろ地団研の面々は、いまは誰しも知っているプレートテクトニクス（以下、PT）理論、すなわち、地球表面を覆う厚さ100キロで十数枚の板状の岩つまりプレートの運動によって、地震・噴火・造山運動を説明する理論を、唾棄すべき近代主義、親米主義として長いこと受け入れようとしなかった。唯物弁証法の精華ともてはやされた、旧ソ連のベロウゾフのマントル・ブロック垂直運動理論や日本独自な地向斜造山論を頼りに、海洋底拡大説（PT理論の先駆）を悪しき機械論として拒否していた。1960年代の前半だったが、日本にやってきたベロウゾフ博士の話を聞く対談の場を、私は編集長の許可を得て、四谷の高級料亭福田屋に設定したら、その話を聞き込んだ地団研中堅の五、六人が許しもなく会

場に押し寄せて、おれたちにも聞かせろ、と瀟洒な和室になだれ込んできたのを覚えている。この非常識さに呆れると同時に、私はかねてから危惧していた地団研の暴力団的学問屋の実体を見たと思った。

私の後輩で朝日新聞記者から科学史家に転じた泊次郎氏の名著『プレートテクトニクスの拒絶と受容』(東京大学出版会、2008年) は、よく調べられた地団研の興亡史でもある。泊氏は、PT理論は世界的には1960年代後半に出現し、欧米では70年代初めに地球科学の支配的パラダイムになったが、日本の地質学者の多くが受け入れたのは1980年代、欧米より10年以上の遅れだった、と述べている。その通りと実感する。竹村氏の記述（とりわけ「資料 科学的方法論についての若干の問題」。職場の歴史をつくる会の討論を竹村氏が纏めたもの。これが地団研『科学運動』1966年の「あとがき」になったことが驚きだが）と自分のジャーナリスト体験と泊氏のアカデミックな論考をツキまぜて言えば、歴研にまで大きな影響を与えた地団研の研究方法にはスターリン主義が色濃かったと思う。

団体研究はその辺の共同研究とは違う、と井尻氏は言った。まず全員で話し合って、研究テーマを絞り、調査・研究方法も統一する。個人が発見した事実や発想も全員に提示して、討議する。ここまでは戦後民主主義と言えば言えるが、このあとさらに、選んだリーダーの指揮には絶対服従、と総括している。これではリーダーの資質や能力次第で、権威主義に容易に転化してしまうはずだ。地団研は、初期には、関東ローム層研究グループによる岩宿旧石器遺跡発見などの成果を上げたが、やがて研究独裁主義のスターリン主義に陥っていく。唯物弁証法を振りかざして、井尻氏は団体研究法を言い、武谷氏は三段階理論（現象論的、実体論的、本質論的段階）を言うのだが、唯物弁証法の理解もそれぞれ自己流であった。新粒子の導入を鼓舞した三段階理論は名古屋の坂田昌一氏の二中間子論やその後の坂田モデルに影響を与えたが、団体研究法ともどもその基準に合わない敵には観念論とかブルジョワ的とかのレッテルを貼って片付ければよいというわけだ。学問論争は政治論争とは違うはずだ。しかしこの世界でも、一将功成って、万卒枯れる、個人崇拝と権威主義が濃厚になっていく。

井尻氏の権威は、竹村氏も記述するように、ルイセンコ論争にも介入した。1956年にわが国で国際遺伝学会が開かれ私も取材したが、これはミチューリン―ルイセンコ派の終わりの始まりでもあったと思う。ワトソン―クリックの二重らせんモデルが提出されてすでに3年である。DNAからメッセンジャーRNAを媒介とするタンパク質形成の道筋を明らかにした、ジャック・モノーの「セン

トラル・ドグマ」が確立するのは、この会議の10年後である。分子生物学の偉業を認めつつも、セントラル・ドグマを批判するエクト・バイオロジー（細胞膜の重視）や細胞社会学の主張は、さらに15年以降になって出現する。井尻氏らが批判する近代主義は機械論を超えて構造化し分節化して、批判者の方こそ化石になっていった。

　地団研の活動は地学や考古学の愛好者を一般市民層にまで広げた功績は認めなければならない。そういう教育効果はあったろう。今日の福井県が恐竜王国になったのは、井尻氏の鉄則・集団研究法からでなく、1982年に河原で家族とハイキングしていた少女が手にした一個の黒光りする化石への好奇心から始まった。この好奇心の種子を撒いたのだ、と言えなくもない。やがてこれが、それまで日本には存在しない、ナウマンゾウどまりと井尻氏が考えてきた恐竜の歯であることがわかって、日本中の大ニュースになった。その後の総合調査（権威主義的でない集団研究！）で新種恐竜四体（フクイサウルス、フクイラプトルなど）を含む膨大な化石群が発見され、いま、総合展示場の福井県立恐竜博物館として多くの人々を引きつけている。井尻氏はこれらの偉業を見ながら、どんな思いで20世紀末に亡くなっていったのだろうか。

偉大なる学問の目利き

牛村 圭
（国際日本文化研究センター教授・総合研究大学院大学教授）

　欽定憲法の廃止と新憲法の公布は、敗戦後のもっとも重要な歴史的事件である。アジアにおけるあたらしい主権的国家の成立は、アジアの歴史、否世界市場にとっても、大きな出来事であった。世界史上における日本の役割と国民の進路は、新憲法によってあきらかになったのである。[1]

　私はとらわれることのない自由な研究とありのままの現実認識にもとづかずに、政治主義的に議論してそのなかにのみ実践の指針を探しあてようとしてきた日本共産党は間違っていると思うようになっていた。私はあらためて理論と実践のあり方をもとめるための苦難にみちた生き方をしようと考えるようになった。……それ以後、私はグラムシの歴史方法論やマルクスのフランス語版『資本論』などの研究のほか、マクロ経済学のスタートラインといわれるケインズの『雇用・利子および貨幣の一般理論』（一九三六年）の原書精読に没頭したのである。[2]

　初めに掲げた引用では、若い学究の微笑ましいくらいの熱意が行間から伝わってくる。熱意とはいっても、感情的ではない。大きく眼を見開いて世界を観察している、という姿が看取できる。出典は、竹村民郎教授31才の年（1960年）に活字となった論考（「国民と歴史」）の書き出しである。すでに半世紀以上を閲し

1　竹村民郎著作集Ⅴ、441頁。
2　同上、429頁。

た現在、顧みて「欽定憲法の廃止と新憲法の公布は、敗戦後のもっとも重要な歴史的事件」だったのか、「世界史上における日本の役割と国民の進路は、新憲法によってあきらかになった」のか、と筆者に問いかけてみたい気もするが、昭和４年生まれで、昭和史を同時代史として歩んできた竹村教授にとり、上に記された視点は執筆当時、偽りなき思いだったに違いなかろう。

　一方、２つ目の引用は、半世紀の時空を隔ててこの「国民と歴史」を受けるようにして書かれた論考、「検証『国民のための歴史学』運動」（本著作集書き下ろし）の帰結部分から採らせていただいた。積年の研究の起点をふりかえる大家のつぶやきが聞こえてくる。だがそれは、これ見よがしの自慢話などではない。若き日にマルクス主義に魅入ったものの、現実から離れた日本共産党の姿勢に疑問を抱き、袂を分かって「苦難にみちた生き方」を選択し、経済学の二大原典に挑もうと意を決し、そしてそれをやり遂げた、というささやかな自負がただよう。読む者に、学問の真の厳しさを思わせる。

　古来、文は人なり、という。竹村民郎という研究者の謦咳に接したことがある者なら、上に引いた文章のどちらにも、竹村先生のお人柄を直ちに感じ取ることができるものと思う。

　経済学を大きな礎として研究を発表されてこられた竹村教授の研究論文を学者の目で読み解くことは、経済学に疎い私にはかなわぬ夢である。しかし、僭越ながら同じもの書きとして、著作集に今回まとめられた諸論考の文章巡りを楽しむことくらいはできそうに思い、臆面もなく冒頭のような拙い批評を掲げさせていただいた——「牛村さん、こう来たか、いやまいったな——」とおっしゃって、先生はいつもの笑顔で許してくださることと思いつつ。文章巡りで得られた「発見」の成果はこれ以外にもいくつかある。だが、それを書き連ねてマス目を埋めるより、文は人なり、と記した行きがかり上、この小文では先生ご本人のお人柄について記すことに努めてみたいと考える。

　ところで、そもそも私などはここに一文を寄せる資格などないと思っている。研究歴ははるかに短いし、学問の専攻も異なる。弟子筋かと言えば、そうでもない。おまけに存じ上げてまだ８年ほどである。そんな若輩ながらも、折角の機会をいただけたのだから竹村先生のお姿を是非とも江湖に伝えたいと切に思う。以下、それを記すことによって責めをふさぐこととさせていただく。先生の、そして読者の、ご寛恕を冀う。

＊

　大部な著作集を繙くと、ところどころにほどよく引用文が挿入されていることが目に留まる。そして、その前後に簡にして要を得た筆者竹村教授の文章が差し込まれている。長すぎず、短すぎず、時には気品さえ漂う。そして、いささか唐突な譬喩だが、これは先生のファッションに通じる、と思わせる。

　周知のごとく、竹村先生はお洒落である。上質なものを、品良くお召しになっている。この「品良く」ということはじつに難事である。試みに見よ、テレビに映し出される国会議員たちのスーツ姿を。テレビ映りのいい上質な布地の上下を身につけながらも、ストライプ柄のスーツに、ストライプ柄のカラーシャツ、そして派手なカラーのレジメンタルタイ、といった姿が至るところにある。スーツを着こなす上での基本である「線ものは2点まで」を逸脱した過剰な出で立ちを、勝負服と心得ているらしい。あるいは、ピンクのシャツや真っ赤なタイを自分のトレードマークにしているような一つ覚えの自称オシャレ議員氏も少なくない。派手というより、単にどぎついのが好き、なのだろう。いずれも、上品さとは無縁の姿であり、われらが竹村教授の足もとにも及ばぬ自己満足がそこにはある。国会議員のことを選良とも称するが、ファッションにかけては、およそ「選び抜いた良さ」を有するとは言い難い。

　ではその竹村先生はといえば、一見普通の紺色のストライプスーツと思わせておきながらも、ジャケットのラペルではスティッチが静かに自己主張をしている。Vゾーンには落ち着いた色のストライプシャツを合わせ、その上に暖かみのあるイエローのペイズリー柄のタイが鎮座している。上品なお洒落とはこういうことなのか、と思う。瀟洒、の語を思い起こさせもする。もちろん、そのスーツはお身体にきれいに合っていて、だぶついても、窮屈そうにも、見えることはない。論考での過不足のない巧みな引用と符合している。

　身に着けていらっしゃる服の他、リュックやニット類などの持ちものの趣味にもただならぬものを感じさせる。基調となる色は、傍で拝見している限りでは、どうやらレッドらしい。実際小物に目を転じれば、それぞれのどこかの箇所にレッドがある。そしてこの赤は、若き日に信奉したマルクス主義の名残、ではなく、先生の学問に見られる若々しい血潮の象徴なのだろう、と独り合点している。

＊

　日文研（国際日本文化研究センター）には、共同研究という研究機関としてのミッションがある。研究部の教授職にある所員は、この共同研究を主宰する義務

をもつ。日本文化に関わるテーマを掲げ、専攻分野を異にする内外の研究者を定期的に招集して研究会を開催し、2、3年かけて研究成果を公刊する。こういう仕組みで平成元年5月の創立以来、活動を続けてきている。

　竹村先生に初めてお目にかかったのも、そういう共同研究の場だった。まだ助教授だったころ、白幡洋三郎教授（現・名誉教授）が主宰する「都市文化とは何か」という共同研究の幹事を務めていた折のことだった。竹村先生は、この白幡研究会はもとより他の研究会にも共同研究員として加わり、日文研の研究活動に厚みを増してくださっていた。ほぼ創立以来、日文研の共同研究にご尽力くださっている研究者だと知るのに時間はかからなかった。日文研の共同研究の顧問格のような学者なのだった。

　その後、教授となった私自身も共同研究を主宰するようになってすでに6年以上を経た。この間、二度にわたり、竹村先生にも共同研究員になっていただいている。一度、海外行のご予定とぶつかってしまったものの、ありがたいことにそれ以外は毎回お越しくださっている。竹村先生が研究会にいらっしゃると議論の幅や厚みが増す。若手の発表をお聞きになると、直ちにその優れたところを見つけ出して激励されたのち、コメントをくださる。一方、やや手抜きをしたな、と思われる発表についてはやんわりそれを諭しながら、爾後の研究への助言をしてくださる。いったん懇親会に場を移せば、初対面の若手研究者にも気さくに声をかけてくださる。大先生に話しかけられた方は緊張するものの、次回再会したときには、不思議なことに何年も前から馴染みの先生だったように思えてしまう。

　主宰者として、司会として、そういうお姿を拝見していると、昔日の大学の教場ではきっといい教師だったのだろうな、と確信する。研究発表後の議論を膨らませて下さる、「学際的」で「国際的」な研究の先駆者としてのご発言を聞くにつれ、偉大なる学問の目利き、という語がいつしか思い浮かんで来る。「牛村さん、よしてくれよ、『偉大なる目利き』なんて。『偉大なる暗闇』みたいでいやだよ。俺は岩元禎じゃないんだからさ」──苦笑しながらこんなふうに私に言ってくださるに違いない竹村先生のお姿が想像できる。岩元禎か……そういえば、竹村先生は洋行帰りのハイカラな旧制高校教授、という雰囲気もお持ちの方だな、と旧制高校も知らない世代のくせにまたまた独り合点している自分がいる。ご健勝で、これからも共同研究を支えてくださることを切にお願いします。私たち後進も、先生の学問に見られる若々しい血潮を受け継いで精進いたしますので。

竹村民郎先生著作集に寄せて

高谷 知佳
（京都大学大学院法学研究科准教授）

　洒脱な方だな、と拝見した。
　竹村民郎先生にお目にかかったのは、2012年度から始まった、井上章一先生を中心とする、国際日本文化研究センターの共同研究「人文諸学の科学史的研究」であった。
　私は日文研の共同研究に参加させていただくのは初めてで、様々な分野の方がいらっしゃることに驚きながら懇親会へ伺い、そこで竹村先生と初めてお話しさせていただいた。はっきりと覚えているのは、今後の研究に向けて晴れやかに激励していただいたことと、先生が端正なスーツにちょっと大ぶりのアーティスティックなリングを嵌めていらしたことで、海外の美術館でお求めになったものだと伺った。先生は参加者の中でいちばんの年長者でいらっしゃったが、それ以上に、いちばん洒脱な方だなという印象を抱いた。
　その後も、赤の革のリュックサックや赤のスニーカーなど、いつもお洒落なアイテムを身に着けていらっしゃった。くすんだ色ではなく、燃えるような鮮やかな赤である。

　その同じ鮮やかな、目を奪うような赤と黒の、とてもスタイリッシュなデザインのこの著作集を頂戴したのは、「人文諸学の科学史的研究」の共同研究会が、一年ほど経過した頃だった。
　私の専門は中世都市論であり、これまでは、現在にいたる先行研究をまとめる場合、日本史では戦中戦後の自由都市論、そして、1970年代に都市の概念を広げた、網野善彦氏の「無縁・公界・楽」や「都市的な場」についての議論までさかのぼることが主であった。また、西欧史に学ぶ場合も、さかのぼるのは1960

年代における自由都市論への批判的検討と、都市の概念の拡大までで、それほど古いものではない。

そのため、この共同研究会で、さまざまな分野の学問の歴史について初めて学ぶことが多く、戦後の研究者の固有名詞が飛び交うと、机の下で、スマートフォンで検索しなければならなかった。

そうした研究会の中で、順次刊行されてゆくこのご本をいただき、研究会の中での先生の1930年代の経済をめぐるご報告とあわせて、Ⅲ巻の、都市を活写されたモダニズムなどのご論考には、たいへん心惹かれた。

また、Ⅴ巻の二部、とりわけ「検証「国民のための歴史学」運動」は、共同研究会もちょうど終盤になって、史学史というものについていろいろ勉強させていただいたころに刊行されたこともあり、研究会やその懇親会などで、先生から伺ったお話をふりかえりながら拝読した。

史学史について、戦後の時代を生きた方から直接にうかがうという企画としては、法制史では、「わが国における法史学の歩み研究会」（代表・岩野英夫氏）が中心となって、現在のところ、2001年から2012年まで12回にわたって、『同志社法学』において「聞き書き わが国における法史学の歩み」と題し、戦中戦後の法制史学を担ってこられたさまざまな先生へのインタビューをまとめている。

日本史でも、「日本史研究会の歩みと今後の課題」と題し、現在のところ、2011年から2015年まで7回にわたって、やはり日本史研究会を牽引してこられた先生へのインタビューが行われている。

国民的歴史学運動については、網野善彦氏の著作において、たびたび、戦後のこうした運動からの転機があったことについては記されていたが、その具体的な内容についてはくわしく書かれることはなく、著作集などでは「ミッシングリング」と評されている。また、「祇園祭」の紙芝居などのエピソードは映画などとあわせて、運動というよりも近年の祇園祭研究のなかで切り出されて触れられている。

先生が書かれた文章は、恰悧な筆致で、ご自身も含め、その場にあった緊張感のある空気を切り出してゆかれるようで、何度も読み返した。そうした時代を、軽々に想像したり感想を述べたりすることはできないが、改めて、研究者として直面した時代の流れと対峙するということを垣間見させていただいた。

現在、大学では、人文学の見直しをはじめ、さまざまな問題を抱えている。

私の所属する大学では、学生もまた、いろいろなものに真面目すぎるほど取り

組む中で、たった4年間でどこまで人文学のおもしろみにたどりつけるのか、そうした問題を自分のこととして受け止めているのではないかと感じる。卒業間近の学生たちは決まって、もっと勉強したかったと口にする。

　そして、SNS等の普及のなかで、多くの学生が、さまざまなかたちで自分のことを記す習慣を身につけている。かれらには、手探りから始めてたくさんのことをしなければならない4年間をすごす大学がどのように映っているのか、そして10年前、10年後と比べて、どのように変化してゆくのだろうか。

　「職場の歴史」のお話に引き寄せるのも恐れ多いが、いつか私の目の前の学生たちに「学生にとっての歴史」というものを聞いてみたいなあと、ふと思い浮かんだ。

　そういえば先日、図書館で調べもののさいに、先生がお勤めになられた大阪産業大学の紀要にゆきあたり、せっかくなので先生のご退職の記念号を開いてみたところ、さすが先生、よくあるような肖像画のような静かな写真ではなく、ご留学先のアメリカの図書館で、両手を広げたとても闊達な雰囲気のお写真であった。

　竹村民郎先生のご著作集のご完成を心からお慶び申し上げます。また、先生、いつまでもお元気で、ご闊達にお過ごしくださいませ。

書く女
「戦後日本における文化運動と歴史意識——職場の歴史・個人の歴史をつくる運動に関連して」に答える

多田 伊織
（国際日本文化研究センター・京都大学人文科学研究所共同研究員）

　竹村民郎先生、著作集の完結おめでとうございます。先生の広汎なお仕事の中から、名もなき人々がものを書く営為について、小考を捧げたいと存じます。

　『竹村民郎著作集』の最終巻に収められた「戦後日本における文化運動と歴史意識——職場の歴史・個人の歴史をつくる運動に関連して」は、次のような言葉で締めくくられている。

　　私は忘れられた一九五〇年代の職場・個人の歴史をつくる運動の再評価から始めて、一九五〇年代における日本人のアイデンティティ形成の問題をさらに考えていくであろう。[1]

　竹村民郎氏は、「職場・個人の歴史をつくる運動」として、まず労働運動の中の「ものを書く運動」を念頭に置いているだろう。ところで、そうした労働運動の埒外にあった「市井の人々」の「ものを書く営為」はどうであったか。
　一つ注目したいのは、現在も続いている、朝日新聞家庭欄の「ひととき」だ。「ひととき」は、昭和26年10月2日に始まった。当時の経緯を、担当デスクであった影山三郎氏は朝日新聞学芸部編『家族の風景——「ひととき」30年』の冒頭で次のように述べる。

1　竹村民郎著作集Ⅴ、512頁。

「ひととき」は、当時、朝日新聞（東京）の学芸部次長だった私が考えた企画であった。

　昭和二十六年十月一日、家庭欄が復活。担当デスクを命じられた。十月二日の紙面から、原稿用紙一枚たらずの随筆を週一回掲載することとした。…（翌）四月下旬、投書欄であることを明確にした。三十年二月、朝日新聞四本社（東京、名古屋、大阪、西部〈北九州市〉）を通じて「ひととき」というタイトルに統一。……やがて新聞社とは関係なく各地に婦人のグループが誕生。草の実会（東京）、いずみの会（名古屋）、ひととき会（大阪）、九州草の実会（北九州）は現在も機関誌・会誌を発行し、研究活動、地域活動を続けている。（略）

　「ひととき」は多くの学者・研究者の関心も集めてきた。その口火を切ったのは、三十年二月号の『世界』に掲載された社会学者・日高六郎氏（当時、東大助教授）の「ひととき」に関する論文である。[2]

　現在、「ひととき」は字数五百字、メールによる投稿も受け付けている。また、男性にも「男のひといき」で投書欄を開放した。

　この「ひととき」について、作家の森崎和江は、次のように書いている。

　　が、私には、この欄が紙面に設けられた当時の感慨が記憶に残っている。それは民主主義ということばもまだこなれていないころだった。わずか八百字の女たちへの紙面提供だが、私には、重苦しかった報道の片すみに風穴があいた思いがした。何かが変わろうとしている―[3]

　「報道の片すみにあいた風穴」に向けて、女たちはものを書く。女たちの原動力になっているものは、かつて唐の韓愈が、赴任地に不平を抱いた孟郊に贈った、貞元19（803）年の作とされる「送孟東野序」で述べた次の言葉に他ならない。

　　大凡そ　物　其の平を得ざれは則ち鳴る。……人の言に於けるや亦然り。

2　1985年6月15日　「「ひととき」誕生のころ」。
3　「わたしの紙面批評」朝日新聞西部本社版、昭和55年4月9日付。

書く女／多田 伊織　　225

已むを得ざる者有って而る後に言ふ。(大凡物不得其平則鳴。……人之於言也亦然。有不得已者而後言。)

　日々の暮らしに「平らかでない心持ち」を抱いた女たちは、「ひととき」をその捌け口とした。韓愈が喝破して 1150 年ほど経った時点でも、そして今でも多くで、女たちは、口を閉じるように注意され、思いの丈を吐露する場を持たなかった。朝日新聞は、わずかではあったがその場を提供した、ということになる。もちろん、これは限定つきの話であって、朝日新聞を自宅で講読できる、あるいは職場等で読むことができる経済的余裕と教養がある女たちの話だ。
　影山三郎氏がはからずも日高六郎氏が「ひととき」を『世界』で取り上げたと筆を走らせた時、氏の念頭にあったのは、東大や『世界』と言って何の説明もなく通じる読者。それは、氏の想定する朝日新聞購読者層あるいは朝日新聞の記者達と重なっているだろう。

京都「ひととき」会
　筆者が「ひととき」の持つある種の異質性に興味を引かれるようになったのは、昭和 55 年に京都大学に進学してからである。「ひととき」欄の下に時々「ひととき」会のお知らせなるものが掲載されているのに気がついた。これは、「ひととき」に投書が掲載された者のみが参加できる一種のサークルで、上記影山三郎氏の文中の「やがて新聞社とは関係なく各地に婦人のグループが誕生。草の実会(東京)、いずみの会(名古屋)、ひととき会(大阪)、九州草の実会(北九州)は現在も機関誌・会誌を発行し、研究活動、地域活動を続けている。」とあるのがこれである。
　中でも、京都「ひととき」会の活動は、後に何人かの「随筆家」を生んだ。その最大の一人が、京都弁の女性口語で文章を書いた大村しげ(大正 7 年〜平成 11 年)である。詳細は、森理恵・横川公子両氏による「しげの一生」[4]に譲るが、『婦人朝日』の常連投稿者だった大村しげは、同人誌『わたしの作文』の執筆・編集や「ひととき」への投稿を経て、「ひととき」会の立ち上げに携わり、プロの物書きとなっていく。

4　横川公子編『大村しげ　京都町家ぐらし』河出書房新社、2007 年。

特筆されるのが、昭和39〜40年に、朝日新聞京都版で連載された「おばんざい」で、仲間の秋山十三子と平山千鶴との三人で連載を分担、京都の家々でごくごく普段に食膳に上るおかずを「お番菜」の名で紹介した。以後、この「おばんざい」なる呼称は全国で「京都の内々のおかず」という意味で定着する。

　祇園の仕出屋の一人娘であった大村しげが終戦を迎えた時は27歳。結婚難で知られた時期であり、この傾向は10年後もまだ解消されていなかった[5]。大村しげは、生涯独身を通すことになるが、この年代に生まれた女性では、そう珍しいことではない。大村しげにとって「ものを書く営為」は、「町家で一人、親から教えられて、自分の身についた昔ながらの生活を守っていく暮し」と両輪をなすものだった。奥には「よそさん」を入れない閉鎖的な京都の慣習が今尚続く中、「中京の暮し」の古風な様子を盗み見させてくれる大村しげの文章は、京都愛好者の嗜好に叶った。たしかに、「標準語で説明しても味ない」内容である。

　関西は、女性の著述者が、圧力を感じる地域の一つである。かつて田辺聖子が「物を書く人間と分かると、普通の人と違うモノと見られる」旨を言っていたけれども、因習の強い中京で、大村しげが物を書き続けたというのは、傍から見るほど、容易なことではなかっただろう。ヨソから来た人間が、中京に住んで物を書くのと、元々そこで生まれた人間が物を書くのとでは、格段の違いがある。1980年代になっても、京都には「本（ガイドブック）などにせんでもええのや」という老舗がいくつもあった。外部に紹介されることで、これまで続けてきた顧客へのサービスが行きとどかなくなることを懸念してである。商用雑誌や「京都本」で「京都の切り売り」をしていたように見える大村しげだが、やはり、「平らかでない心持ち」を抱いていたのではないか。そして、その「平らかでない心持ち」の源は、大村しげが愛して止まなかった「中京での町家暮らし」から来るものであった。

5　石垣綾子「結婚期からの解放」『婦人公論』昭和30年5月号。

ジュンブライドがやって来た　　竹村民郎

ジュンブライドがやって来た

竹村 民郎

　竹村由紀子は1947年1月13日、父、原田幸雄、母、原田てる子の二女として、大阪府北河内郡枚方町茄子作2993番地に生れた。今日、枚方市は京都市と大阪市を結ぶ京阪電鉄の沿線に沿った人口稠密の郊外都市である。しかし、敗戦直後の枚方市は雅致ある農村風景が展開する静かな町であった。父幸雄は1937年に勃発した日中戦争に赤紙一枚で兵士として応召し、中国戦線に赴いた。彼は不幸にも銃弾にあたって片足を失い、義足をつけなければならなかった。不自由な身体の傷病兵として日本に帰国した幸雄を待ちうけていたのは、戦時統制経済体制下、緊迫の一途をたどる非常時日本の社会であった。政府は、1939年の価格等統制令で経済統制を強化し、その一方で「ぜいたくは敵だ」というスローガンのもと、国民生活の緊縮を強要した。国内むけの綿製品の生産・販売は禁止され、1940年になると、砂糖・マッチ・木炭などの節約制がしかれた。1940年には、大日本産業報国会が創立され、翌年には大都市で米穀配給通帖制と外食券制が実施された。また1940年から農村で米穀の供出制がはじまった。1941年12月8日、遂に日本は対米英宣戦布告をするに至った。第二次世界大戦から敗戦後の混乱の時期にかけて、傷病兵となった幸雄の生活はどん底におちいった。この時代、気の毒な幸雄の生活の闘いは、つぎのようなエピソードからも垣間見ることができるだろう。

　敗戦後、腕の良い鈑金職人だった幸雄は由紀子が誕生した頃、資金を誰からも借りることなく自力で用意して、大阪市内に小さな鈑金工場を設立した。驚くべきことに、幸雄は片足に義足をつけた不自由な身体にもかかわらず、一日もかかさずに、枚方から大阪まで直線距離でも片道20キロメートル以上もある道のりを自転車で通ったのである。後年、由紀子は、幸雄は義足をつけたほうの足の痛

みにひどく苦しんでいたと述べている。なぜ、幸雄は大阪に住まなかったのだろうか。それにはいろいろな事情があったが、大阪市内より枚方のほうがはるかに地価が安かったこともその理由の一つにあげられよう。母てる子は、誕生したばかりの赤ちゃんであった由紀子にミルクを十分にあたえるためには、闇市で売られていたミルクを買う必要にせまられた。しかし、大阪の鈑金工場の建設費にたくわえてきた貯金のすべてを投じたために、当時の幸雄一家は由紀子のミルク代を買う余裕などとてもなかったのである。後に由紀子と結婚した私にたいして枚方時代の由紀子を語るとき、てる子は、由紀子が小柄できゃしゃな身体つきなのは、自分がミルクなど栄養価の高い食物を十分に与えられなかったのが大きな原因の一つだった、と言葉をむすぶのがつねであった。せつない話である。

　しかし、由紀子は父の積極的な性格、なりふりかまわぬ仕事への取り組み、ひと目をはばからず「金のないのは首のないのと同じ」といってのける闊達さ、子ぼんのうさを尊敬もし、愛してもいた。義足をはめた幸雄の気の毒な姿に同情して、末のことは考えずに幸雄と結ばれた母てる子のやさしい心と、何かと不自由な身の幸雄につくし、想像を絶する家計の苦しさにたえ、明るく働く母の頑張りに誇りをもっていたのである。かっててる子は、高等小学校卒業の頃、1918年に創立された宝塚音楽歌劇学校の試験に応募したが、合格しなかったことがある。当時、器楽・唱歌・和洋舞踏・歌劇の授業を行なっていた同校は、高嶺の花であり、阪神間の女性たちの憧れの的であった。由紀子は、平常は良人にひたすらつくす母てる子にも、そんなロマンチックな一面があると知ってからは、いとおしさと誇りを感じていた。

　幸雄の人生に大きな転機が訪れたのは、彼が新たに神戸市葺合区（現中央区）磯上通4丁目1ノ13に「原田鈑金株式会社」を設立した時からであった。神戸市民の人たちから「ハラバン」と愛称で呼ばれた新工場は、今日のJR三宮駅から南に向かって歩いて7〜8分ぐらいの、交通がとても便利なところに位置していた。付近には磯上公園や、神戸在住の外国人の憩いの場である「神戸レガッタ・アンド・アスレチック・クラブ」（略称、KR&AC）などがある。由紀子は外国船が出入りする国際貿易港神戸の風土に象徴される開放的なモダン性や、オリエンタル・ホテルや南京町の中華料理屋、そして瀬戸内の魚介類を揃えた市中のすし屋などで、いくらでもうまいものが食べられる神戸という街が大好きで自慢してもいた。六甲山と海にはさまれた港都神戸の年中行事には、元旦の日に催されるアメリカ領事館前のブラスバンド演奏など、ほかの都市にはない独特の趣

があった。由紀子はとくに12月31日午前0時に、新しい年を祝って、神戸港内に停泊中の船舶から一斉に「ぼーっ」と汽笛をならす習慣を大切に思っていた。きっと由紀子の心のなかでは、枚方のつらかった貧乏生活から脱れた喜びが渦巻いていたのかも知れない。

　ここで神戸時代の由紀子一家の住居について書いておこう。私は学校や仕事の関係で、早くから神戸市中央区大倉山公園内にあった両親が住む市営住宅を出て、独居生活をしていた。1950年代のいつ頃か、両親はその市営住宅から転居した。縁は異なるものと言うが、両親は転宅後の新しい住人として由紀子一家を選んだのである。つまり、由紀子の母てる子は私の母ちよ子がもっとも可愛がった妹であったということである。今日では市営住宅から転宅した住人が自らの意志で、つぎに住む者を決めることはできない。しかし、敗戦直後の混乱のなかではそんなこともできたのである。第二次大戦中は兵隊の宿舎であっただけに、頑強な木材を使ってはいるが、隣家とはすき間だらけの木の壁で区切られた粗末な市営住宅は、決して住み心地の良い住居であるとは言えなかった。しかし、由紀子は市営住宅の部屋でただ一つ、南に面して陽光が燦燦と降りそそぐ板敷きの小さな部屋がとくにお気に入りだった。両親が三宮の工場に働きに出かけ、姉京子も小学校に行き、由紀子一人が淋しく留守番の毎日であったが、由紀子は母親に着せられた赤い可愛らしい着物の袖をなびかせて、楽しそうに踊をおどっていたという。両親や姉がいなくても、じっと淋しさにたえて、自分なりに楽しむ生き方を由紀子はその頃からしていたのである。

　「ハラバン」のおやじさんの幸雄は、一日中、若い従業員たちと自動車事故で大きく傷つきへこんだ自動車を修理した。幸雄は持ち前の熱心さで、修理をたのみにきた客の車をていねいに修理した。しかも、少しも若い従業員たちを差別せず、寛大で、惜しげもなく自分が独力で学んだ修理技術を彼らに伝授した。妻のてる子は、自動車の病院「ハラバン」の評判を聞きつけて車の修理を依頼する客にたいして、やさしく心細かに応接した。彼女は自分をしたう従業員たちの心配や生活の相談にのるだけではなく、惜しげもなく新鮮で美味しい食事をつくるために、食材を買いととのえた。てる子の父、鈴木幸治郎は1921年7月に勃発した神戸川崎造船所のストに際して、鋳物工場の職長の身分をかえりみずストに参加したために首になった、という経歴の人である。物静かで腕の立つ職長ではあったが、職人たちに押されてやむなく立ち上がったのだという。てる子が従業員たちのことでいつも気を使っていたのも、その父幸治郎の人柄の良さと従業員

たちを大切にしたその精神を、幼少のころから見てきたからではないだろうか。

「ハラバン」の従業員たちも、幸雄夫妻の飾らない人柄と心づかいに接するうちに、年齢の差にとらわれず、夫妻と率直に会社のことや自分の将来などを語り合う仲になった。京子、由紀子たちも昼休みなどには従業員たちと差別なく親しく交際した。従業員たちも日に日に美しく成長する二人の娘をまぶしく見守った。ハラバンの幸雄一家と従業員たちの家庭的な雰囲気を象徴するのは、京子が腕が立ち幸雄の相談相手の一人でもあった従業員と恋愛結婚をしたことだろう。京子はお洒落で浪費家で、物おじしないで、友人たちとワッと騒いで楽しむ明るい性格だった。この姉の気質はどちらかといえば、商売人で人なつこい幸雄の気質ににていた。これに反して、由紀子は淋しがりやさんではあるが、やさしく物静かなロマンチストであった。そのかわり、自分がこうと信じたら、父親の言葉にも妥協しなかった。彼女は節約家で洋服一枚買うのにも、決して衝動買いなどはしなかった。買い物をするときには、あれこれと使いかたを考えてから慎重に選ぶのがつねであった。由紀子の性格は、気の毒な幸雄の日常生活を心をこめて支え続け、やさしいが、純粋な生き方をよしとする母てる子の気質をうけついでいた。彼女はその黒い瞳で、ひとの心のうわべ一枚はげばなにがあるかをまっすぐに見抜くことができる女性であった。だから幸雄が、東京で研究生活をしながら、ヴェトナム戦争に反対し平和運動などにも参加している私を謗って、「あいつは『赤』だ」と批判したときも、由紀子は別に動じる風でもなかったという。後年、私がそのことについて聞くと、彼女は父の謗るのを聞きながし、「赤」とはどんな思想だろうかと考えていたと述べた。

1968年、由紀子は念願の英文学研究の道に進むために、その第一歩として甲南女子大学英文科に進学した。しかし、大学一年が終わる頃、幸雄は突然に死去した。敗戦後の経済混乱のなかで、義足をつけた不自由な身をいとわずに、メチャクチャに働き続けたので、痛めつけた身体はもはや限界にきていたのである。幸雄の死後、よく世間にはある話であるが、工場の継承者をねらう幸雄の親戚のたくらみで、法律の知識などなに一つ知らなかったてる子と由紀子は工場を追われた。親戚の人たちは心の貧しい人たちであったから、幸雄の家族のこれからの生活の手立てを考えることなしに、あか子の手をねじあげるようにして、てる子から工場をとりあげたのである。このためにてる子と由紀子の暮らしは一変した。由紀子は生活費をすこしでも補うために、甲南大学を中退することを決心した。彼女は新しい働き口を自分で探して、神戸市内の富裕なオランダ人の家にアマさ

ん（台所の下働きや掃除などをする子女）になった。裕福なオランダ人は自分たち家族を先進国の人間と錯覚してうたがわず、尊大にふるまっていた。彼らは日本人の使用人にこのうえもなく横柄な顔をむけ、こき使った。由紀子はそうしたオランダ人に雇われた使用人として、日本人のもつ誠実さと誇りを失わず、毎日身を粉にして働いたのである。

こうしたてる子や由紀子たちの窮状を、私はてる子の手紙で知らされて、すぐに神戸に行って、夢も希望もないあこぎな人たちの仕打ちをとがめようとも思った。もちろん、この戦法をとったとしても、海千山千の人たちには通用するはずもないことはわかっていた。しかし、非情な人たちによって学業を中断され、オランダ人の家庭で下女として働き、毎日、ぎとぎとした油まみれの台所で、タイルのめじまでみがかされている由紀子のことを思うと、口惜しさに怒り狂った。大学時代に私がヘルマン・ヘッセの『車輪の下』を読んで感じたような悲惨さを感じてたえられなかったのである。

当時の私は、権威主義のアカデミズムにすり寄って学界を支配し、その立場を最大限に利用して大手出版社や教科書会社などと提携して、教科書や講座などのシリーズを売りこんでいた既成左翼の学閥に一太刀を浴びせたいという決意に燃えていた。若気の至りと言えばそれまでではあるが、さきに私は由紀子たちの窮状を書いた。そんな由紀子たち親子が、ボロボロの心をいやすために、東京の私のもとを訪れたのである。幸運にも、私はこのとき、はじめて由紀子を知った。憂愁にたえて、彼女がつとめて明るく振舞って語る言葉に、私は何度も共感した。そのとき私は、由紀子の語った人生の夢を実現するために、手だすけをしたいと密かに心に誓った。

その翌年、1969年6月1日、職場の歴史をつくる会が主催し、由紀子と私の結婚式が、東京有楽町の帝国ホテルで行なわれた。このささやかな結婚式は神社や教会を利用した結婚式とは異なって、会の仲間の前で二人が愛を誓うという形式で行なわれた。帝国ホテルもさすがにこの会費制の変わった結婚式の申し込みを断らなかった。結婚式の費用も、こちらの趣旨を説明したのでサービスして頂けた。1960年代の最後の年を迎えた東京は、1月18日、警視庁機動隊8500人が東大安田講堂の封鎖解除に出動し、東大闘争支援の学生、市民らがお茶の水駅、明大、中大付近のいわゆるカルチェラタンと呼ばれている地域をバリケードで占拠するなど騒然としていた。ヘルメット、覆面、ゲバ棒姿の全共闘の学生運動のデモに、眉をひそめた都民も多かったろう。だが、交通を遮断し、ヘルメットと

楯で武装した機動隊が装甲車まで出動させて、ガス銃を水平に発射して学生デモ隊を追い払うというやり方をうとましく思う人たちもいたことは否めない。否、当時の東京都民の空気は今日とは違って、機動隊より学生の闘争に同情していたことも事実である。ひょっとしたら、私たちの風変わりな結婚式を断らなかった帝国ホテル側にはそうした風潮の影響も多少はあったのではなかろうか。オーセンティックな帝国ホテルでも、時代の風潮には敏感なんだ、と。

　読者のなかには職場で働く人たちの会である私たちなら、ブルジョアのホテルと称されていた帝国ホテルで結婚式をあげるなど許せないと思われるかも知れない。もちろん、私たちはそうした反論を十分に承知していた。しかし、私たちはあえてシャレで会場を帝国ホテルにして、怒れる若者の心の高ぶりを表現したかったのである。この私たちのアピールをおもしろいと賛意を表した先輩や友人たちが、6月1日に帝国ホテルにかけつけてくれた。集まった人たちのなかには、アントニオ・グラムシ研究の名だたる猛者の井汲卓一、内田星美、富塚文太郎、伊藤晃などや、哲学者の荒川幾男、フランス語版資本論研究の第一人者である江夏美千穂のような人たちがいた。いわゆるお茶の水のカルチェラタン闘争や東大闘争などの渦中にいた学生たちを含んだノンセクトラジカル系に属する都内各大学の学生たちも、数多く参加した。私の立命館大学時代の恩師である奈良本辰也教授からは、「ノンセクトラジカル万歳」と記された祝電が寄せられた。当日、講演会で演説をする予定が入っていたために、羽仁五郎は自分の代わりに息子で岩波映画で映画監督をしていた羽仁進を出席させた。もちろん由紀子の親友庄野（旧姓南田）満子、陳麗思も神戸から出席してくれた。

　由紀子と私たちの結婚の誓いから式は始まった。そのあとの祝宴は、学生のクラリネットによるニューオーリンズ風ジャズの演奏で趣向をこらして始まった。江夏は会場にある小机をひっくり返して太鼓とし、お得意の八木節を歌った。恐らく、帝国ホテル始まって以来の奇妙な華燭の宴であったろう。新郎新婦そっちのけで盛り上がる祝宴中でも、由紀子は凛として動ずることなく微笑をたやさなかった。私はそんな由紀子を見ながら、ジュンブライドという言葉を密かに心のなかでかみしめていた。

　新婚当初、由紀子と私は東京都小平市喜平橋畔の小平団地の3DKに住んでいた。新婚生活は譬えてみれば浜口庫之助の「バラが咲いた　バラが咲いた　まっかなバラが　淋しかった僕の庭に　バラが咲いた　たったひとつ咲いたバラ　小さなバラで　淋しかった僕の庭が　明るくなった」（「バラが咲いた」作詞・作曲浜口

庫之助)と通ずるものがあった。あれは、夏だったか、それとも秋にはいったころかはっきり思い出せない。だが、由紀子が私にもう一度、英語を基礎から勉強するために、来春、大学英文科に挑戦してみたいと語ったことを今日でもはっきりとおぼえている。さきに書いたように私は、由紀子が父の死去によって甲南女子大学英文科を中退したことは残念至極だったと考えていたから、もちろん、由紀子の決意に一も二もなく賛成した。この日を境に、由紀子はジュンブライドから受験生に転身した。

由紀子が受験目標に選んだのは、東京麻布の東洋英和女学院短期大学英文科であった。同校は都内でも指折りのミッション系学園であり、合格のランクは高かった。受験期日までには半年あまりしかなかったから、由紀子は阿修羅のように毎日、英語の勉強に没頭した。どんなに苦しいときでも、由紀子は楽しそうに家事いっさいをこなし、笑顔をたやさなかった。同居していた私の母親ちよと私はそんな由紀子に脱帽した。明治生まれの母は、夫に黙って従い自分を無にして家族のために尽した人だったから、由紀子が自らに由って生きていく道を選んだことを心から喜んでいた。半年あまりの集中した努力の甲斐があって、由紀子は見事に東洋英和女学院短期大学英文科に合格した。

翌春4月、私は同校の入学式に行った。私は入学式場で、大勢の妹のような女子学生とともに着席している由紀子を見たことを今でも忘れない。おそらく、彼女にとっても、あの日の感激は生涯忘れることはなかったであろう。私と由紀子の新婚3年間はロマンチックなものではなかったかも知れないが、主婦と学生という困難な時期を現代女性として、信じた道をまっすぐに歩み、しかも目標を達成した信念の強さに感動する毎日であった。さらに言うならば私たちの新婚時代は、やっとみつけた二人の幸せを守るために、二人が目標に向かってともに生きぬいた3年であった。

私はここで東洋英和女学院短期大学在学中の由紀子について、さらに書く紙幅の余裕がない。ただ、彼女が最終学年であった楓祭(学園祭)のとき、私と友人で映画監督の羽仁進の二人が講演会の講師として招かれたことを書きとめておく。「大正文化を語る」という趣旨で行なわれた私たちの講演にたいする客席の暖かい反応は、おそらく教職員や学友たちの由紀子へ寄せる信頼の反映でもあったろう。そんな雰囲気につつまれて、私は自分に言いきかせた。「『ジュンブライド』は夢ではなく、本当だったんだ」、と。

1969年6月1日の私たちの結婚式から数えて40年後の2009年6月2日、午

在りし日の妻、由紀子

前6時23分、由紀子は神戸市立中央病院で死去した。わずか62年という短い生涯であった。由紀子の突然の死去に、はりつめていた私の心は崩れてしまった。この日を境として、私は由紀子を思って、ほとんど眠られない日が続いた。私は自分がうつ病になったことを、中央病院の医師からつげられるまで、気がつかなかった。私は由紀子の看病のために、病院備え付けの低い椅子に長い時間座っていたので、いわゆるエコノミー症候群となってしまった。そんなこんなで、私はふわふわと雲の上を歩くような状態となった。私は生前の由紀子の語った「時に適う言葉」のおかげで、しばしば絶望の淵からはい上がることができた。だから由紀子のことを思うと翼をなくした鳥のような不安に襲われて、死にたいという誘惑にかられた。

　そのような憂鬱な気分のなかで、私は由紀子の御霊を追いかけて、アメリカ合衆国マサチューセッツ州のボストン市を訪ねた。ボストン市は、由紀子がアメリカで一番好きな街であった。1989年、私はボストン市に続くケンブリッジ市に位置するハーバード大学に籍を置き、大学院の学生に日本近代史を講じてい

た。当時、大学構内の一隅には大学付属の英語学校があった。訪問研究者の特典で、研究員のつれあいの語学研修費用は無料となっていた。東洋英和短期大学の英文学科を卒業した由紀子は、やった、ということで、喜び勇んでその英語学校に通学したのである。在りし日の由紀子の姿をさがして私は、かって休日に二人でヨット遊びを楽しんだこともあるボストン市を流れるチャールズリバーの辺りをさまよった。これもうつ病のなせる業と言うべきだろうか。そんな由紀子の幻想を追うボストン旅行に親切に同行してくれたのは、友人のバーバラ佐藤夫妻であった。彼らは私をなぐさめるために、ケープコットにある旧家にまで連れていってくれた。私は二人の友人に感謝するしかない。

　それからしばらくは、私はうつ病のとりこになった。やっと私が眠られるようになったのは、秋も深まったころのことである。重かったうつ病の苦しみから回復すると私は、なによりもまず、由紀子を記念し供養する目的で、なにか社会的に有意義な寄付をすることを決心した。私はその相談をするために、何回も弁護士や大手の信託などを訪れた。そして、ひどく意気ごんで私の志を話した。だが金持ちのうしろめたい気持ちを和らげるための寄付金ビジネスを扱う信託は、貧者の一灯ではあるにしても、金持ちの寄付金とは違う、由紀子を記念し供養しようとする私の志について、親身になって相談してはくれなかった。信託の職員たちに一笑された私は、ふたたびうつ病にひきもどされるような気分となってうろたえた。私は冷静な自分にかえって、もはや信託など外部に依存した寄付などはやめようと考えた。つまり、自分なりに考えたやり方で、由紀子を記念する手立てを思案したのである。私は友人たちの協力をえて、私の研究論文の集大成をもとにし、それに新しく書き下ろしの論文をも加えて、著作集を自費出版することにした。在野での長い歳月を頑固に自分の信念を貫く研究生活がつづけられたのは、なんといっても、長い歳月にわたって私を支えてくれた由紀子の力である。私の研究は、自分の無知と節操を棚にあげて学生を誇る教授たちそして、頑迷固陋で時代おくれのアカデミズムや、学会やジャーナリズムを我が物顔に支配して威を振るっていた既成左翼に属する研究者たちの、事実に忠実に基礎を置かない教条主義的な論文を強く批判することに集中した。もちろんこの私の研究は、「権威」を笠に着て、自分で考えることもなくその日その日を暮らしている学者たちの秩序とその保身に異議申し立てをするものでもあった。彼らからのさんざんいやらしい物言いや、時代錯誤的な右翼の暴力的脅迫などに耐えてきた私を、由紀子はしっかりとささえてくれた。私が由紀子の心からの支援に感謝するゆえ

んである。

　近年、時代の大きな転換期のなかで、勇敢に真実の歴史の探求を目ざした若者たちのなかから、私の研究のあり方に関心をもつ人たちがいちじるしくふえてきた。しかし、これまでの私の研究領域は経済学、社会経済史から文化、文化環境、女性史の領域にまで及んでいるので、その全体像を把握することは困難であった。なぜならば私の研究を掲載した単著や共著、学会誌などのなかには絶版になってすでに手に入りにくくなっているものも決して少なくなかったからである。私は大学では経済学部に所属して戦争と兵器生産の研究をずっと続けてきた。だが、中公新書『廃娼運動』（1982年）などを読んだ読者のなかには、私を女性史を専門とする研究者だと思っている者もかなりいたのである。そのことを知って、私は考えこまされた。また私の著書『大正文化』（講談社新書、1980年）の読者のなかには、私がモダニズムを研究対象にしていると思っている人たちも決して少なくなかった。彼らに私は単にモダニズムの研究者だけではない、社会史を大学で講義していると言っても、専門分化した学問の現状では、なかなか理解してもらえない。むきになって説明などしても、かえってうさんくさいと思われるだけだろう。

　ならば、私は主な著作を収録した著作集を出版して、私の研究の全体像を提起することにしよう。この仕事は、必ずや由紀子を記念し供養するとともに、若い研究者たちにひろく私の研究のトータルイメージを理解して頂く契機となる社会的に意義のあるものになるにちがいないと考えた。

　私はさっそく三元社編集部の上山純二氏に相談した。彼はこれまでに私の著作を刊行したこともあり、著作集の出版を快諾してくれた。私は由紀子の記念と供養のために、なにがなんでもやり遂げることをひそかに心に誓った。しかし人気（ひとけ）もない書斎に座って、大地に独り立つような淋しさのなかで、一人で原稿を書くことはとてもつらかった。由紀子を想って涙する日もあった。私は62歳で亡くなった由紀子の無念をはらすために、自分の心を極限にまで追いこんで、原稿を書いていったが、86歳の私には苦しみと悩みの毎日であった。本年4月、全五巻の著作集はやっと完成した。思えば、4年間におよぶ長い時間をかけて書きあげたものである。由紀子への私の愛と尊敬に支えられて、この著作集ができあがったと言うしかない。

　冷酷と戦争への不安に満ちたこの時代の転換期に、私はこれからも亡き由紀子の御霊を心に抱き、共に歩みつづけたい。終わりにあたって、私の志に賛意を表

し、この論集に原稿を寄稿してくださった友人、知人の方々に深甚の謝意を申し添えたい。三元社編集部の上山純二氏にもあらためて感謝したい。合掌

2015 年 9 月 23 日

編集後記

上山 純二
(三元社編集部)

　竹村民郎先生よりお電話で著作集の企画のお話をおうかがいしたのは、2010年の初夏のことでした。2004年2月に弊社より刊行した竹村先生の著書『大正文化　帝国のユートピア』の増補版についての打ち合わせの最後に、「由紀子が死んだよ」と先生が悲痛な声をあげられたのです。私は、エッと息をつまらせ、ただただ声もなく驚くばかりだったように思いだされます。ついては、これまでに書いた主要な論文をまとめた著作集の刊行を準備しているところだ、と。

　由紀子様には、2003年の秋、『大正文化　帝国のユートピア』編集の打ち合わせのため、芦屋のご自宅をお訪ねした折、いちどだけお会いしております。まだまだお若く、可憐で、しっかりとした考えをおもちのお連れ合いであるとの印象を、そのときうけました。短い時間ではありましたが、あたたかく楽しいひとときをすごさせていただきました。同書のカバー装丁は、竹村先生のあまたあるコレクションのなかから、広告誌「だいまる」(1927年新年号)のおもて表紙に使われていたイラストをもとにデザインしましたが、ことに由紀子様が気に入られたと、竹村先生はお喜びになっておられました。

　その奥様を、生涯のパートナーである由紀子様を突然の病魔によって奪われた竹村先生のご落胆と悲しみはいかばかりかと……。著作集の刊行は、その悲しみと怒りへのいわば「敵討ち」なのだと、先生は告げられました。

　本著作集は、第1巻『廃娼運動』(2011年9月)、第2巻『モダニズム日本と世界認識』(2012年1月)、第3巻『阪神間モダニズム再考』(2012年7月)、第4巻『帝国主義と兵器生産』(2013年11月)、第5巻『リベラリズムの経済構造』(2015年4月)の順で刊行されました。

第1巻『廃娼運動』刊行時には全4巻を予定しておりましたが、結局、さらに1巻をくわえて5巻で完結となりました（これには、先生の主著のひとつである『大正文化』は含まれておりません）。全4巻が5巻となり、各巻が大分の1冊となったのは、私の見立て違いもありますが、先生との話し合いのなかで各巻のテーマにそった補論として書き下ろし論文をくわえていただいたためです。その人の学の集大成である著作集に毎巻書き下ろし論文が入るというのも、編集者として得がたい経験でした。そしてなにより、80歳なかばというお齢にしてその知的好奇心と探求にかけるエネルギーたるやおそるべしと驚嘆せざるをえないでしょう。

　また、私自身、著作集の編集をつうじて竹村先生からは多くのことを教えられました。それは抽象的な言い方になりますが、歴史的（あるいは埋もれた）事象をあつかう手ざわり・臭覚であったり、モダニティにたいする多角的な光のあてかたであったり、ナショナリティをこえた世界史的な視座、帝国主義と兵器生産主導型蓄積の問題といったものでしょうか。また、先生のあとについて杉並区にある山室軍平記念救世軍資料館や埼玉県比企郡にある安岡正篤記念館を訪れたときのこと、あるいは永井荷風が浅草六区の芝居観劇のあとに足繁くかよった洋食店、吉原界隈にひっそりと今もある娼妓たちの墓、芦屋の谷崎潤一郎記念館、また京都は加賀正太郎の大山崎山荘や河井寛次郎記念館など貴重な経験をさせていただきました。

　なかでも、竹村先生と資料収集のため安岡正篤記念館を訪れたときの印象はいまでも脳裏に強く残っています。記念館の敷地には、ちいさな鳥居のある神社が敷設され、ちかくには郷学研修所もあり、世俗との境界をなす結界がはりめぐらされておりました。私たちを迎えた初老の館長に誰何され、訪問の目的を問われたのですが、その館長のすいこまれるような透明なまなざしには、はっとさせられるものがありました。それまで、都内の街頭で罵詈雑言をあびせる街頭右翼（暴力団）しかめにしてこなかった私は、天皇主義・日本主義の純正のほんもの・・・・をまぢかにしたような居心地の悪さを覚えたのでした。

　思えば、私が大学進学のため上京したのは、その年の1975年9月に天皇訪米、翌76年11月には天皇ヒロヒト在位50年式典と天皇が公然と政治の表舞台に再登場したことで、あらためて天皇制・天皇主義イデオロギーとは何かが問い直された時期にあたりました。そのとき初めて、コミンテルンの日本革命にかんするテーゼ（27および32テーゼ）や天皇制ファシズム論、昭和史論争などに接し、

喧々諤々しろうと論議をかわしたことを思いだします。今ではすでにうろおぼえですが、32 テーゼの経済主義を批判し上部構造の相対的独自性を重視したうえで、戦前の国家権力を天皇制軍事官僚独裁政権と規定し、そのもとで上からの資本主義化と国民統合のための天皇主義イデオロギー注入が強権的にはかられ云々といった、はなはだ粗雑な内容だったようです。32 テーゼに批判的とはいっても、戦前の日本帝国主義を、近代帝国主義と軍事的封建的帝国主義の二重帝国主義という、（神山茂夫あたりの議論にひっぱられた）論の立て方で、その意味では 32 テーゼの掌のうちにあったといえるでしょう。まあ、20 歳前後のころのことで、理論より行動がさきに走る若気のいたりと今なら笑えましょうか（ただ、その当時でも天皇制ファシズム論は下火にむかっていたように記憶しております）。竹村先生の天皇主義サンディカリズム論に一読者として接するなかで、そんな苦い記憶もよみがえり、いろいろと考えさせられたうえで、ああ、そうなのかとストンと落ちることも多かったのです。

　話をもどすと、安岡正篤記念館の館長のそのすいこまれるような、人証しのめに見据えられ、ああ、人里はなれたこんなところに日本主義のいぶきが営々脈々と息づいているのだと、あらためて思い知らされたひとときでした。

　さて、竹村民郎著作集完結記念文集の執筆者の皆さまには、つぎのような原稿作成要領でご寄稿をお願いいたしました。著作集全 5 巻に収録のされた諸論考のなかよりいずれかの論文を取り上げていただき、それぞれの専門のフィールドより、ご批評、ご感想などを記していただくこと、また、ご高評とあわせて、学会または共同研究などをつうじてご友誼のなかでの竹村先生とのエピソードなど書き添えていただきたいこと。本論集は基本的に、著作集のなかから各自取り上げていただいた論文にたいするご批評を第 1 巻から 5 巻のテーマ順に収録いたしました。全体をとおしてお読みくだされば了解していただけると思いますが、竹村ワールドが新たな俯瞰のもとに知の沃野をひろげつつあるといえるのではないでしょうか。

　最後になりましたが、竹村由紀子様のご冥福を心よりお祈りいたします。そして多忙なご研究、ご活躍のなか、貴重なお時間を割きご執筆いただきました寄稿者のみなさまに厚くお礼申上げます。

2015 年 10 月　三元社編集部　上山純二

竹村民郎著作集 収録論文

● 廃娼運動　竹村民郎著作集 I

廃娼運動　――廓の女性はどう解放されたか
大連廃娼事始め　――明治社会事業の一齣
公娼制度の定着と婦人救済運動　――二〇世紀初頭大連において
公娼制度成立前後　――二〇世紀初頭大連の場合
廃娼運動思想の往還　――満洲婦人救済会に関連して
沖野岩三郎『娼妓解放哀話』解説
一九二〇年代朝鮮人娼妓・朝鮮人問題と廃娼運動の関係
売春防止法

● モダニズム日本と世界意識　竹村民郎著作集 II

一九世紀末葉日本における海洋帝国構想の諸類型　――創刊期『太陽』に関連して
一九世紀末葉ハワイにおける日本人移民社会の日本回帰　――多民族社会における日本人移民のアイデンティティ形成に関連して
世界一周の夢を実現したパイオニア群像　――東京・大阪両朝日新聞社主催「世界一周会」によせて
大阪・神戸開港と余暇社会の歴史的形成　――第五回内国勧業博覧会の開催
近代日本における知識人のアジア認識　――瀧川辨三、儀作のアジア観を中心として
二〇世紀初頭わが国の都市における国際認識の成立過程　――日中経済同盟問題に関連して
孫文の日中経済同盟論とその周辺　――瀧川辨三、儀作の実業思想に関連して
一九二五年中国東北部で開催された大連勧業博覧会の歴史的考察　――視聴化された満蒙

科学と芸術の間　――池田菊苗と夏目漱石の場合
一九二〇年代日本における大量消費社会の萌芽的形成とイノベーション
一九二〇年代における鉄道の時間革命　――自動連結器取替に関連して
費えた政党政治のシナリオ
「大正文化」の断面
一九二〇年代日本の未来論
棋士集団の誕生
晶子明星
中村真一郎と田端
対談　田端文士村を語る　――近藤富枝×竹村民郎

● **阪神間モダニズム再考　竹村民郎著作集Ⅲ**

阪神間（関西）モダニズムと私の立場
「阪神間モダニズム」の社会的基調
二〇世紀初頭、大阪市における倶楽部の成立　――木曜会・サースデー倶楽部に着目して
文化環境としての郊外の成立　――阪神電鉄 PR 誌『郊外生活』に関連して
公衆衛生と「花苑都市」の形成　――近代大阪における結核予防に関連して
「阪神モダニズム」における大衆文化の位相　――宝塚少女歌劇と手塚治虫の漫画に関連して
東の宝塚花巻温泉・遊園地
余暇の大衆化とマス・レジャー装置の出現　――二〇世紀前後のアメリカと日本
第五回内国勧業博覧会とレジャー革命　――マス・レジャーの形成と大衆娯楽の諸相
機械文明の受容と"交通文化圏"の成立　――小林一三と宝塚少女歌劇
一九二〇年代の大阪市と大衆余暇の形成
中等学校野球の誕生
現代日本人と余暇
田園都市思想の一源流、ラスキン－モリス　――竹村民郎著作集第三巻あとがきにかえて

● 帝国主義と兵器生産　竹村民郎著作集Ⅳ

序文
序説　現代資本主義の諸傾向と変革主体形成の課題
帝国主義研究の方法について　——エンゲルスの「取引所論」(『資本論』第三巻補遺)とレーニンの『資本主義の最高の段階としての帝国主義』との関係に注目して
産軍連繋の諸結果　——わが国における兵器生産体系・合理化の特質
一九二〇-三〇年代、帝国の危機における天皇主義サンディカリズムの形成　——産業合理化運動と産官軍連繋に関連して
産軍連繋の高度化における天皇主義サンディカリズム　——北一輝・上杉慎吉の再評価に関連して
マルクスにおける暴力-戦争概念　——ラシャートル版(通称フランス語版)『資本論』第八篇の理解に関連して
戦争とその経済的帰結
戦争の歴史的条件　——兵器生産の構造に関連して

● リベラリズムの経済構造　竹村民郎著作集Ⅴ

一九二〇年代における経済政策転換とその条件　——高橋財政の評価に関連して
資本の性格と立憲民主主義の位相　——高橋財政の構想に関連して
一九二〇年代における天皇制内務官僚の役割について　——植民地朝鮮支配に関連して
地主制の動揺と農林官僚　——小作法草案問題と石黒忠篤の思想
農政における一九二〇年代　——天皇主義サンディカリズム形成過程についての一視点
柳田民俗学の軌跡
大知識人の神話　——グラムシとクローチェの関係に留意して
知識人の行動原理　——リベラリズムの実践的側面にふれて
検証「国民のための歴史学」運動　——「職場の歴史」をつくる運動に関連して
国民と歴史
戦後日本における文化運動と歴史意識　——職場の歴史・個人の歴史をつくる運動に関連して

竹村民郎著作集完結記念論集

発行日	2015年12月25日　初版第1刷発行
著　者	三元社編集部／編
表紙絵	竹村由紀子
発行所	株式会社三元社
	〒113-0033 東京都文京区本郷1-28-36鳳明ビル1F
	電話／03-5803-4155　FAX／03-5803-4156
	郵便振替／00180-2-119840
印刷・製本	モリモト印刷株式会社